„Der Berufsschulreligionsunterricht ist anders!"

„Der Berufsschulreligionsunterricht ist anders!"

Glaube – Wertebildung – Interreligiosität
Berufsorientierte Religionspädagogik

herausgegeben von

Reinhold Boschki
KIBOR – Katholisches Institut für
Berufsorientierte Religionspädagogik Tübingen

Michael Meyer-Blanck
bibor – Bonner evangelisches Institut für
berufsorientierte Religionspädagogik

Friedrich Schweitzer
EIBOR – Evangelisches Institut für
Berufsorientierte Religionspädagogik Tübingen

Band 8

Monika Marose,
Michael Meyer-Blanck,
Andreas Obermann (Hrsg.)

„Der Berufsschulreligionsunterricht ist anders!"

Ergebnisse einer Umfrage
unter Religionslehrkräften in NRW

Waxmann 2016
Münster • New York

Bibliografische Informationen der Deutschen Nationalbibliothek
Die Deutsche Nationalbibliothek verzeichnet diese Publikation in
der Deutschen Nationalbibliografie; detaillierte bibliografische
Daten sind im Internet über http://dnb.d-nb.de abrufbar.

Glaube – Wertebildung – Interreligiosität
Berufsorientierte Religionspädagogik, Band 8

ISSN 2195-3023
Print-ISBN 978-3-8309-3453-0
E-Book-ISBN 978-3-8309-8453-5

© Waxmann Verlag GmbH, 2016
Steinfurter Straße 555, 48159 Münster

www.waxmann.com
info@waxmann.com

Umschlaggestaltung: Pleßmann Design, Ascheberg
Umschlagabbildung verändert nach: © peshkova – Fotolia.de
Satz: Sven Solterbeck, Münster

Gedruckt auf alterungsbeständigem Papier,
säurefrei gemäß ISO 9706

Printed in Germany

Vorwort

Verlässliche Daten zum Berufsschulreligionsunterricht (BRU) lagen bis vor kurzem nicht vor, obgleich es den BRU schon seit mehr als 65 Jahren gibt und der BRU von engagierten Lehrkräften immer wieder vorangetrieben und gestützt wird. Noch erstaunlicher sind die fehlenden Daten vor dem Hintergrund, dass die beruflichen Schulen nach den Grundschulen die zweitgrößte Schulform in Deutschland darstellen. Die erste schulspezifische bibor-Umfrage zum BRU will diesem Notstand ein Ende bereiten, indem in einem ersten Schritt die BRU-Lehrkräfte in NRW über ihre Ziele und Anliegen, ihre Fortbildungswünsche und -gewohnheiten, ihre konfessionelle Ausrichtung und das Verhältnis ihres BRU zur Kirche befragt wurden. Diese Untersuchung stellt einen ersten Schritt dar, um verlässliche Daten über den BRU erheben zu können. Folgerichtig sind weitere Studien geplant mit einem verstärkten Blick auf die Sicht der Auszubildenden sowie Untersuchungen, die den Religionsunterricht an beruflichen Schulen an sich genauer unter die Lupe nehmen werden.

Seit der Gründung des bibor gehört es zu einer seiner Hauptaufgaben, den BRU didaktisch zu profilieren. Zu dieser Aufgabe und ihrer theoretischen Ausarbeitung bedarf es auch wissenschaftlich exakter Daten als Basis für weitere empirische und theoretische Studien. Allseits bekannt sind die offiziellen Anliegen und Ziele des BRU, wie sie in den Bildungsplänen festgehalten sind. Daran anknüpfend entschied sich das bibor in einer ersten Feldphase die BRU-Lehrkräfte in NRW über „ihren" BRU und den BRU aus ihrer Sicht zu befragen. Die Vorbereitungsphase zu dieser Feldstudie war geprägt von der Erstellung eines präzisen Fragebogens, der möglichst viele Ergebnisse zum BRU ermöglicht. Dazu wurden diverse Arbeitsversionen eines Fragenbogens mit unterschiedlichen BRU-Lehrkräften und BRU-Verantwortlichen aus Kirche und Staat hinsichtlich ihrer Verständlichkeit, Prägnanz, Vollständigkeit und Intention getestet und immer wieder verbessert.

Eine Referenzstudie zur BRU-Befragung des bibor lag in der alle Schulformen betreffenden Umfrage der Evangelischen Kirche im Rheinland (EKiR) vor, in der Religionslehrer aller Schulformen auf dem Gebiet der EKiR nach dem Religionsunterricht insgesamt befragt wurden.[1] Obgleich hier der BRU nur eine unter vielen Schulformen ist und die Berufsschule nur eine schwache Auswirkung auf das Gesamtergebnis hat, kann gerade hier der Vergleich mit der spezifischen BRU-Studie die Besonderheit des BRU herausstellen. Das wird z. B. bei der Frage der Konfessionalität sehr deutlich. So kommt Christhard Lück in seiner Zusammenfassung der Religionslehrer/innen/befragung[2] der EKiR zu folgendem Resultat: „Rheinische Religionslehrkräfte suchen den zukünftigen Religionsunterricht in der überwiegenden Mehrzahl jenseits der Skylla

---

1 Die Ergebnisstudie der EKiR-Umfrage aus dem Frühjahr 2014 erscheint voraussichtlich im April 2016 im Kohlhammer-Verlag.

2 In allen Beiträgen des Bandes ist um der Lesbarkeit willen nur von „Schülern", „Pfarrern", „Lehrern" etc. die Rede. Das generische Maskulinum dient als Gruppen- oder Berufsbezeichnung und umfasst damit Angehörige beiderlei Geschlechts.

konfessionalistischer Enge und der Charybdis eines Religionskundeunterrichts für alle in staatlicher Alleinregie. Bei der Erörterung der Konfessionalitätsfrage sollten die divergierenden Voraussetzungen an den unterschiedlichen Schulformen – und die Optionen derjenigen, die das Fach jeweils ‚vor Ort' unterrichten – stärker als bisher berücksichtigt werden."[3]

Dieses Ergebnis zeigt die Relevanz der bibor-Umfrage in ihrer schulformspezifischen Ausrichtung in dreifacher Weise: Zum ersten ergibt sich gewissermaßen aus der EKiR-Umfrage direkt die Frage nach schulformspezifischen Einzeluntersuchungen. Dem kommt die bibor-Umfrage unmittelbar nach. Zum zweiten hebt sich der BRU deutlich von den Ergebnissen der allgemeinen EKiR-Umfrage ab, sofern die interreligiöse Dimension des gegenwärtigen wie zukünftigen Religionsunterrichts an Berufskollegs deutlich stärker vertreten und eingefordert wird. Zum dritten ist es ein Spezifikum des BRU gegenüber allen anderen Religionsunterrichten, dass im Berufskolleg in NRW 75% aller Religionsstunden von Pfarrern im Gestellungsvertrag erteilt werden, diese Pfarrer allerdings nur 25% der BRU-Lehrkräfte insgesamt ausmachen. Umgekehrt heißt das: 75% der BRU-Lehrkräfte, nämlich die staatlichen Lehrer, erteilen nur 25% der BRU-Unterrichtsstunden. Aus diesem Spezifikum leitet sich eine weitere Frage für alle Themenfelder der bibor-Umfrage ab: Gibt es einen professionsspezifischen Unterschied zwischen Pfarrern im Gestellungsvertrag und staatlichen BRU-Lehrkräften z.B. im Blick auf deren Ziele und Ansätze beim BRU oder deren konfessioneller Ausrichtung und Bindung an die Kirche?

Folgende *Grunddaten* liegen der *Umfrage* zu Grunde: Die Umfrage wurde online im Frühjahr 2014 (5.5.2014 bis 25.7.2014) durchgeführt. Die Befragung wurde in 330 Fällen aufgerufen, in 227 Fällen wurde die Befragung vollständig abgeschlossen, so dass für die Gesamtbefragung von N = 227 auszugehen ist. Nach Angaben des Geschäftsbereichs „Information und Technik. Nordrhein-Westfalen" (IT.NRW) unterrichten insgesamt in NRW 1.163 Lehrkräfte Evangelische Religionslehre am Berufskolleg. Damit entsprechen die 227 vollständigen Befragungen einem prozentualen Anteil von 19,52% aller BRU-Lehrkräfte.

In dem vorliegenden Band werden im ersten Teil unter der Überschrift *„Der BRU ist anders"* die wesentlichen Ergebnisse der Studie dargestellt. In Stellungnahmen wird im zweiten Teil die *Bedeutung empirischer Studien für den BRU* reflektiert, woraus sich der dritte Teil *Herausforderungen und Chancen für den BRU* ergibt. In einer ausführlichen *Dokumentation* der Umfrage wird abschließend der verwendete Fragebogen sowie eine grafische Zusammenstellung wichtiger Ergebnisse präsentiert. Alle Beiträge dieses Bandes resultieren aus Veranstaltungen des bibor, die anlässlich der Auswertung und Präsentation der Umfrage in Bonn in der ersten Jahreshälfte 2015 durchgeführt wurden. Wir danken allen Autorinnen und Autoren für ihre konstruktive Mitarbeit.

---

3   Christhard Lück, Die rheinische Religionslehrer/innen/befragung 2013. Auswertung der quantitativen Teilstudie, (unveröffentlichtes Manuskript des Verfassers), 73.

Ein besonderer Dank gilt dem *Zentrum für Evaluation und Methoden (ZEM)* der Universität Bonn unter Leitung von *Prof. Dr. André Beauducel* (Abteilung für Methodenlehre, Diagnostik und Evaluation des Instituts für Psychologie) und seiner Mitarbeiterin Katharina Olejniczak, die den wissenschaftlichen und technischen Support für die Online-Befragung geleistet haben und die Befragung mit vielen hilfreichen Tipps und Hinweisen begleitet haben. Für hilfreiche Hinweise und Ratschläge bei der Auswertung der Umfrage mit SPSS 22 danken wir herzlich Paul Blanck. Wir danken auch unserem früheren Mitarbeiter Jan Völkel, der bei der Erstellung des Fragebogens hilfreiche Arbeiten übernommen hatte. Ein gleicher Dank gebührt Herrn Prof. Dr. Andreas Feige und Herrn Prof. Dr. Carsten Gennerich, die bei den ersten Überlegungen zur Konzeption der Umfrage in hilfreichen Gesprächen dem bibor ihre Expertise zur Verfügung stellten. In besonderer Weise hat Andreas Feige bei der Erstellung des Fragebogens seine vielfältigen Erfahrungen eingebracht.

Bonn, im Mai 2016
Monika Marose – Michael Meyer-Blanck – Andreas Obermann

Inhalt

3. Herausforderungen und Chancen für den BRU

4. Dokumentation

1.
„Der BRU ist anders" – Ergebnisse der Studie

Monika Marose

Wer sind die BRU-Lehrkräfte?

Grundlegende Auswertung sozialer Daten und Beobachtungen zum gegenwärtigen Stellenwert des Fachs

Was Hans Magnus Enzensberger seinerzeit über den „gesellschaftlichen Einfluss des Deutschlehrers"[1] schrieb, dass nämlich dessen Einfluss auf Freude und Interesse der Jugend an Literatur und Poesie „von makroskopischer Größenordnung" sei und weder Autoren, noch Rezensenten oder andere Vertreter des Literaturbetriebs einen auch nur ansatzweise vergleichbaren Einfluss hätten, trifft in gewisser Weise auch auf die Relevanz von Religionslehrern in Bezug auf Freude und Interesse der Jugend an Fragen zu Religion und Glauben zu. Aufgrund zunehmender Traditionsabbrüche nutzen Jugendliche kaum Gelegenheiten, um ihre Fragen zu Religion und Glauben in kirchlichen Kontexten vorzubringen. Auch im Elternhaus erhalten Heranwachsende bekanntermaßen nur mehr selten Informationen über „die wichtigste Frage der Menschheit"[2]. Der Einfluss der Religionslehrer nicht nur auf die religiöse Bildung der jungen Erwachsenen, sondern vor allem auch auf deren Interesse und Freude am Diskurs religiöser Themen, darf also tatsächlich etwas provokant als „makroskopisch" bezeichnet werden.

In der beruflichen Schule als der meist besuchten Schulform der Sekundarstufe II in Deutschland[3] werden nicht nur zahlenmäßig die meisten Lernenden erreicht, sie werden zudem in einer besonderen Lebensphase beschult. Zum einen stehen sie als Auszubildende kurz vor dem Eintritt ins Berufsleben, also einem bedeutsamen Statusübergang. Nicht selten verlassen die Jugendlichen aufgrund von Brüchen in ihrer Biographie die Regelschulen und wünschen, sich nun höher zu qualifizieren oder aber sie kommen lediglich ihrer Berufsschulpflicht nach. An kaum einer anderen Schulform ist die Schülerschaft vielfältiger und heterogener, auch reicher an existentiellen Erfahrungen. Für viele wird der Berufsschulreligionsunterricht (BRU) zur ‚letzten Tankstelle' vor dem Eintreten in gänzlich säkulare Bezüge, zum Ort des Austauschs unter kompetenter Anleitung über existentielle und religiöse Themen, vor dem Eintritt ins Berufsleben.

---

1 Hans Magnus Enzensberger: Ein bescheidener Vorschlag zum Schutz der Jugend vor den Erzeugnissen der Poesie. In: FAZ, 25.09.1976.

2 Heinrich Heine: Vorrede. Zur Geschichte der neueren schönen Literatur in Deutschland, 2. Teil, 1833. In: Düsseldorfer Heine Ausgabe (DHA), Bd. 8/1, S. 494.

3 Im Schuljahr 2014/15 besuchten bundesweit insgesamt 1 026 657 Schüler die Sekundarstufe II an allgemeinbildenden Schulen, 2 506 039 Lernende hatten die beruflichen Schulen zu verzeichnen (Statistisches Bundesamt (Hg.): Bildung und Kultur: berufliche Schulen SJ 2014/15, Wiesbaden 2015, S. 8).

Die Lehrenden sind sich ihres Einflusses und der daraus erwachsenden Verantwortung natürlich bewusst, wie Einzelvoten der Umfrage „Evangelischer Religionsunterricht an beruflichen Schulen (BRU) – Realitäten, Wünsche, Ideen" des „Bonner evangelischen Instituts für berufsorientierte Religionspädagogik" (bibor) belegen.[4] Ein Teilnehmer bezeichnet den Berufsschulreligionsunterricht als „riesige Chance", um „eine sonst in Kirche eher unterrepräsentierte Altersgruppe" für religiöse Fragestellungen zu interessieren. Eine andere Befragte schreibt: „BRU ist Basisarbeit. Hier werden mehr Menschen pro Woche (300–350) erreicht, als in mancher Kirchengemeinde (…)."[5]

Zugänge zum Beruf

Eine Besonderheit Lehrender im Fach evangelische Religionslehre am Berufskolleg in NRW ist augenfällig (siehe hierzu in der Dokumentation die graphische Darstellung der Ergebnisse mit Abb. 5): Zwei Drittel von ihnen sind Pfarrer und über Gestellungsverträge beschäftigt.[6] Die Pfarrer decken über 75% des erteilten Stundenvolumens ab (Die Zahlen in den Bundesländern Rheinland-Pfalz, Hessen und Saarland sind übrigens vergleichbar).[7] 27% der Lehrkräfte sind grundständig ausgebildet. Weitere 7% erlangten mittels eines Zertifikatskurses die Vokation.

Vergegenwärtigen wir Konsequenzen der unterschiedlichen Ausbildungswege auf die Berufstätigkeit: Da evangelische Pfarrer nicht verpflichtet sind, ein weiteres Fach zu erteilen, unterrichten sie ihr gesamtes wöchentliches Stundendeputat ausschließlich evangelische Religionslehre. Eine grundständige pädagogische Ausbildung, also ein Referendariat, leisteten sie nicht ab.[8] Fortbildungen im Berufsalltag als Lehrender erfolgen wiederum in der Konzentration auf dieses eine Fach. In Betreff der Fachkompetenz liegen also offenkundig Welten zwischen einer Lehrperson, die beispielsweise durch einen Zertifikatskurs die Vokation erhielt und einem grundständig ausgebildeten Berufsschulpfarrer.

Doch wie steht es um die pädagogische Seite der Ausbildung und die Kenntnisse über Methodik und Didaktik des BRU? Und nicht nur die Unterschiedlichkeit der Ausbildungswege ist bedeutsam, sondern auch die Motivation und Haltung, die in der

---

4 Die Vielzahl freier Äußerungen zu den Themen belegt das Engagement der Lehrenden und sei durchaus ungewöhnlich, konstatierte Prof. Dr. André Beauducel (ZEM Universität Bonn).

5 So freie Äußerungen von zwei BRU-Lehrkräften in der bibor-Umfrage.

6 Dass die Zahlen der bibor-Umfrage repräsentativ und belastbar sind, erläutert Meyer-Blanck in seiner Darstellung zu den Zielen der Lehrenden in diesem Band.

7 So in einer Pressemitteilung der EKiR vom 6.07.2010 (www.ekir.de/www/service/religionsunterricht-lehrerinnen-und-lehrerfortbildung-11460.php).

8 Gemäß Runderlass des Ministeriums für Schule und Weiterbildung vom 19.12.2011 zur „Pädagogischen Einführung in den Schuldienst" (PE) erhalten (auch) Pfarrer mit mindestens einer halben Stelle im Schuldienst in NRW die PE. Die PE erfolgt durch die Zentren für schulpraktische Lehrerbildung und das PTI. Die PE gliedert sich in eine Orientierungsphase und eine Intensivphase, währenddessen eine Unterrichtsbegleitung durch Fachleiter erfolgt.

Berufswahl deutlich werden – ob ich nämlich die Ausbildung mache in dem Wunsch, als Pfarrer in einer Gemeinde zu arbeiten oder ob ich Jugendliche bilden möchte.

Es war ein Anliegen der empirischen Studie des bibor zu untersuchen, ob die naheliegende Hypothese zutrifft, dass Pfarrer und Lehrer sich in ihrem Unterrichtsverständnis, ihrer Methodik und Didaktik grundsätzlich unterscheiden könnten. Und wenn dies der Fall sein sollte, worin genau diese sich unterscheiden.

Altersstruktur

Eine weitere Besonderheit der Lehrenden des BRU gegenüber Religionslehrenden an allgemeinbildenden Schulen liegt in der Altersstruktur. Wie die „Rheinische Religionslehrer/innen/befragung 2013" (EKiR-Umfrage)[9] ergab, ist der größte Anteil der Lehrenden an allgemeinbildenden Schulen zwischen 51 und 60 Jahre alt, nämlich 33,2%. Weitere 7,4% sind 61 und älter, so dass insgesamt 40,4% der Lehrer über 50 Jahre alt sind. 27,8% sind zwischen 41 und 50 Jahre alt. Und immerhin jeder Fünfte, nämlich 20,4% sind zwischen 31 und 40 Jahren. Lediglich 11,2% sind unter 30 Jahre jung:

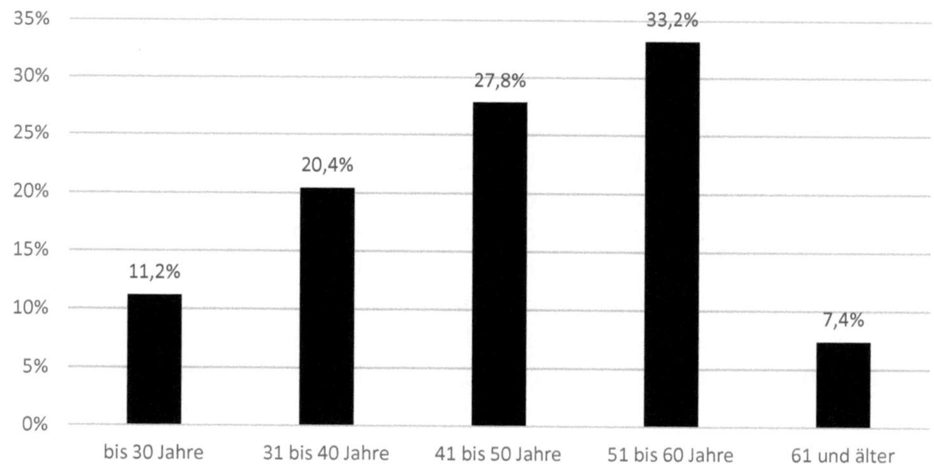

Abbildung 1:　　Altersstruktur

9　Lück (2014): Die rheinische Religionslehrer/innen/befragung – ebenso die folgende Graphik. Die schriftliche Dokumentation der EKiR-Umfrage wird von Martin Rothgangel, Christhard Lück und Philipp Klutz unter dem Titel „Praxis Religionsunterricht: Einstellungen, Wahrnehmungen und Präferenzen von ReligionslehrerInnen" im April 2016 bei Kohlhammer publiziert.

Die Lehrenden des BRU sind durchschnittlich deutlich älter (siehe hierzu in der Dokumentation die graphische Darstellung der Ergebnisse mit Abb. 6). Die Gruppe der Unter-30-Jährigen ist mit 11,2% in etwa gleich schwach vertreten wie auch bei den allgemeinbildenden Schulen. Die Gruppe der zwischen 30- und 40-Jährigen beträgt am BK wiederum lediglich 10,3%. Wie oben erwähnt, ist diese Altersklasse an den übrigen Schulformen etwa doppelt so stark. In der Schulgemeinschaft stellen gerade die Lehrenden dieses Alters eine wichtige Gruppe dar, da sie bereits über Berufserfahrung verfügen, jedoch altersmäßig noch als relativ „jung" und als mit der Lebenswelt der Schüler vertraut gelten. Die Gruppe der zwischen 41- und 50-Jährigen ist an allgemeinbildenden und beruflichen Schulen in etwa gleich stark, diese liegen leicht über 27%. Dann erfolgt ein rasanter Sprung am BK. Die Lehrenden, die über 50 Jahre alt sind, stellen mit 50,4% über die Hälfte der Lehrenden, gut 20% mehr als an allgemein bildenden Schulen. Gefolgt von weiteren 9,4%, die über 60 Jahre alt sind. An den allgemeinbildenden Schulen sind dies wiederum lediglich 7,4% der Religionslehrerschaft. Beinahe 60% der Lehrenden am BK sind älter als 50 Jahre, an den übrigen Schulformen beträgt ihr Anteil lediglich 40,4%.

In der Differenzierung wird deutlich, dass Pfarrer den Altersdurchschnitt der Gruppe der BRU-Lehrenden erheblich anheben: Tatsächlich sind 55,9% zwischen 51 und 60 Jahren alt. Bei den staatlichen Lehrkräften beträgt dieser Anteil lediglich 39,8%. Auch die Gruppe der Unter-50-Jährigen ist bei den Pfarrern mit 32,2% deutlich größer, beträgt sie doch bei den Lehrern lediglich 18,1%. Die Über-60-Jährigen sind jedoch bei den staatlichen Lehrkräften mit insgesamt 12% gegenüber 8,4% Pfarrern stärker vertreten. Frappant ist der Unterschied im Bereich der Zwischen-31- und 40-Jährigen. Hier stehen 22,9% Lehrkräften lediglich 3,5% Pfarrer gegenüber (siehe hierzu in der Dokumentation die graphische Darstellung der Ergebnisse mit Abb. 7 und 8).

Zur Überalterung deutscher Lehrkörper wurde hinlänglich räsoniert. Die sogenannte Überalterung der Kollegien stellte lange Zeit einen europäischen Trend dar. Laut Mitteilung der Europäischen Union sind 37% der Lehrenden an Sekundarschulen durchschnittlich mindestens 50 Jahre alt. In Deutschland läge der Trend bei sogar 45%, in Italien gar bei 60%.[10] Religionslehrer am BK toppen diesen Befund, denn 59,8% sind gar über 50 Jahre alt. Im Hinblick auf die Auswertung der Umfrageergebnisse ist dies insofern von Bedeutung, dass wir es bei den Berufsschulpfarrern von der Altersstruktur her mit einer relativ homogenen Gruppe zu tun haben. Immerhin 87% sind älter als 40 Jahre, 64,3% älter als 50 Jahre. Es ist also absehbar, dass die Kollegien am BK quasi ‚auf einen Schlag' ihre kirchlichen Lehrkräfte verlieren werden. Dem BRU steht in personeller Hinsicht ein radikaler Wandel bevor. Um so bedeutsamer ist es, die gegenwärtige Situation einer gründlichen Analyse zu unterziehen, um Vorbereitungen im Hinblick auf künftige Veränderungen treffen zu können und auf dieser Basis religionspädagogische Perspektiven und didaktische Konzepte für die Zukunft zu entwickeln.

---

10 Bundesministerium für Bildung und Forschung (2014): Europäische Union: Bildung auf einen Blick 2014: OECD-Indikatoren, Gütersloh, S. 73.

Berufserfahrung

Um den Reichtum an Kompetenzen der Lehrenden des BRU ermessen zu können, ist nicht nur das Lebensalter bedeutsam, sondern vielmehr die Anzahl der Dienstjahre. Letztere sind nicht nur im Hinblick auf methodisch-didaktische Fertigkeiten aufschlussreich, sie bieten darüber hinaus beispielsweise wesentliche Hinweise auch für den Bereich der Fortbildungen: 6,3% der Lehrenden des BRU unterrichten mehr als drei Jahrzehnte. Weitere 19,3% verfügen über eine 20- bis 30-jährige Berufserfahrung. Das bedeutet, dass gut ein Viertel der Lehrenden mehr als zwei Jahrzehnte im Dienst ist. 29,6% sind länger als 10 Jahre tätig. 17,5%, also etwa jeder Fünfte, ist erst drei bis fünf Jahren im Dienst. Berufsanfänger sind mit 6,3% in der Minderheit. Ein Großteil der Lehrenden des BRU verfügt also über ausgeprägten Erfahrungsreichtum im Beruf. Die Anzahl der Dienstjahre etwa eines Viertels der Lehrerschaft lässt den Rückschluss zu, dass die Lehrkräfte bereits etliche Reformen in Schule und Religionspädagogik in der Praxis mitgetragen haben.

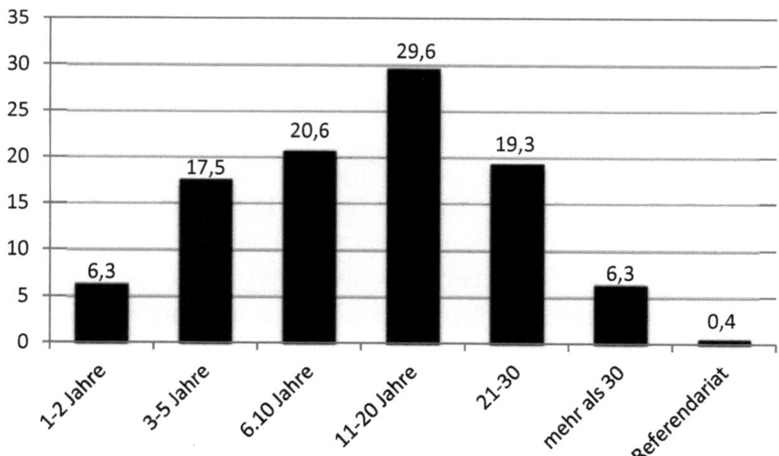

Abbildung 2:   Dienstjahre der BRU-Lehrkräfte (N = 227)

Geschlechterverteilung

Eine weitere Besonderheit des BRU in NRW sei noch genannt: Die Lehrenden sind anders als in allen anderen Schulformen überwiegend männlich.[11] Hier liegt die Ursache darin, dass die evangelischen Pfarrer bis dato überwiegend männlich gewesen sind und entsprechend auch die Schulpfarrer. Da mittlerweile zunehmend Frauen evangelische Theologie studieren, vor allem für das Lehramt, wird sich das Geschlechterverhältnis wandeln. Man darf gespannt sein, ob und wenn ja, welche Auswirkungen eine Feminisierung des Berufsstands der BRU-Lehrenden haben wird.

---

11 Vgl. Lück (2014), Grafik zur Auswertung der quantitativen Teilstudie „Schulform vs. Geschlecht".

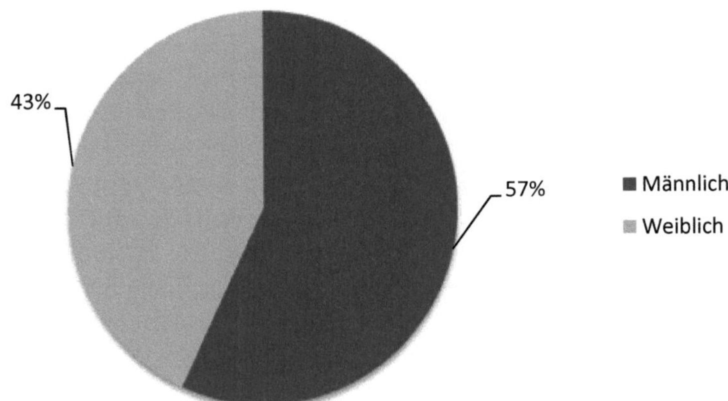

Abbildung 3:   Geschlechterverteilung Lehrende BRU

Die religiöse Sozialisation der BRU-Lehrenden: Erfahrungen mit Gemeinde und Kirche

Die Lehrenden des BRU hatten in großer Zahl bereits in ihrer Kindheit „Erfahrungen mit Gemeinde und Kirche" (siehe hierzu die Dokumentation Abb. 67). Im Folgenden seien vier Bereiche genannt, die von den meisten Lehrenden bezogen auf ihre Kindheit genannt wurden: 9,4% waren Mitglied im CVJM, EC oder einer anderen missionarischen Gruppe. 10,3% sangen in einem Chor oder einer Musikgruppe. 12,9% waren in der Kindergottesdienstarbeit aktiv. Der mit Abstand überwiegende Anteil, nämlich 42% der Lehrenden, war bereits als Kind in einer evangelischen Kirchengemeinde aktiv.

Als Jugendliche engagierten sich dann 69,9% in einer evangelischen Kirchengemeinde. 47,1% der späteren Lehrkräfte fuhren zu Kirchentagen. 46,4% von ihnen arbeiteten in der offenen Jugendarbeit (z.B. Jugendzentrum, Treffpunkt, Teestube). 41,1% waren in der Kindergottesdienstarbeit tätig und 35,5% in der Gottesdienstvorbereitung. Etwa jeder Dritte, also 35,4% war in einem Chor oder einer Musikgruppe aktiv. Die Anzahl derjenigen, die Mitglied im CVJM, EC oder einer anderen missionarischen Gruppe waren, verdreifacht sich gegenüber der Kindheit auf 28,1%.

Die Prozentzahlen derjenigen, die sich als Erwachsene im CVJM, EC oder einer anderen missionarischen Gruppe betätigen, fällt unter die Zahl derjenigen, die dies während ihrer Kindheit taten. Nur mehr 7,1% der Lehrenden bestätigten ein Engagement in diesem Punkt. Die allermeisten BRU-Lehrenden sind aktiv in der Gottesdienstvorbereitung mit 71,4%. 66,8% engagieren sich in einer Gruppe, einem Kreis einer evangelischen Kirchengemeinde. 64% fahren zu Kirchentagen, 48,7% sind aktiv im diakonisch-sozialen Engagement, 42,8% in Projektgruppen in der Gemeinde (z.B. Eine Welt, Friedensarbeit, Ökologie) und 39,9% in einem Chor oder einer Musikgruppe.

Lediglich 17 Personen von 225 gaben an, niemals in einer evangelischen Kirchengemeinde aktiv gewesen zu sein. Darüber hinaus erfolgten 31 Einzelnennungen über weitere Erfahrungen mit „Gemeinde und Kirche" von der „Notfallseelsorge" über „Mission im Ausland" bis zum „Repair Café". Von den 70 Nicht-Pfarrern werden 38 Ehrenämter in der Kirchengemeinde wahrgenommen (da hier Mehrfachnennungen möglich waren, lässt sich nur eine Aussage über die Anzahl der bekleideten Ämter machen, aber nicht über die Personenanzahl, die insgesamt Ämter inne hatte bzw. hat). Darüber hinaus wurden in Einzelnennungen 20 Angaben zum kirchlichen Engagement gemacht (wobei zweimal „keines" angegeben wurde).

Die Items auf die Frage, ob die staatlichen Lehrkräfte des BRU in ihrer Kirchengemeinde ein Ehrenamt inne hatten oder haben, werden insgesamt 38 Mal bestätigt. Wobei auch hier wieder, da Mehrfachnennungen möglich waren, nicht gesagt werden kann, wie viele Personen insgesamt zusätzlich zu ihrem Dienst in der Schule Ehrenämter bekleideten oder bekleiden. Maximal aber 38 Personen der 80 staatlichen Lehrkräfte bestätigten eine Mitgliedschaft im Presbyterium, bei der Kreis- oder Landessynode. Darüber hinaus erfolgten 20 freie Äußerungen unter der Rubrik „anderes kirchliches Engagement", die Aktivitäten benennen wie Mitarbeit im „Förderverein des ev. Kindergartens", „Gemeindebriefarbeit" oder „Konfirmandenarbeit". In den freien Äußerungen nennen die staatlichen Lehrkräfte teilweise gleich mehrere Tätigkeiten.

Trotz der Schwierigkeit, hier „ehrenamtlich" von „amtlich" zu trennen, gab es auf die Angabe: „Ich war als Pfarrerin oder Pfarrer ehrenamtlich in der Gemeinde tätig" insgesamt 79 freie Äußerungen, die Aktivitäten benennen wie Tätigkeit im „Hospiz-Verein", als „Meditationslehrer" oder in der „Notfallseelsorge". Zahlreiche freie Äußerungen dokumentieren gleich mehrere ehrenamtliche Aktivitäten.

Wir sehen also insgesamt bei der überwiegenden Mehrheit der Lehrenden ein sehr hohes Engagement in Kirche und Gemeinde, das in aller Regel bereits in der Kindheit und Jugend angelegt war.

Fachkonferenzen

Das Engagement der Lehrenden, das im Bereich von Kirche und Gemeinde beobachtbar ist, zeigt sich gleichermaßen in ihrem Einsatz in und für die Schulgemeinde und Schulkultur. Im Dienste des Faches Religionslehre halten die Lehrenden beispielsweise am Konferenzformat der Fachkonferenzen, zusätzlich zu den Bildungskonferenzen, fest.[12]

---

12 In den Berufskollegs in NRW ersetzen gemäß § 70 SchulG des Landes NRW Bildungsgangkonferenzen (BGK) die Fachkonferenzen. Zugunsten der Stärkung der Bildungsgangkonferenzen werden nur mehr in wenigen Fächern Fachkonferenzen abgehalten. Das allgemeine Konferenzaufkommen bedeutet eine nicht unerhebliche zeitliche Mehrbelastung. Die allermeisten Lehrenden der Religionslehre nutzen dennoch die zusätzliche Möglichkeit, sich im Rahmen der Fachkonferenzen auszutauschen.

55,8% der Fachkonferenzen sind ökumenisch. 21% der Fachkonferenzen werden darüber hinaus auch im Verbund mit Lehrenden der Praktischen Philosophie abgehalten. Dass Fachkonferenzen konfessionell getrennt stattfinden, gaben lediglich 5,8% der Kollegen an. 17,4% der evangelischen Religionslehrer konstatierten, dass an ihren Schulen keine Fachkonferenzen abgehalten würden, sondern dass es stattdessen allenfalls „eine lockere Zusammenarbeit verschiedener Kolleginnen und Kollegen" gäbe. Im Hinblick auf einen pluralen Berufsschulreligionsunterricht sind auch Treffen entsprechend zusammengesetzter Fachkonferenzen von Bedeutung.

Kooperationen im Rahmen von Projekten

Kooperationen bedeuten in aller Regel bei aller Bereicherung auch zusätzliche Arbeitsbelastungen. Die Kooperationsbereitschaft der evangelischen Religionslehrenden ist ausgeprägt: Immerhin 26, 9% der Kollegen kooperieren regelmäßig („immer" und „oft" zusammengefasst). Weitere 37,7% kooperieren manchmal, weitere 31,4% „selten" und lediglich 4% führen „nie" Projekte mit Kollegen anderer Fächer durch. Die Bereitschaft und Durchführung von Kooperationen stärken das Fach erheblich im Bildungsgang.

Rolle des Faches in den Bildungsgangkonferenzen

Aufgrund der hohen Kooperationsbereitschaft der evangelischen Religionslehrer überrascht es keineswegs, dass diese in der Mehrheit der Auffassung sind, dass das Fach auf den Bildungsgangkonferenzen gegenüber anderen Fächern eine gleichberechtigte Rolle spielt. Immerhin 54,9% der Lehrenden geben an, dass der BRU grundsätzlich auf den Bildungsgangkonferenzen von Bedeutung sei.

Ergebnisse zur Zufriedenheit mit dem BRU

Religionslehre ist kein Fach wie jedes andere. Die Schüler können es abwählen. Das Fach und somit seine Vertreter sind permanenten Legitimationsdebatten ausgesetzt. Mag sein, dass Lehrende erwägen, dieses Fach nicht mehr zu unterrichten: Die Ergebnisse der bibor-Umfrage zeigen (siehe hierzu in der Dokumentation die graphische Darstellung der Ergebnisse mit Abb. 27 und 28 sowie 29 und 30), dass die Mehrheit der Lehrenden an BKs in NRW dies niemals in Erwägung zog. Nur ein geringer Teil von ihnen hat je überlegt, das Fach nicht mehr erteilen zu wollen. Prozentual ist der Anteil der Pfarrer, die dies schon einmal in Betracht zogen, höher: Während ca. ein Fünftel der staatlichen Lehrkräfte, nämlich 18,1%, vorübergehend keinen BRU zu erteilen wünschten, hatten eben dies 25% der Berufsschulpfarrer erwogen. Das ist immerhin jeder Vierte.

Hier mögen die unterschiedlichen Zugänge zum Beruf eine Rolle spielen. Anders als die staatlichen Lehrkräfte, die durch das Referendariat bereits einen umfassenden Einblick in die Berufswirklichkeit erhalten, erfahren die meisten Pfarrer diese erst in ähnlichem Maße, wenn sie bereits am Berufskolleg tätig sind. Auch mag das ausschließliche Unterrichten des Faches Evangelische Religionslehre zu Ermüdungserscheinungen beitragen.

Die Begründungen für eine Distanz zum Fach der evangelischen Religionslehre sind bei den Personengruppen unterschiedlich: Während bei Berufsschulpfarrern die Distanz zum Glauben und zur Institution Kirche keine bedeutende Rolle spielt, ist diese bei Lehrern deutlich ausgeprägter. 33,3% der Lehrer aus der Gruppe, die angaben, einmal keinen BRU erteilt haben zu wollen, begründen dies durch ihre nicht ausreichende Identifizierung mit der Institution Kirche. Diese Problematik teilen lediglich 5,9% der Berufsschulpfarrer. Eine „innere Distanz zum christlichen Glauben" geben 13,3% der staatlichen Lehrkräfte an. Der Anteil der Pfarrer in diesem Punkt ist mit 2,9% verschwindend gering. Ein Fünftel der mit dem BRU unzufriedenen staatlichen Lehrkräfte würde das Unterrichten von Praktischer Philosophie und Ethik dem Unterricht der Evangelischen Religionslehre vorziehen. Dies ist nur für wenige, nämlich 5,9%, der unzufriedenen Pfarrer eine Alternative.

Während beinahe die Hälfte der unzufriedenen Lehrer (40%) beklagt, inhaltlich nicht die Akzente setzen zu können, die sie wünschen, z. B. aufgrund der Lehrpläne, sagen dies lediglich 17,6% der Pfarrer. Skepsis dem konfessionell gebunden RU gegenüber haben 33,3% der Gruppe der staatlichen Lehrkräfte, doch lediglich 8,8% der „unzufriedenen" Pfarrer. Verhält es sich möglicherweise so, dass diese Lehrer aufgrund auch der Distanz zur Kirche (ebenfalls 33,3%) ihre Identität weniger konfessionell definieren und insofern „Bedenken gegen den konfessionell gebundenen RU" haben? – Die Zahl 33,3% taucht übrigens bei diesem Itemblock bezogen auf die Lehrer noch ein drittes Mal auf, und zwar bei dem Punkt: „Ich unterrichte nur so wenige Stunden Religion, dass sich der Aufwand nicht lohnt".

Möglicherweise besteht hier ein Zusammenhang zwischen diesen drei Items, dass bei den „unzufriedenen staatlichen Lehrkräften" das Verhältnis zur Kirche und zur Konfession getrübt ist – auch weil sie, anders als während des Studiums erhofft, nur so wenige Stunden Religion unterrichten können, da Berufsschulpfarrer den Unterricht in diesem Bereich abdecken.

Während es 13,3% der unzufriedenen Lehrer als unangenehm empfinden, sich „immer wieder gegenüber den Vorbehalten der Schulleitung und/oder des Kollegiums rechtfertigen" zu müssen, belastet diese erzwungene „Rechtfertigung" 23,5% der Pfarrer: Da diese lediglich Vertreter eines Faches sind, werden sie sicher hier auch vielmehr in die Pflicht genommen.

Erstaunlich ist, dass 66,7% der Lehrer angeben, „das Erteilen von RU strenge sie mehr an als der Unterricht in anderen Fächern". Dass diese Äußerung immerhin 8,8% der Pfarrer ankreuzten, obwohl sie ja kein anderes Fach unterrichten und ihnen damit der Vergleich fehlt, ist erstaunlich. Gleichwohl gilt: Das Unterrichten nur eines Faches bringt auch erhebliche Beschwernisse für die Lehrenden mit sich. Unter dem

Punkt „Einsatz im Bildungsgang" hatten fünf Prozent der Lehrenden angegeben, keinen Schwerpunkt benennen zu können, was in der Konsequenz vermutlich bedeutet, dass der Einsatz in zahlreichen Bildungsgängen erfolgt, was eine Schwerpunktbildung verhindert, zumal der BRU in zahlreichen Bildungsgängen lediglich im Rahmen von Einzelstunden erteilt wird. In einer freien Äußerung beispielsweise beklagte ein Lehrender in der bibor-Umfrage: „Alle 45 oder alle 90 Minuten neue Gruppen." Und dennoch sind es die staatlichen Lehrkräfte, die die Anstrengungen des Faches als Ursache ihrer Ablehnung angeben.

Fazit und Ausblick

Die Ergebnisse der bibor-Umfrage belegen zunächst einmal, dass Lehrende des BRU außerordentlich engagiert sind. Das hohe Maß an Bereitschaft zum Engagement in Gemeinde und im Rahmen des Ehrenamts findet sein Pendant in der Bereitschaft, sich für die Schulgemeinschaft zu engagieren und etwas beizutragen zur Schulkultur und Schulentwicklung. Nicht nur die Vielzahl und Ausführlichkeit freier Äußerungen belegen dieses Engagement. Weitere Anhaltspunkte bieten beispielsweise das freiwillige Durchführen von Fachkonferenzen und die hohe Bereitschaft zur Kooperation mit anderen Fächern im Bildungsgang sowie dem Einsatz für die Anliegen des Faches im Rahmen von Bildungsgangkonferenzen.

Der hohe Anteil der von Pfarrern erteilten BRU-Stunden bedeutet in der Konsequenz eine außerordentliche Stärkung des Faches Evangelische Religionslehre und erklärt möglicherweise auch, aus welchem Grunde das Fach Religionslehre – trotz der üblichen Legitimationsdebatten – vor allem am Berufskolleg am allerwenigsten in Frage gestellt wird und im Gegenzug aus der Schulentwicklung und -kultur nicht wegzudenken ist. Nur ein geringer Anteil von Lehrenden hatte angegeben, sich unter Druck zu fühlen und den BRU gegenüber Schulleitung und Kollegium rechtfertigen zu müssen.

Gerade der Berufsschulreligionsunterricht mit seinen besonderen Erfordernissen bietet eben auch besondere Möglichkeiten. Eine der zahlreichen freien Äußerungen der bibor-Umfrage bringt die Situation des BRU auf den Punkt: „mit der Bereitschaft des BRU sich in berufsbezogene Lernsituationen verlässlich und niveauvoll einzubringen, steigt an unserer Schule seit Jahren die Akzeptanz im Kollegium und unter den Schülern für den Religionsunterricht." Diese Akzeptanz zu erwirken, bedeutet jedoch vor allem für die kirchlichen Lehrkräfte eine enorme Flexibilität und Anstrengung, da sie in aller Regel in einer Vielzahl von Bildungsgängen eingesetzt werden und sich immer wieder neu auf die Erfordernisse der unterschiedlichen beruflichen Ausbildungen und schulischen Qualifikationen einstellen müssen. Zudem bringen Berufsschulpfarrer Kompetenzen ins Schulleben ein, die von staatlichen Lehrkräften nur bedingt erwartet werden können: Das Engagement z. B. im Bereich der Schulseelsorge bedeutet eine Bereicherung der Schulkultur und entlastet sämtliche am Schulleben Beteiligte. Da die Berufsschulpfarrer nur ein Fach unterrichten, können sie ihr Engagement zur Gänze auf die Stärkung desselben konzentrieren. Hinzu kommt die sozusagen naturgegebene Unterstützung durch außerschulische Partner wie den kreiskirchlichen und landeskirchlichen (religions-)pädagogischen Einrichtungen, die mit einem vielfältigen sowie eng auf die Bedürfnisse der Lehrenden abgestimmten Fortbildungsangebot unterstützend wirken.

Wie bereits erwähnt, verfügen die Berufsschulpfarrer über eine außerordentliche theologische Fachkompetenz. Angesichts der demographischen Entwicklung steht zu fürchten, dass nach dem Ausscheiden dieser Lehrenden aus dem Schuldienst vermutlich auf absehbare Zeit keine so gründlich geschulten evangelischen Theologen an den Berufskollegs in NRW unterrichten werden. Der BRU in NRW steht vor fundamentalen Veränderungen.

Michael Meyer-Blanck

Die Ziele des Berufsschulreligionsunterrichts

1. Die Zielbestimmungen in der bibor-Studie vor dem Hintergrund anderer Studien

Als im Jahr 2010 das Bonner bibor gegründet wurde, bestand eines seiner Forschungsziele darin, die Wirklichkeit des BRU in Nordrhein-Westfalen in den Blick zu bekommen. Die mit diesem Band vorgelegte Studie dient der Verwirklichung dieses Zieles. Erstmals kann über Vermutungen hinaus beschrieben werden, was in den Klassenräumen tatsächlich geschieht. Die Erhebung der Ziele, die die Lehrenden im RU verfolgen, bildet von jeher das Zentrum der Erhebungen zum Religionsunterricht.

Das gilt schon für die älteren Erhebungen, die seit Beginn der 1980er Jahre durchgeführt wurden.[1] Bedeutend waren dann die in Niedersachsen und Hamburg am Ende der 1980er Jahre durchgeführten Studien, die vor allem die Unterrichtsziele erhoben.[2] Schließlich wurde um die Jahrtausendwende auch die gelebte Religion der Lehrer mit der von ihnen professionell gelehrten Religion ins Verhältnis gesetzt.[3] Das wichtigste Ergebnis dieser Studien bestand in der Einsicht, dass man nicht von einer soziologischen Rollentheorie ausgehen kann, nach der die Lehrenden im Spannungsfeld von pädagogischen und kirchlichen Rollenzuschreibungen zu betrachten sind; damit würde man lediglich Klischees reproduzieren. Das Handeln des Religionslehrers erwies sich als sehr viel individueller und reflektierter im Umgang mit den verschiedenen Rollenzuschreibungen. Die Religionslehrer schätzten ihre Rolle positiv ein und sahen sich nicht in einer Sonderstellung gegenüber anderen Lehrern. Bei den Zielen ergab

---

1   Schon 1985 konnte ein umfangreicher Forschungsbericht über die ersten Studien vorgelegt werden: Peter Biehl, Beruf: Religionslehrer. Schwerpunkte der gegenwärtigen Diskussion, in: JRP 2 (1985), 161–194. Dort ist eine reichhaltige Bibliographie mit älterer Forschungsliteratur enthalten (191 ff.).

2   Karin Kürten, Der evangelische Religionslehrer im Spannungsfeld von Schule und Religion, Neukirchen-Vluyn 1987. – Andreas Feige/Karl-Ernst Nipkow, Religionslehrer sein heute. Empirische und theologische Überlegungen zur Religionslehrerschaft zwischen Kirche und Staat, Münster (Comenius-Institut) 1988. – Klaus Langer, Warum noch Religionsunterricht? Religiosität und Perspektiven von Religionspädagogen heute, Gütersloh 1989.

3   Andreas Feige et alii, ‚Religion‘ bei ReligionslehrerInnen. Religionspädagogische Zielvorstellungen und religiöses Selbstverständnis in empirisch-soziologischen Zugängen. Berufsbiographische Fallanalysen und eine repräsentative Meinungserhebung unter evangelischen Religionslehrer/innen in Niedersachsen, Münster 2000; dazu vgl. auch die später analog in Baden-Württemberg durchgeführten berufsbiografischen Interviews: Bernhard Dressler/Andreas Feige/Werner Tzscheetzsch, Religionslehrerin oder Religionslehrer werden. Zwölf Analysen berufsbiografischer Selbstwahrnehmungen. Ostfildern 2006.

sich 1988, dass die pädagogischen Orientierungen vor den im eigentlichen Sinne religiösen rangierten.[4]

Die große Religionslehrerstudie in Niedersachsen (Feige et alii 2000) verband eine quantitative Erhebung mit umfangreichen biographischen und berufsbiographischen Interviews. Diese Studie stellt damit so etwas wie eine „Bildungsreligion" fest, die weder kirchlich noch unkirchlich ist. Es handelt sich nach den Autoren um eine spezifische Form der Religion als Berufsmerkmal von Religionslehrern, weswegen sie von den Autoren als „Bildungsreligion" bezeichnet wird. Diese steht mit der eigenen pädagogischen Tätigkeit in engem Zusammenhang. Sie ist persönlich authentisch, aber sie ist zugleich stark durch die eigene Berufsrolle geprägt. Die religiöse Authentizität ist eine berufsspezifische, die „zwischen dem Sakralraum Kirche und pluralisierter Lebenswelt" angesiedelt ist (443).

Die Unterrichtenden speziell an Berufsschulen/Berufskollegs waren aber bisher nicht Gegenstand der empirischen Forschung. Zu erwähnen ist in diesem Zusammenhang aber noch die 2008 publizierte Berufsschulstudie von Feige und Gennerich,[5] die die Einstellungen von 8.000 Schülern zu religiösen und ethischen Fragestellungen erheben konnte. Aber diese Studie gehört mit der Befragung der Unterrichteten deutlich in einen anderen Zusammenhang.

Bisher gab es demnach einerseits Studien zu den Einstellungen von Religionslehrern allgemein und andererseits zu den Einstellungen von Schülern an Berufskollegs, nicht aber zu den Unterrichtenden dort. Eine gute Ergänzung zu unserer Studie ist die 2014 vorgestellte Erhebung zum Religionsunterricht, die in unter der Leitung von Christhard Lück und Martin Rothgangel 2013 durchgeführt und 2014 der Öffentlichkeit präsentiert wurde. An dieser Umfrage beteiligten sich 1.093 Religionslehrer im Bereich der Evangelischen Kirche im Rheinland; davon 13,1 % Unterrichtende am Berufskolleg. Eine Publikation lag bei der Abfassung dieses Beitrags noch nicht vor. Nach der Faktorenanalyse der quantitativen Daten von Christhard Lück ergeben sich dabei vier Zieldimensionen für den RU: 1. „Anleitung zu Toleranz, Empathie und Öffentlichkeit in weltanschaulichen Fragen", 2. „Förderung der Theologie der Schüler", 3. „Suche nach Gott im eigenen (Glaubens-)Leben bzw. Alltag" und 4. „Einführung in die eigene Konfession bzw. Religion und in andere Religionen und

---

4   Die am häufigsten angekreuzten von 15 vorgegebenen Zielformulierungen für den RU aus Sicht der Lehrer waren im Jahre 1988 (Feige/Nipkow [Anm. 2], 22): „Anregung für individuelle Bewusstseinsprozesse" und „Widerstand gegen Unmenschlichkeit, religiöse und politische Toleranz". An letzter Stelle landete damals das Item „zur religiösen Erfahrung anleiten". Es ist bemerkenswert, dass die von uns im Jahre 2014 in NRW erhobenen Daten keine wesentlich andere Rangfolge erbrachten (s. u.). Toleranz und Individualität rangieren vor expliziter Religion, Theologie und erst recht der Kirchlichkeit. Dieses – nicht eben überraschende und damit plausible – Ergebnis verbindet offensichtlich Schulformen und Lehrergenerationen im RU.

5   Andreas Feige/Carsten Gennerich, Lebensorientierungen Jugendlicher. Alltagsethik, Moral und Religion in der Wahrnehmung von Berufsschülerinnen und -schülern in Deutschland, Münster u. a. 2008.

Weltanschauungen".[6] Die Ergebnisse unserer Studie berühren sich in mehrfacher Weise mit diesen Daten. Insbesondere aber was die Ansichten der Lehrenden zur Konfessionalität des Unterrichts angeht, finden sich charakteristische Unterschiede (dazu s. besonders den Beitrag von Andreas Obermann in diesem Band). Nicht zuletzt aufgrund dieses Befundes trägt der hiermit vorgelegte Band den Titel „Der BRU ist anders!".

Die vorliegende Studie steht im Kontext mehrerer Erhebungen des bibor zum BRU in Nordrhein-Westfalen. Sie stellt nur den ersten Schritt im Rahmen der Aufgabe dar, die Wirklichkeit des BRU (besonders in NRW) zu erfassen. Die Befragung der Unterrichtenden zu ihren eigenen Unterrichtszielen ist dabei ein zwar wichtiges, aber letztlich doch auch begrenztes Unterfangen. Man muss sich darüber klar sein, dass die eigenen Ziele nur zum Teil darüber Auskunft geben, was davon eigentlich im Unterricht umgesetzt wird bzw. was bei den Unterrichteten ankommt. Erwünschte Zielkataloge könnten ebenso das Wunschdenken angesichts erfahrener eigener Grenzen sein wie die Abbildung des real Verwirklichten. Genauere Auskunft darüber kann nur die – vom Forschungsdesign her allerdings sehr viel aufwändigere – Unterrichtsforschung[7] geben, wobei es sich auch bei dieser selbstverständlich immer um *Interpretationen* von Wirklichkeit handelt und nicht um die vermeintlich realistische *Abbildung* von Wirklichkeit. Das Ideal einer Untersuchung wäre die Analyse von Zielbestimmungen der Unterrichtenden, verbunden mit einem genauen Blick auf Ergebnisse von gehaltenem Unterricht, wobei die Ziele der Lehrer und die Eindrücke der Schüler in denselben Lerngruppen zu erheben wären. Ein derart ambitioniertes Unterfangen setzt allerdings genaue Zielanalysen wie die mit dieser Studie vorgelegten voraus.

Darüber hinaus ist die Wirklichkeit eben immer nur in der Form von Interpretationen zu erheben. Auch die Videoanalyse und die Schüleraussage kann immer in mehrfacher, ja in widersprüchlicher Weise verstanden werden. Dem Zirkel von Wahrnehmung, Deutung und handlungsleitender Schlussfolgerung ist niemals zu entkommen. Studien wie die vorliegende helfen aber – in aller methodischen Begrenztheit – dabei, diesen Zirkel genauer in den Blick zu bekommen und so den Vorgang des Interpretierens der eigenen Orientierungen auf eine selbstkritische Ebene zu bringen.

2.   Die Ergebnisse

2.1   Zur Entstehung des Fragebogens

Der Online-Fragebogen wurde von Januar 2013 bis Mai 2014 im bibor-Team unter Beratung von Prof. Dr. Andreas Feige/Braunschweig, Prof. Dr. Carsten Gennerich/ Darmstadt und Prof. Dr. André Beauducel/Bonn sowie in Abstimmung mit Kollegen

---

6   Christhard Lück, Die rheinische Religionslehrer/innen/befragung 2013 – Ausgewählte Ergebnisse der quantitativ-empirischen Studie (Online-Befragung), vervielfältigtes Manuskript anlässlich der Präsentation der Daten im Pädagogisch-Theologischen Institut Bonn am 27.11.2014.
7   Dazu vgl. Bernhard Dressler/Thomas Klie/Martina Kumlehn, Unterrichtsdramaturgien. Fallstudien zur Performanz religiöser Bildung. Stuttgart 2012.

aus der Praxis und mit dem wissenschaftlichen Beirat des bibor konzipiert. Nach unzähligen Versionen ergaben sich für die Frage nach den Zielen genau 20 Items, von denen sich sechs speziell auf die Beruflichkeit bezogen, also auf das Hineinwachsen in eine Berufsrolle (kategorialer Berufsbezug) einerseits und auf die Handlungskompetenz in einem bestimmten Beruf (materialer Berufsbezug) andererseits.[8]

Während der Feldphase (5. Mai 2014–25. Juli 2014) wurde die Befragung in 330 Fällen aufgerufen und in 227 Fällen vollständig abgeschlossen (N = 227). Die 227 vollständigen Datensätze entsprechen einer Quote von 19,52% aller BRU-Lehrkräfte (N = 1163).[9] Damit kann der Rücklauf als repräsentativ für die Probandengruppe „Lehrkräfte im BRU in NRW" bezeichnet werden. Die 103 nicht abgeschlossenen Befragungen gehen z. T. auf Testläufe von Verantwortlichen, Beratern und an der Umfrage Interessierten zurück. Nicht-Absendung und Abbrüche dürften also nur wenig durch die Länge und Komplexität des Fragebogens verursacht sein. Bei den Zielformulierungen ermöglichte der elektronische Fragebogen eine Randomisierung der Itemreihenfolge, so dass eine Beeinflussung von Items durch die Nachbarschaft von anderen so weit wie möglich minimiert wurde.

Die Ziele der Unterrichtenden im BRU in NRW – die wichtigsten Ergebnisse

Das wichtigste Befragungsergebnis lautet, dass die Unterrichtenden interreligiösen, ethischen und pädagogischen Zielen die oberste Priorität einräumen. Addiert man jeweils die Zustimmungen zu den angekreuzten positiven Skalenwerten, dann ergibt sich diese Rangfolge an Zustimmung (Tabelle 1)

Ganz am Ende der Skala dagegen rangieren die spezifisch kirchlichen Zielbestimmungen „[…] meinen Schülerinnen und Schülern Gelegenheiten zum Gestalten von religiösen Feiern zu bieten" (Rang 18, 27,6% Gesamtzustimmung); „[…] durch die Verkündigung des Evangeliums zur persönlichen Glaubensentscheidung zu führen" (Rang 19, 20,9% Gesamtzustimmung); „[…] meine Schülerinnen und Schüler in der Kirche zu beheimaten" (Rang 20, 8,9% Gesamtzustimmung). Die Verkündigungskonzeption wurde in der Religionspädagogik bekanntlich schon vor 50 Jahren verabschiedet, so dass Rang 18 kaum überrascht. Ebenso verhält es sich mit Rang 19, denn allein 39,2% der Befragten gaben an, dass es an ihrem Berufskolleg gar keine religiösen Feiern gibt. Ebenso zu erwarten war ein abgeschlagener Platz für das auf Rang 20 gelandete Item, denn dieses gibt eine dezidiert kirchliche statt einer schulischen Zielsetzung für den BRU vor. Hier enthielt nur ein Fragebogen die volle Zustimmung (0,4%) und 19 Bögen enthielten die „überwiegende" Zustimmung (8,4%). Es besteht

---

8   Die Unterscheidung von kategorialem und materialem Berufsbezug hat sich im bibor-Team und bei bibor-Veranstaltungen in den letzten Jahren als klärend erwiesen, vgl. dazu jetzt Andreas Obermann, Die Kunst der Verschränkung von Religion und Beruf im BRU. Ein Versuch, in: BRU-Magazin für den Religionsunterricht an berufsbildenden Schulen Nr. 63 (2015), 2–5.

9   Nach Angaben des Geschäftsbereichs „Information und Technik. Nordrhein-Westfalen" (IT. NRW) unterrichten in NRW insgesamt 1.163 Lehrkräfte Evangelische Religionslehre am Berufskolleg.

bekanntlich ein überwiegender in der religionspädagogischen Theoriebildung wie in kirchlichen Stellungnahmen, dass Schule und Kirche als religiöse Lernorte zu unterscheiden sind und dass die kirchliche Beheimatung allenfalls in zweiter oder dritter Linie ein Ziel des RU sein kann.

Tabelle 1

Item	Rang-folge	Gesamt-zustimmung	Davon „stimme voll zu"	Davon „stimme überwiegend zu"
Es ist das Ziel meines BRU, die interreligiöse und interkulturelle Dialogfähigkeit meiner Schülerinnen und Schüler in beruflichen Anforderungssituationen zu fördern.	1	95,6%	64,0%	31,2%
Es ist das Ziel meines BRU, Perspektiven christlicher Ethik im Kontext beruflicher Herausforderungen zu vermitteln.	2	92,0%	53,6%	38,4%
Es ist das Ziel meines BRU, meinen Schülerinnen und Schülern Orientierungen für ihre Identitätsbildung im Beruf zu ermöglichen.	3	89,2%	48,9%	40,4%
Es ist das Ziel meines BRU, meinen Schülerinnen und Schülern zu einem stärkeren Selbstbewusstsein zu verhelfen.	4	88,9%	52,9%	36,0%
Es ist das Ziel meines BRU, die Wahrnehmung Andersgläubiger als berufliche Handlungsfähigkeit zu fördern.	5	84,8%	45,7%	39,0%
Es ist das Ziel meines BRU, zum Nachdenken über theologische Fragen anzuleiten	6	84,0%	44,9%	39,1%

Interessant ist es, dass schon die niedersächsische Religionslehrerbefragung von Andreas Feige und Karl Ernst Nipkow im Jahre 1988[10] zu ähnlichen Ergebnissen führte. Diese Studie stellte eine starke Ablehnung des Konzeptes der „Evangelischen Unterweisung" fest, ebenso des Schulgottesdienstes und des Schulgebetes. Positiver wurden gottesdienstliche Elemente in der Schule nur von denjenigen gesehen, die mit dem Pfarrer der Ortsgemeinde Kontakt haben (knapp 40 % der Befragten). Die am häufigsten angekreuzten (von 15 vorgegebenen) Zielformulierungen für den RU aus Sicht der Lehrer waren 1988 (22): „Anregung für individuelle Bewusstseinsprozesse" bzw. „Widerstand gegen Unmenschlichkeit, religiöse und politische Toleranz". Das an der letzten Stelle gelandete Item lautete damals „Zu religiöser Erfahrung anleiten."

---

10 Andreas Feige/Karl-Ernst Nipkow, Religionslehrer sein heute (Anm. 2).

2.2 Fünf Hauptkomponenten (Hauptthemen)
bei der Zieldefinition von BRU

Die 20 in unserem Fragebogen angebotenen Items verfolgen z. T. ähnliche und z. T. ganz andere Ziele für den BRU. Diese Zusammenhänge lassen sich nicht nur bei einer Lektüre der Itemformulierungen entnehmen, sondern auch bei den Ergebnissen, dem tatsächlichen Antwortverhalten. Die Zustimmungen zu bestimmten Items hängen miteinander zusammen. Bei genauen statistischen Berechnungen lassen sich so die Items auf mehrere Itemgruppen (= „Hauptkomponenten") reduzieren bzw. als solche zusammenfassen. Die so entstehenden Hauptkomponenten zeigen, wie die Zustimmungen bzw. Ablehnungen bei den Befragten korrelieren. Die Hauptkomponenten geben damit Themen an, die die Befragten besonders beschäftigen. Die große statistische *Bedeutung* einer Hauptkomponente für das Antwortverhalten impliziert dabei nicht, dass auch die *Zustimmung* zu dieser Komponente besonders groß ist. Gerade auch die Ablehnung einer von mehreren Items gebildeten Komponente kann von großer erklärender Kraft sein. Das ist bei unserer Umfrage besonders bei den kirchlichen Zielbestimmungen (Hauptkomponente 1) der Fall. Die insgesamt geringen Zustimmungswerte zu diesen Items bestimmen das Gesamtantwortverhalten in starker Weise. Die Hauptkomponentenanalyse reduziert demnach die Variablen auf bestimmte, entscheidende und besonders zu interpretierende thematische Grundstrukturen. Die Komponenten sind dagegen *nicht* mit Personengruppen („Typen") zu verwechseln. Die fünf Hauptkomponenten beziehen sich vielmehr auf diejenigen Thematiken, die alle Probanden mehr oder weniger stark beschäftigen. Die Hauptkomponentenanalyse macht damit besser sichtbar, was für die Befragten wichtig ist, egal ob sie dabei in der einen oder in der anderen (zustimmenden oder ablehnenden) Weise votieren.

Mit statistischen Berechnungen[11] lassen sich die Itemzustimmungen bei der Zielfrage unserer Studie in den folgenden fünf Komponenten zusammenfassen (die folgenden 5 Komponenten erklären 54,42% der Gesamtvarianz):

1. Anbindung an Kirche/Religion: Stellung zu den Themen Kirche, Glaube, Beruf (wenig Zustimmung, und gerade dabei hohe Varianzerklärung)
2. Stärkung des Individuums und Minderung des Leistungsdrucks: Selbstbewusstsein, Identitätsbildung
3. Nachdenken über Bibel/Theologie, theologische Bildung: Texte, Zeichen/Theologie/Transzendenz
4. Interkultureller Dialog (hohe Zustimmung, damit hohe Varianzerklärung)
5. Relevanz von Ethik und Sozialpolitik

Man kann also von einer kirchlichen, einer pädagogischen, einer fachdidaktischen, einer interkulturell-dialogischen und einer ethischen Komponente sprechen. Dabei sind die Komponenten 1 und 3 besonders interessant, weil sie in gegensätzlicher Weise

---

11 An dieser Stelle sei Prof. Dr. André Beauducel für seine Hilfe bei der Berechnung der Komponenten mit dem Statistikprogramm SPSS herzlich gedankt.

thematisch bestimmend sind. Besonders das kirchliche Moment markiert ein heißes Eisen für die meisten Befragten. Der innere Zusammenhang ist hier bei den Items besonders groß. Bei dieser Komponente 1 gibt es besonders hohe Faktorladungen von .778, .653 und .641.[12]

2.3　Ein pädagogisch-didaktisches und pädagogisch-seelsorgerliches Profil? Unterrichtsziele von Lehrern und Pfarrern im BRU

Der weitaus größte Teil des BRU in NRW wird von Berufsschulpfarrern erteilt. Ein Ausgangspunkt unserer Untersuchung war die Hypothese, dass die im BRU unterrichtenden Pfarrer ein anderes Unterrichtsverständnis haben als die Lehrer. Diese Hypothese beruhte auf verschiedenen Gesprächen und Eindrücken. Sie lässt sich in doppelter Weise begründen: *Zum einen* ist die Berufssozialisation für den Pfarrer- und Lehrerberuf eine andere. Der Pfarrer wird als Prediger, Seelsorger und Kommunikator sozialisiert, der Lehrer dagegen als Didaktiker, welcher junge Erwachsene fördert, nicht zuletzt dadurch, dass er ihnen mit Leistungsbewertungen hilft, die eigenen Kompetenzen realistisch einzuschätzen und zu erweitern. Mithin ist das Professionsverständnis in beiden Berufsgruppen unterschiedlich. *Zum anderen* unterrichten die Pfarrer im vollen Umfang ihres Stundendeputats nur das Fach Religion, dem im Fächerkanon – trotz der inzwischen auch hier vorherrschenden Kompetenzorientierung – immer noch eine Sonderrolle zukommt. Das Fach Religion thematisiert die konstitutive Rationalität, also die Bedingungen der Möglichkeit von Lernen und Kompetenzerwerb, indem es den Menschen als Person von seiner Bildung und seinen Leistungen unterscheidet. Der grundsätzliche Blick auf Lernen und Personalität führt zu einer kritischen Einstellung gegenüber den schulischen Funktionen der individuellen Qualifikation und der gesellschaftlichen Allokation. Diese kritische Sichtweise betrifft alle, die das Fach Religion unterrichten und gerade so wird der BRU für das Berufskolleg so wertvoll. Die Jugendlichen werden zur Distanznahme gegenüber ihrem eigenen Status als Auszubildende und Schüler befähigt. Dennoch ist ein Unterschied zu vermuten: Wenn nur vier Stunden in der Woche Religion unterrichtet werden, der Rest des Stundendeputats aber mit Wirtschaftslehre oder Deutsch/Kommunikation ausgefüllt ist, könnte das didaktische Verständnis des Faches Religion ein anderes sein, als wenn nur dieses unterrichtet wird. Kurz zugespitzt: Man kann ein stärker *didaktisches* Verständnis von RU bei den Lehrern und ein stärker *seelsorgerliches* bei den Pfarrern erwarten, weil die Hauptprofession das eigene Verständnis des RU in spezifischer Weise prägt.

Es ist nun interessant zu beobachten, dass diese Hypothese von den Zustimmungen zu dem Zielformulierungen her nicht bestätigt werden konnte. Zunächst ist die

---

12　Der Wert „0,641" wird der Konvention nach als „.641" notiert und gibt den Wert der Korrelation an. Eine – nur theoretisch rechnerisch mögliche – Faktorladung von 1.000 würde bedeuten, dass das Antwortverhalten bei den korrelierten Items völlig identisch wäre.

Reihenfolge der Items in beiden Berufsgruppen kaum unterschiedlich. An der Spitze steht in beiden Berufsgruppen die Zustimmung zu dem Item „Es ist das Ziel meines BRU, die interreligiöse und interkulturelle Dialogfähigkeit meiner Schülerinnen und Schüler in beruflichen Anforderungssituationen zu fördern." (Lehrer 94,3%, Pfarrer 95,4%). Die sechs am meisten Zustimmung findenden Items in Tabelle 1 (s. o.) sind identisch, wenn auch die Reihenfolge der Ränge 2–6 leicht variiert. Am bemerkenswertesten ist dabei das 6. Item „Es ist das Ziel meines BRU, zum Nachdenken über theologische Fragen anzuleiten." Bei den Lehrern findet es 88,5% Zustimmung (Rang 5), bei den Pfarrern nur 81,6 % (Rang 6). Man kann vermuten, dass die theologische Professionalität gerade bei den Pfarrern mit etwas mehr Zurückhaltung gehandhabt wird. Sie wollen vielleicht nicht ihr eigenes Interesse an der Theologie unreflektiert auf die Schüler übertragen. So sympathisch diese Motivation wäre: Sie sollte umgekehrt nicht in das Versäumnis umschlagen, den Unterrichteten das kompetente theologische Nachdenken vorzuenthalten. Aber mehr als vier von fünf Pfarrern sehen es offensichtlich auch so.

2.4   Professionelle Selbstzurücknahme der Berufsschulpfarrer

Die eben beschriebene professionelle Selbstzurücknahme bestätigt sich in noch deutlicherer Weise bei den Items am Schluss der Rangfolge. Die drei spezifisch kirchlich-kerygmatischen Items liegen wie bereits erwähnt bei allen Befragten ganz am Ende, aber die Zustimmung ist bei den Berufsschulpfarrern noch deutlich geringer.

Insbesondere bei dem auf Rang 19 platzierten Item ist der Unterschied verblüffend. Die kerygmatische Ausrichtung des BRU findet zwar auch bei den Lehrern nur bei einer deutlichen Minderheit Zustimmung – immerhin dort aber bei jedem dritten Befragten (32,2%); bei den Pfarrern ist das dagegen nur bei gut jedem achten der Fall (13,8%). Auch dem Ziel der Beheimatung in der Kirche wird von mehr als doppelt so vielen Lehrern wie Pfarrern zugestimmt (Tabelle 2)

Tabelle 2

Item und Rang	Zustimmung bei den Pfarrern	Zustimmung bei den Lehrern	Zustimmung insgesamt
18. Es ist das Ziel meines BRU, meinen Schülerinnen und Schülern Gelegenheiten zum Gestalten von religiösen Feiern zu bieten	25,0%	34,5%	27,6%
19. Es ist das Ziel meines BRU, durch die Verkündigung des Evangeliums zur persönlichen Glaubensentscheidung zu führen	13,8%	32,2%	20,9%
20. Es ist das Ziel meines BRU, meine Schülerinnen und Schüler in der Kirche zu beheimaten	6,6%	13,8%	8,9%

Man wird diese Zurückhaltung bei den Pfarrern als eine bewusste Reaktion auf die didaktische Rolle im Zusammenhang der eigenen pfarramtlichen Professionalität deuten können. Die ursprüngliche berufliche Prägung des Verkündigers und des „Pastoren" (Hirten) wird von den Berufsschulpfarrern offensichtlich mit besonderer Vorsicht gehandhabt. Es mag dabei auch eine Rolle spielen, dass die Beruflichkeit der Schüler im BRU immer wieder zum Thema gemacht wird. Das nötigt vielleicht zu einer vertieften Auseinandersetzung auch mit der eigenen beruflichen Prägung und unterstreicht das Bemühen, sich ganz auf das neue Arbeitsumfeld einzustellen.

3.   Qualitative Ergebnisse aus den freien Äußerungen

Im Fragebogen war nach den 20 zielbezogenen Items noch die Gelegenheit gegeben, durch freie Äußerungen etwas Persönliches über die gemachten Vorgaben hinaus zu formulieren. Die entsprechende Frage lautete: „Welche weiteren Ziele verfolgen Sie in Ihrem BRU über die oben genannten hinaus?" Immerhin 59 von 227 Personen machten von dieser Möglichkeit Gebrauch (N = 59). Die Bereitschaft, sich neben dem ausführlichen Fragebogen auch noch in eigenen Formulierungen zu äußern, ist dabei auf jeden Fall ein positives Signal. Mehr als jeder vierte der Befragten gab eine zusätzliche Stellungnahme zu den Zielen des Unterrichts ab. Dieser Umstand ist als grundsätzliche Übereinstimmung und Identifikation mit dem Anliegen des Fragebogens aufzufassen.

Einige Befragte schrieben zum Teil recht ausführliche Texte zu verschiedenen Themen und Zielorientierungen. Diese wurden bei der Auswertung aufgeteilt, so dass insgesamt 85 freie Äußerungen von 59 Personen zu berücksichtigen waren. Eine der ausführlichen freien Zielformulierungen lautete z. B.:

„Andere Meinungen und Einstellungen zum Leben und Glauben verstehen zu wollen, die eigene Glaubensüberzeugung ausdrücken zu können,/ eine Atmosphäre zu schaffen, in der Seelsorge in der Gruppe ermöglicht wird, ein Klima zu schaffen, das die Schüler als wertschätzend erleben und sich in dem Sinne auch mit Schülern gegenüber in dieser Weise äußern können./ Den ganzen Menschen zu sehen nicht nur den berufstätigen. Sich wenn nötig gegen eine Normierung des Unterrichts zu wehren, die durch das Arbeiten mit Lernsituationen immer weiter vorgegeben wird."

Dieser Text wurde bei der Interpretation in drei Sinnabschnitte (Themen) aufgeteilt, um ihn mit anderen vergleichen zu können. (Daher stammen die Schrägstriche im Text, die nicht vom Probanden stammen, sondern bei der Interpretation eingefügt wurden.) Daraus ergab sich bei der Interpretation eine dreifache Codierung dieses zielbeschreibenden Textes:

- Kompetenzen im Umgang mit Religion (Zeile 1 und 2 bis zum /)
- Seelsorge an Schülern (Zeile 2 bis 4 bis zum /)
- Persönlichkeitsbildung und Allgemeinbildung (Zeile 4 bis zum Schluss)

Ein weiterer Text, der zwar deutlich kürzer ist, enthält ebenfalls drei verschiedene Zielbestimmungen:

- Auf friedfertige Kommunikation unterschiedlichster Menschen hinzuarbeiten.
- Vertrauen zu sich und anderen zu stärken.
- Mediale Prägung der Glaubensentwicklung/-stufen reflektieren.

Hier ist die Codierung einfacher nach Zeilen vorzunehmen:

- Soziale Kompetenzen (Zeile 1)
- Persönlichkeitsbildung und Allgemeinbildung (Zeile 2)
- Kompetenzen im Umgang mit Religion (Zeile 3)

Insgesamt ergaben sich bei der Interpretation zehn Kategorien von Zielbestimmungen, bei denen sich die beiden großen Felder der religionsbezogenen Kompetenzen einerseits sowie der persönlichen und berufsbezogenen Zielorientierungen andererseits unterscheiden lassen:

A. Religionsbezogene Kompetenzen: 45 Nennungen
    I.   Wege zur Spiritualität
    II.   Traditionsbezug und Verhältnis zur Kirche
    III.   Kompetenzen im Umgang mit Religion
    IV.   Interreligiöse Kompetenz

B. Schwerpunkt Persönliche und berufliche Kompetenzen: 40 Nennungen
    V.   Persönlichkeitsbildung und Allgemeinbildung
    VI.   Soziale Kompetenzen
    VII.   Ethische Kompetenzen
    VIII. Berufliche Handlungskompetenz
    IX.   Seelsorge an Schülern
    X.   Prüfungsvorbereitung

Nach dieser am Material gewonnenen Codierung ließen sich die 85 freien Äußerungen der 59 Personen gut einordnen und überblicken. Das lässt sich am Beispiel der codierten Äußerungen 25–33 gut zeigen (die Codierung ist dem Text jeweils hinzugefügt worden):

25. Gutes Miteinander in der Klassengemeinschaft fördern. Über Fragen der Persönlichkeitsentwicklung nachdenken (VI)
26. Im Sinne Jesu das unvoreingenommene Herangehen an andere Menschen, ohne Vor-Urteil. Einführung in die gewaltfreie Kommunikation (nach Rosenberg) (VI)
27. Im Vordergrund steht die Wissensvermittlung der Vorgaben für das Zentralabitur. Leider! (X)
28. Information über Religion und Ethik bzw. deren Fragen (II)
29. Ins Nachdenken zu kommen und Fragemöglichkeiten zu eröffnen über ethische und theologische Fragen Grundwissen Religion(en) (III)

30. Interesse wecken für religiöse Fragestellungen (III); Berufliche Erfahrungen reflektieren auf dem Hintergrund religiöser Sozialisationen (VIII); Einblicke geben in interreligiöse Dialoge (IV)
31. Interkulturelles- und religiöses Lernen, da die Klassen (bis auf AHR) religiös gemischt sind (Muslime, Christen/Christinnen, Buddhisten, Hindus, Atheisten, Zeugen Jehovas, ganz minimal: Juden). Toleranz gegenüber anderen Glaubensvorstellungen, gegenseitiges besseres Verständnis (IV)
32. Interreligiöser Diskurs (IV); Raum zum Durchatmen und Austausch
33. Kenntnis christlicher Feiertage Vergleich ev./kath. Kirche/Islam; Prägung unserer Gesellschaft durch das Christentum (zwei verschiedene Zielbestimmungen: II; IV)

Damit ließ sich das Gesamtergebnis der freien Äußerungen auch quantitativ zusammenfassen. Es ergibt sich dann diese Reihenfolge:

III.	Kompetenzen im Umgang mit Religion	(20 Nennungen)
II.	Traditionsbezug und Verhältnis zur Kirche	(13 Nennungen)
V.	Persönlichkeitsbildung und Allgemeinbildung	(12 Nennungen)
VI.	Soziale Kompetenzen	(10 Nennungen)
IV.	Interreligiöse Kompetenz	(9 Nennungen)
IX.	Seelsorge an Schülern	(8 Nennungen)
VIII.	Berufliche Handlungskompetenz	(5 Nennungen)
VII.	Ethische Kompetenzen	(3 Nennungen)
I.	Wege zur Spiritualität	(3 Nennungen)
X.	Prüfungsvorbereitung	(2 Nennungen)

Das Ergebnis passt mit den oben geschilderten Zielbestimmungen nach den 20 Items gut zusammen, setzt aber auch einige andere Akzente. Es zeigt sich noch einmal der Zusammenhang des allgemeinpädagogischen Engagements mit dem didaktischen. Am meisten (20 von 85) freie Äußerungen gab es zum Kompetenzerwerb im Umgang mit Religion. So sollen die Lernenden z. B. nach einer Äußerung „die eigene religiöse Sozialisation reflektieren" und die Unterrichtenden sollen „mit Vorurteilen und Fehlinformationen zum christlichen Glauben (und evtl. anderen Religionen) aufräumen". Oder, so eine andere Äußerung, die Schüler sollen „eigenständige Auseinandersetzungen mit Religion im Kontext der neuen Medien erlernen". In einer anderen Stellungnahme wird als Ziel angegeben: „Eine religiöse Grundkompetenz zu erlangen." Es gehe darum „verloren gegangene Traditionen wieder zu entdecken". Eine weitere Äußerung benennt das Ziel zu „erkennen, dass Glaube Teil der menschlichen Existenz ist".

In den freien Texten findet sich zwar nur weniges, das sachlich über die vorgegebenen Itemformulierungen hinausführt. Die teilweise Wiederholung so mancher Zielorientierung in eigenen Worten ist aber nicht als überflüssige Redundanz anzusehen. Es dürfte sich darin vielmehr das Interesse zeigen, das Engagement für das pädagogische und didaktische Profil des Unterrichts noch einmal in persönlichen Formulierungen zum Ausdruck zu bringen. Ein Votum plädiert entschieden dafür, „Grundlagen des christlichen Glaubens zu vermitteln" und fügt an: „Vergessen Sie Handlungsorientierung – solange Wörter wie Bibel, Jesus, Abraham zu erklären sind, solange kann kein Schüler mehr als ausschneiden." Ein wenig sarkastisch wird Kritik am real gehaltenen Unterricht geübt: „Filme schauen, bleibt entspann und Drogen und Gewalt – andere Themen haben sie leider nicht gemacht." – Einen etwas apologetischen Klang haben die folgenden Äußerungen, die aus dem Genus der Zielorientierung in das der Mittelung, teilweise gar in eine Art von Predigtsprache übergehen: „Religion ist mehr als Kirche, aber Kirche ist mehr als Ihr (manchmal) kennt." – „Religiöse Frage offen halten. Christsein heißt nicht automatisch Kreationist sein. Religion heißt Freisein und bedeutet nicht zuerst das Einhalten von Regeln und Vorschriften. Gottesglaube ist kein Zeichen für Schwäche. Fragen und Zweifel haben auch im Glauben ein Zuhause." – Als letzter Text sei ein besonders prägnantes Votum zitiert: „Schülerinnen und Schüler sollen begründet, sachkundig und bezogen auf die eigene Biographie Auskunft und Rechenschaft geben können über ihren eigenen (Un-)Glauben."

Zu erwähnen sind noch einige der freien Äußerungen aus den Bereichen V. und VI. („Persönlichkeitsbildung und Allgemeinbildung" sowie „Soziale Kompetenzen"). Diese entsprechen im Wesentlichen den vorgegebenen Items, die auf Rang 3 und 4 der Zustimmungen gekommen waren („[…] meinen Schülerinnen und Schülern Orientierungen für ihre Identitätsfindung im Beruf zu ermöglichen" sowie „[…] meinen Schülerinnen und Schülern zu mehr Selbstbewusstsein zu verhelfen"). Dabei geht es auch immer wieder um die „friedfertige Kommunikation unterschiedlichster Menschen" und um die „interkulturelle Kompetenz" (vgl. das Spitzenziel „interreligiöse und interkulturelle Dialogkompetenz", Rang 1). Allgemein didaktisch sollen die Lernenden „zu kritischem und eigenständigem Denken" angeleitet werden. Der „Selbstwert" soll entwickelt und es soll über „Fragen der Persönlichkeitsentwicklung" nachgedacht werden. Ein „gutes Miteinander in der Klassengemeinschaft" soll gefördert werden bzw. es geht darum, die Schüler „in einen intensiven Austausch miteinander zu bringen, so dass sie mehr voneinander erfahren, aneinander teilnehmen, vertrauens- und respektvoll und wertschätzend miteinander, trotz Wissens um ihre große Unterschiedlichkeit, umgehen". Der Unterricht soll durch „Wertschätzung jeder Person zu verantwortungsbewusstem, sozialen Verhalten" anregen und dabei „Stärken stärken anstatt Schwächen zu bekämpfen und dabei auf[zu]passen, dass niemand verloren geht." Zu erwähnen sind auch politisch motivierte Zielorientierungen: Der BRU soll „Kritikfähigkeit einüben und stärken, Selbständigkeit und Standfestigkeit üben, Politisches und Geschichtsbewusstsein stärken, Vorurteile erkennen und vermeiden". Ein anderes Votum plädiert für „Sensibilisierung für die Kostbarkeit demokratisch-liberaler Grundwerte im Gegenüber zu rechtsnationalen Tendenzen in Geschichte und Gegenwart". Eine Beschreibung der Wirkung des eigenen Unterrichts – vielleicht auch eine Art von normativem Indikativ – enthält schließlich die folgende Äußerung: „Das Allgemeinwissen und der gesamte Bildungshorizont meiner Schülerinnen und Schüler wird durch meinen Unterricht erweitert, indem eine kommunikative Grundstruktur meinen Unterricht auszeichnet." Diese Selbstzuschreibung leitet über zu dem „Gedankenexperiment" in unserem Fragebogen.

4. Was bleibt tatsächlich von meinem BRU? Das Gedankenexperiment

Dieses diente als weiterer Baustein zur Zielreflexion des eigenen Unterrichts durch die Befragten. Die Unterrichtenden im BRU sollten darüber nachdenken, was wohl die Unterrichteten aus dem eigenen Unterricht mitnehmen. Dabei wurden klassische religionspädagogische Konzeptionen in fiktive empirische Beschreibungen des Unterrichts durch Schüler transformiert. Die Itemreihenfolge war wiederum randomisiert, so dass nicht immer derselbe Itemkontext vorgegeben war. Alle Items sollten möglichst zugespitzt, zugleich aber möglichst positiv und einladend formuliert sein, um negative Karikaturen und reflexhafte Abwehrreaktionen zu vermeiden. Der einleitende Impuls lautete: „Versuchen Sie, sich in die Perspektive einiger Schülerinnen und Schüler zu versetzen, die Sie in den letzten Jahren etwas besser kennen gelernt haben. Wie sehr könnten folgende Aussagen über Ihren Unterricht aus Sicht Ihrer Schüler zutreffen?" Die vorgegebenen Items waren die folgenden, wobei in meiner Charakterisierung der Übersichtlichkeit halber die Rangfolge der tatsächlichen Ergebnisse gewählt wird.

Das *erste* Item war rein ethisch konzipiert. Das *zweite Item* setzt dagegen einen hermeneutischen Akzent, wie er schon in der Konzeption des Hermeneutischen RU der 1950er und 1960er Jahre gegeben war, aber seit der Orientierung an der Lebens- und Sozialisationsbegleitung seit den 1970er Jahren wesentlich weiterentwickelt wurde. Das *dritte* Item gab einen interreligiösen bzw. religionskundlichen Schwerpunkt an, welcher aufgrund der Schülerzusammensetzung in den letzten Jahren immer wichtiger geworden ist. *Viertens* wurde ein alltagskulturelles Item konzipiert, entsprechend der Thematisierung von Religion in der Popmusik und Werbung seit den 1990er Jahren. *Das fünfte* Item umschreibt einen sozialisationsbegleitenden und alltagethischen Unterricht, wie er einer seinerzeit verbreiteten Praxis des „problemorientierten" Unterrichts entspricht. Das *sechste* Item ist dagegen stärker traditions- und verkündigungsbezogen. Das *siebte* Item schließlich umschreibt einen spiritualitätszentrierten Unterricht, wie er nach der ästhetischen Wende seit etwa 1980, besonders in den symboldidaktischen Ansätzen zum Ausdruck kam.

Das Ergebnis in wenigen Sätzen: Die Ausrichtung des BRU hat in der Sicht der Unterrichtenden ein deutliches Profil. *Das Ethische und Hermeneutische rangiert klar an der Spitze und in einigem Abstand folgt das Interreligiös-Religionskundliche. In der Mitte stehen das Alltagskulturelle und Sozialisationsbegleitende, während Verkündigung und Spiritualität ganz am Ende rangieren. In der Sicht der Unterrichtenden ist der BRU ethisch, hermeneutisch und interreligiös und nicht verkündigend und spirituell.*

Die folgende Tabelle sortiert die Items wiederum in der Reihenfolge der Gesamt-zustimmung (bei allen Befragten). Für die Werte sind wiederum die Prozentzahlen für die „sehr starke" und die „starke" Zustimmung addiert worden (Tabelle 3).

Tabelle 3

Item und Rang	Zustimmung bei den Pfarrern	Zustimmung bei den Lehrern	Zustimmung insgesamt
1. Bei Frau X/bei Herrn X haben wir gelernt, dass Religion einem zeigt, wie man sich verantwortungsvoll im Beruf und im Privatleben verhalten kann.	72,2%	73,5%	73,5%
2. Bei Frau X/bei Herrn X haben wir gelernt, dass Religion vor allem darin zum Ausdruck kommt, wie man sich selbst, die anderen und die Welt versteht.	71,5%	69,9%	71,3%
3. Bei Frau X/bei Herrn X haben wir etwas über das Judentum und über andere Religionen (Islam, Buddhismus, Hinduismus) gelernt.	60,0%	56,0%	59,1%
4. Bei Frau X/bei Herrn X haben wir gelernt, dass Religion in der Alltagskultur (in der Werbung, im Kino, in Videoclips und in der Popmusik) eine Rolle spielt.	48,6%	42,2%	46,2%
5. Bei Frau X/bei Herrn X war „Religionslehre" zwar der Name des Faches, aber im Grunde ging es vielmehr darum, wie man aufmerksam und sinnvoll miteinander umgehen kann.	41,0%	34,5%	38,8%
6. Bei Frau X/bei Herrn X haben wir gelernt, wie man sein Leben von der Bibel und von Gott her deuten kann.	25,0%	24,1%	25,1%
7. Bei Frau X/bei Herrn X haben wir gelernt, dass man Religion an besonderen Orten (Kirchen), in besonderen Lebensformen (Stille, Meditation Gebet) und in der Kunst und Musik erlebt.	19,5%	28,6%	23,2%

Auch bei diesem Itembündel ergeben sich nur wenige Unterschiede bei den Lehrern und Pfarrern im BRU. Dieser ist allenfalls bei den Items 4, 5 und 7 auszumachen. Das eigentlich „Religiöse", Spirituelle wird von den Pfarrern noch sehr viel skeptischer betrachtet als von den Lehrern (Item 7 zu symboldidaktischen Ansätzen im BRU). Hingegen ist bei den Items 4 (Popkultur) und 5 (Problemorientierung) die Zustimmung bei den Pfarrern deutlich höher. Sie stehen mehr als die Lehrer zu diesen beiden Unterrichtskonzeptionen. Die Problemorientierung nach Item 5 liegt in Vollzeitklassen einfach nahe, um einen gemeinsamen Nenner für den Unterricht zu finden – zumal der Unterricht über Werbung, Popmusik und Kino in den letzten beiden Jahrzehnten in Fortbildungen und Publikationen sehr stark gemacht worden ist. Man wird also davon ausgehen können, dass diese beiden Unterrichtskonzeptionen doch einen Großteil des gehaltenen Unterrichts bestimmen; denn man hat ja davon auszugehen, dass das Gros des BRU insgesamt von Pfarrern erteilt wird. Für die Lehrer ist das Fach Religion dagegen nur ein Ausschnitt ihrer Unterrichtstätigkeit, so dass sie von den Trends in der Religionsdidaktik weniger erfasst sind.

Dieser Akzent bei den Items 5 und 7 ändert aber nichts an dem Grundbefund, dass alle Unterrichtenden meinen, die ethischen und hermeneutischen sowie die religionskundlichen Elemente seien es, die bei ihren Schülern vom BRU in Erinnerung bleiben würden. Zu konstatieren ist an dieser Stelle auch, dass das Gedankenexperiment gut mit den Antworten auf die vorgegebenen 20 Items harmoniert. Auch hier landeten ja die spezifisch kerygmatischen, spirituellen und kirchlichen Items ganz am Schluss und die ethischen, religionskundlichen und identitätsbezogenen Items an der Spitze. (Nur das „Nachdenken über theologische Fragen" war in den Itemvorgaben für das Gedankenexperiment in dieser Prägnanz nicht enthalten).

5.   Schlussbemerkungen

Das bedeutet zusammenfassend: Die Ziele des BRU in der Sicht der Befragten liegen ziemlich klar zutage. Die Schwerpunkte des BRU sind danach ethisch, hermeneutisch sowie religionskundlich, und sie sind nicht kerygmatisch, ekklesiozentrisch und spirituell. Damit ist dem Gegenstand Religion am Lernort Schule in angemessener Weise entsprochen. Dem Missverständnis des BRU als „Kirche in der Schule" erliegen die Unterrichtenden in keiner Weise. Eine Gefahr lässt sich aber dahingehend ausmachen, dass der BRU zur ethischen Engführung und damit zur fachdidaktischen Unkenntlichkeit tendieren könnte, jedenfalls dann, wenn das ethische, hermeneutische und religionskundlich-theologische Moment ins Ungleichgewicht geraten sollten.

Auf jeden Fall aber stellen die Befragten das von ihnen im Unterricht Beabsichtigte und das dort Erreichte in einen deutlichen Zusammenhang. *Die Lehrer wie die Pfarrer sehen ihre eigenen Unterrichtsziele in Kohärenz zu dem, was bei den Schülern tatsächlich ankommt und zu dem, was bei ihnen in Erinnerung bleibt.* Was die Unterrichtenden gewollt haben, das kommt ihrer Einschätzung gemäß auch so an.

Man kann diese Annahmen als Hypothesen im pädagogischen Alltag verstehen, die für das kohärente berufliche Handeln sinnvoll oder gar notwendig sind – und die von daher auch so erwartet werden konnten. Es ist nur schwer vorzustellen, dass man meinen sollte, die eigenen Orientierungen blieben den Lernenden verborgen. Damit würde man einen Grundwiderspruch zwischen Ziel und Ergebnis annehmen, mit dem sich auf Dauer nicht beruflich handeln und in Übereinstimmung mit dem eigenen Handeln leben ließe.

Doch gerade diese Einsicht führt zu der kritischen Frage, ob das von den Unterrichtenden – rundum sinnvollerweise – Angenommene auch tatsächlich der Fall ist. Wir bewegen uns bei derartigen Überlegungen im Bereich von Vermutungen. Ob diese mit der Deutung der unterrichtlichen Wirklichkeit durch die Schüler übereinstimmen, lässt sich mit den bei dieser Studie gewählten Untersuchungsinstrumenten nicht herausfinden. Die Beantwortung dieser Frage würde eine Form von gleichzeitiger Lehrer- und Schülerbefragung, möglichst verbunden mit einem Stück empirischer Unterrichtsforschung, erforderlich machen.

Andreas Obermann

Ergebnisse zur konfessionellen Prägung des Berufsschulreligionsunterrichts

Überlegungen zur konfessionellen Ausrichtung von BRU-Lehrkräften

Die Frage der konfessionellen Ausrichtung interessiert generell im Blick auf die von GG 7,3 vorgegebene gebundene Inhaltlichkeit des BRU auf juristischer Seite und deren Umsetzung in der Realität. Auch im Vergleich mit anderen Schulformen interessiert bei der Schulform Berufskolleg die Frage, ob die spezifischen Grundvoraussetzungen von Berufskollegs auch Auswirkungen auf die konfessionelle Ausrichtung im Vergleich zu anderen Schulformen sowie deren RU-Lehrkräfte haben – speziell im Hinblick auf die Frage, ob staatliche Lehrkräfte in Bezug auf die konfessionelle Prägung ihres BRU sowie ihr spirituelles Engagement in der Schule andere Akzente setzen als Schulpfarrer im Gestellungsvertrag (an dieser Stelle kann als Referenzstudie die Auswertung der EKiR-Umfrage ebenfalls im Bereich der Kirchen in NRW dienen).

Eine unmittelbare Frage nach der konfessionellen Einstellung der Lehrkraft oder nach der Ausrichtung ihres Religionsunterrichtes erfolgte in der Umfrage aus verständlichen Gründen nicht: Die Frage nach der eigenen konfessionellen Ausrichtung wäre (1.) als rhetorische Frage verstanden worden, da hier in Verbindung zur Vokation bzw. Ordination eine politisch korrekte Antwort stark meinungsbildend gewesen wäre und eine objektive Antwort verhindert hätte. Die Frage wäre angemessen (2.) nur in offenen Antworten möglich gewesen, was jedoch die Vergleichbarkeit eingeschränkt hätte. Die Frage nach der religiösen (konfessionellen) Ausrichtung des BRU selbst würde (3.) ebenfalls keine objektiv verwertbare Antwort erbringen, da mit den Bildungsplänen in NRW gerade aktuell Vorgaben implementiert werden, die für Lehrkräfte eine rechte Antwort vorgeben würden und eine offene Antwort mit Schwierigkeiten verbunden wäre. Aus diesen Gründen fragte die vorliegende Umfrage indirekt nach der Konfessionalität von Lehrkraft und BRU, sofern die Antworten zum Verhältnis des BRUs zur Kirche (Q 39), den Zielen des BRU (Q 11–12), den Fortbildungswünschen (Q 27–29), den Kooperationsmodellen (Q 18–19) und der gottesdienstlichen Praxis (Q 20–26) auch Auskünfte über die konfessionelle Ausrichtung geben.

1.   Die Aussagen über das Verhältnis von BRU zur Kirche

Die Frage nach dem Verhältnis der Lehrkräfte zur Kirche wurde differenziert gestellt als Frage nach der Kirche als Institution, als religiöser Gemeinschaft sowie als idealgesellschaftliche Gruppe und deren jeweiliger Auswirkung für die eigene Erteilung des BRU. Im Rahmen einer Faktorenreduzierung zu diesen Fragen (Q 39) wurde eine

Hauptkomponentenanalyse mit anschließender Varimax-Rotation durchgeführt. Die KMO-Maßzahl betrug signifikante 0,777. Für die Anzahl der zu extrahierenden Komponenten wurde die „Eigenwert > 1"-Regel angewandt.

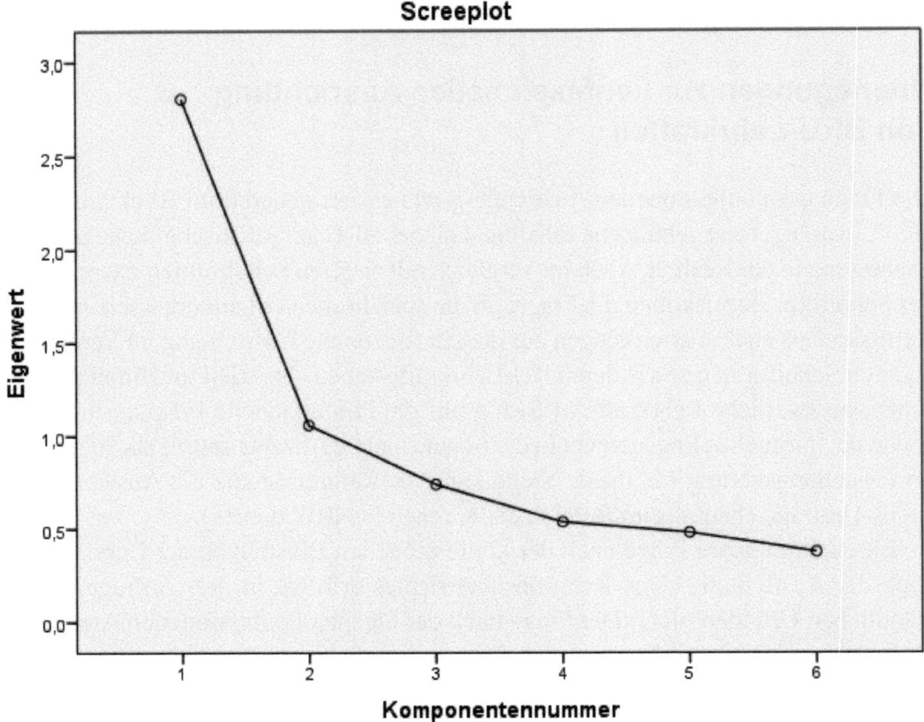

Abbildung 1

Rotierte Komponentenmatrix

	Komponenten	
	1	2
Ich und mein BRU repräsentieren für die Schüler/innen die Institution Kirche.	,827	
Ich trete in meinem BRU als Vertreterin oder Vertreter der Kirche auf.	,818	
Als Kommunikation des Evangeliums ist mein BRU auch Kirche.	,753	,213
Mein BRU ist für die Schülerinnen und Schüler ein Erfahrungsraum von Kirche ohne Bezug zur organisierten Kirche.	,658	,262
Die Erfahrung einer spirituell geprägten Gemeinschaft ist ein Element meines BRU.		,850
Jugendgemäße Angebote der Kirche unterstützen meine religionspädagogische Arbeit im BRU.		,778

Bei der Faktorenanalyse konnten somit insgesamt zwei tragfähige Komponenten extrahiert werden, die eine Gesamtvarianz von 64,4 (gerundet) aufweisen. Die Komponenten könnten wie folgt interpretiert werden:

Komponente 1: Der BRU hat durch die Person der Lehrkraft einen Bezug zu Kirche und Evangelium: ein exklusiv personenzentrierter Kirchenbezug

Komponente 2: Über den Religionsunterricht hinaus ist der BRU geprägt durch spirituell-kirchliche Erfahrungen: ein spirituell-institutioneller Kirchenbezug

Die Persönlichkeit der Lehrkraft in ihrer den BRU bildenden und prägenden Funktion bestimmt bei 46,7% der Voten das Verhältnis des BRU zur Kirche (Varianz Komponente 1), korreliert mit den der Institution Kirche zuerkannten Faktoren wie Spiritualität und Jugendarbeit sogar bei 64,4% der Nennungen. Damit bilden die Person der Lehrkraft (Komponente 1) sowie die institutionelle Einflussnahme der Kirche (Komponente 2) die beiden Komponenten, die die entscheidenden Kriterien für die Urteile der Mehrheit der Votierenden (64,4%) ausmachen. Dieses Ergebnis gilt es nun in der inhaltlichen Interpretation zu verifizieren bzw. zu falsifizieren.

Insgesamt fällt eine deutliche Distanz der Lehrkräfte zur Institution Kirche auf (siehe hierzu in der Dokumentation die graphische Darstellung der Ergebnisse mit Abb. 60): Deutlich weniger als 50% aller Befragten sehen sich als Repräsentanten der Institution Kirche und fast 60% sehen keine gemeindliche Unterstützung in Form jugendgemäßer Angebote für ihren BRU. Dazu korrespondiert, dass nur 13,4% der Befragten eine Form der Spiritualität als Element ihres BRU ansehen. Im Ergebnis heißt das, dass sich der BRU insgesamt in einer deutlichen Unabhängigkeit zur institutionellen Kirche realisiert. Der BRU selbst wird somit primär als ein Unterrichtsgeschehen am staatlichen Ort Schule verstanden. Gerankt – bei einer Zusammenfassung der Kriterien „stimme voll zu"/„stimme eher zu" – werden andere Akzentuierungen erkennbar (siehe hierzu in der Dokumentation die graphische Darstellung der Ergebnisse mit Abb. 61): Die drei höchstvotierten Items charakterisieren den BRU wiederum als stark auf die Lehrkraft bezogenen RU, sofern die Lehrkraft als Person die Institution Kirche repräsentiert. Zur Erfahrung von Kirche braucht es für die Auszubildenden keinen Bezug zur Kirche als Institution (60,5%). Entsprechend realisiert sich Kirche in den Augen der Lehrkräfte auch im Modus des Unterrichts als Kommunikationsform des Evangeliums (58,4%). Das heißt: Für die Auszubildenden wird der BRU selbst durch seine Themen, seine Kommunikationsform sowie durch die in ihm erfahrbare Gemeinschaft zu einem Erfahrungsraum von Kirche (56,9%). Dieses Ergebnis deckt sich weitgehend mit den von Pfarrern abgegebenen Voten, sofern diese in gleicher Reihenfolge die oben besprochenen drei Items angeben (siehe hierzu in der Dokumentation die graphische Darstellung der Ergebnisse mit Abb. 65): Im Detail ergibt sich bei der Frage nach dem Bezug des BRU zur Kirche bei den Pfarrern ein spannungsreiches Ergebnis. Besonders signifikant ist bei Pfarrern das Verständnis einer personalen und kommunikativen Repräsentanz von Kirche im BRU, sofern hier die drei Items mit einer noch höheren Quote gewählt wurden. Hier dürfte eine signifikant pfarrspezifische Votierung in spannungsreicher Hinsicht vorliegen: Als kirchliche Bedienstete haben die Pfarrer zum einen ein gewissermaßen natürliches Verhältnis zur Institution Kirche, dem sie sich verpflichtet wissen und fühlen. Entsprechend wollen sie diesem Bezug zur Kirche aus professionsbedingter Hinsicht nachkommen, indem sie sich selbst in ihrer Person und durch ihren Unterricht als latente Repräsentanten der Institution Kirche verstehen und inszenieren. In Spannung dazu steht zugleich die deutliche Distanz zur offiziellen Kirche als Institution, sofern die Pfarrer öffentlich eine Distanz aufbauen zu der Einrichtung, der sie entstammen und die sie zur Erteilung von Religionslehre ermächtigt hat – denn alle Items mit Bezügen zur amtlichen Institution Kirche werden von den Pfarrern deutlich gering geschätzt und ausgewählt.

Ein spannungsreich anderes Bild ergibt sich beim Blick auf die Voten der Lehrer (siehe hierzu in der Dokumentation die graphische Darstellung der Ergebnisse mit Abb. 64), sofern diese bei allen Items generell sehr viel schwächer – nämlich fast hälftig – votieren als die Pfarrer. Im Detail ergibt sich folgendes Bild: Zum (1.) ist zu notieren, dass die Kirche insgesamt für die Lehrerschaft eine geringere Bedeutung und Relevanz für den BRU hat wie für die Pfarrer: Als staatliche Lehrkräfte ist ihr dienstrechtlicher wie auch persönlicher Bezug zur Institution Kirche schwächer ausgeprägt als für Pfarrer. Signifikant ist (2.) die geringe Wahl des Items des BRU als Kommunikation des Evangeliums. Während dieses Item bei Pfarrern sehr hoch im Kurs steht mit 73,1%, wählen nur 31,3% der Lehrer dieses Item. Erklärbar ist dies unter anderem damit, dass dieser theologische Terminus Technicus bei Pfarrer noch sehr bekannt ist, während er in der Lehrerschaft weitgehend unbekannt sein dürfte. Die Rangliste der meistgenannten Voten von Lehrern lässt zudem (3.) Schlüsse auf deren Professionshabitus zu: Die Lehrer stellen mit ihrem ersten Votum ihre Schüler ins Zentrum und nehmen sich selbst als Repräsentanten von Kirche weniger wichtig.

Dieses Ergebnis wird noch vertieft und verstärkt durch einen direkten Vergleich der gewählten Items von Lehrern und Pfarrern in Paralleldarstellungen (Kreuztabellen). So wird die Repräsentanz von Kirche von den beiden Berufsgruppen signifikant anders bewertet. Die Zustimmungskurven verhalten sich geradezu konträr zueinander: Während die Pfarrer sich deutlich als Repräsentanten sehen, lehnen das die staatlichen Lehrkräfte signifikant ab.

Deutlich wird hier ein berufsspezifischer Unterschied: Während sich die staatlichen Lehrkräfte in ihrer größeren Distanz zur Institution Kirche eine Repräsentanz derselben im BRU durch sie selbst als Lehrkräfte positiv nicht vorstellen können, ist die Zustimmung bei den Pfarrern hier sehr viel höher. Im Hintergrund steht hier (1.) die berufsbedingte Bindung der Pfarrer als Kirchenbedienstete auf der einen und der Lehrer als Staatsbedienstete auf der anderen Seite. Zudem dürften (2.) die unterschiedlichen Studienschwerpunkte einen Grund für die unterschiedliche Wahl sein: Während sich die Lehrer primär als Pädagogen verstehen, dürften bei den Pfarrern im Schuldienst deren Habitus als Pfarrer und Seelsorger ein wesentliches Kriterium für deren Voten sein.

Ein analoges Bild ergibt sich auch bei der Frage, inwieweit die BRU-Lehrkräfte nicht nur die Kirche repräsentieren, sondern diese auch aktiv und bewusst vertreten (vgl. Abb. 3).

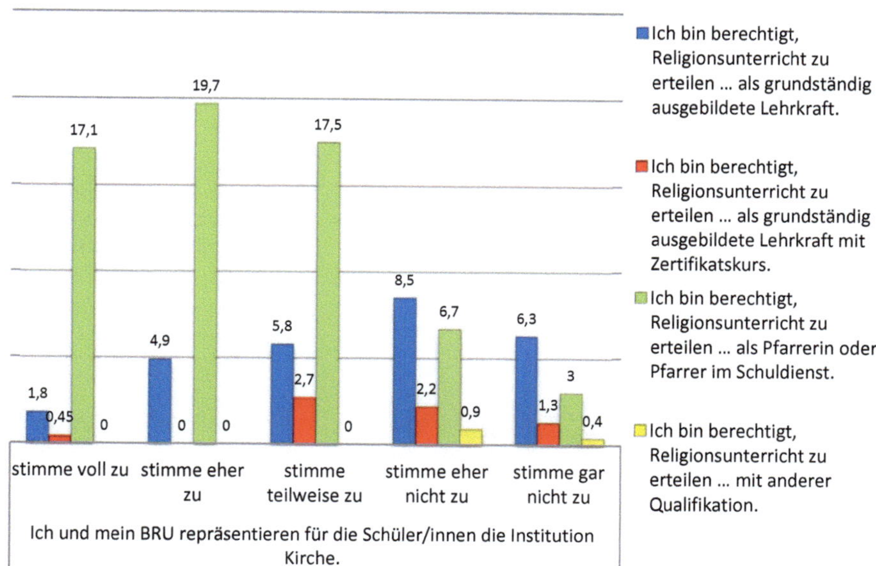

Abbildung 2:   Repräsentanz des BRU durch Pfarrer und Lehrer (N = 223, in %)

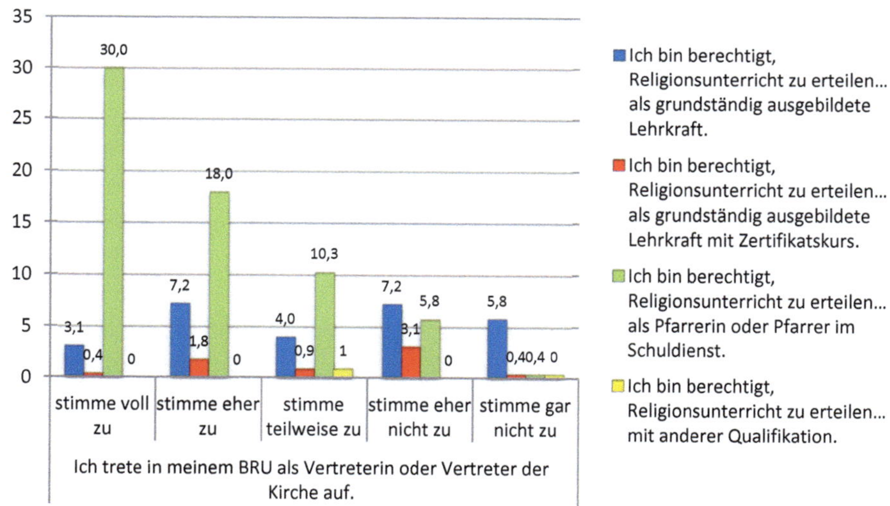

Abbildung 3:   BRU-Lehrkraft als Vertreter/in von Kirche (N = 223, in %)

Während sich gerundet 58% der Pfarrer bei sehr großer bis teilweiser Zustimmung als Vertreter der Kirche sehen, stimmen hier nur 14% der Lehrer zu. Bei der aktiven Rolle als Vertreter von Kirche tritt die Differenz zwischen den beiden Berufsgruppen nochmals deutlicher zu Tage: Fast die Hälfte der staatlichen Lehrer lehnen die aktive Vertreterrolle für die Kirche ab, während diese für Pfarrer gewissermaßen konstitutiv für deren Berufsbild ist – bei aller Distanz zur Institution Kirche.

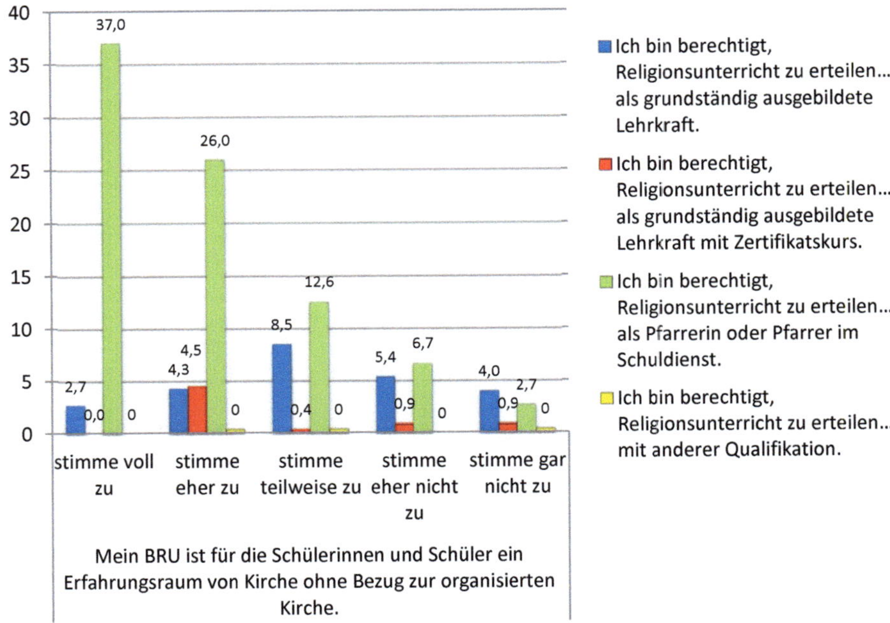

Abbildung 4:   Der BRU als Erfahrungsraum von Kirche (N = 223, in %)

Diese Spannung im Selbstbild der Pfarrer wird auch deutlich in der Frage nach dem BRU als Erfahrungsraum von Kirche ohne Bezug zur Institution Kirche. Die schon in der Formulierung des Items eingetragene Spannung – „Erfahrungsraum von Kirche ohne Bezug zur organisierten Kirche" – zeigt sich deutlich in der folgenden Graphik: Während die Lehrer mit der eingetragenen Spannung weniger anfangen können und sich ihre Zustimmung zu den Optionen des Items entsprechend gleichmäßig verteilt und damit im Ergebnis indifferent wird, scheint die Spannung das Professionsverständnis der Pfarrer zu treffen: Sie sehen ihren BRU als religiös qualifizierten Erfahrungsraum für die Schüler ohne notwendige Bezüge zur Institution Kirche. Gerade der letzte Aspekt dürfte für die Pfarrer von entscheidender Bedeutung sein, wie die nun gerade besprochene Grafik zeigt (vgl. Abb. 4).

Gleichfalls sehen die Pfarrer signifikant deutlicher ihren BRU als Form einer „Kommunikation des Evangeliums". Während bei den Lehrern nach der Gauß'schen Normalverteilung wiederum eine indifferente Normalverteilung sichtbar wird, votieren die Pfarrer signifikant positiv. Dieses Ergebnis kann daraus erklärt werden, dass dieser theologische Begriff bei den Volltheologen (= Pfarrern) deutlich bekannter sein sollte als bei den staatlichen Lehrer (s. o.).

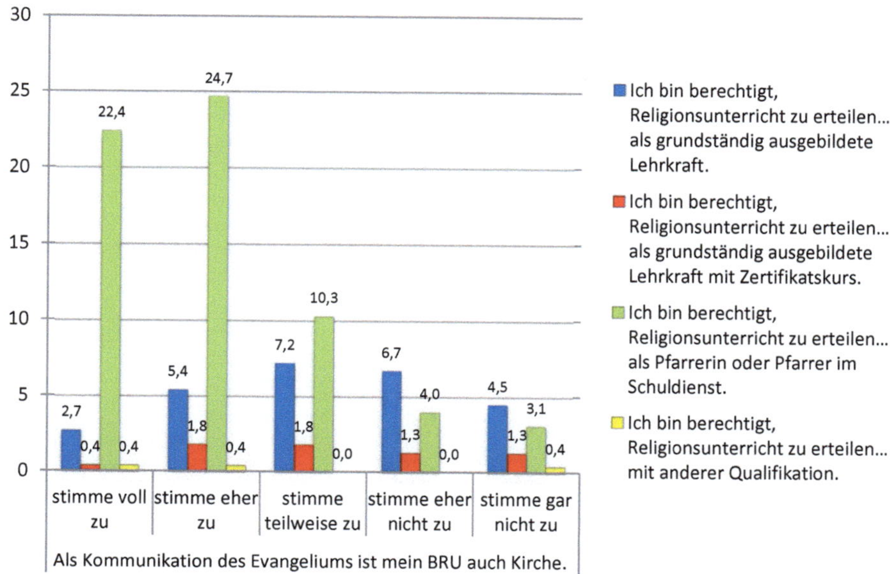

Abbildung 5:   BRU als Kommunikation des Evangeliums – professionsspezifisch (N = 223, in %)

Professionsspezifisch interessant ist auch das Item zum BRU als spiritueller Gemeinschaft: Bei den Lehrern wird eine andere Gewichtung deutlich als bei den Pfarrern, sofern staatliche Lehrkräfte die Frage sehr unentschieden beantworten. Der BRU ist bei ihnen kaum als spirituell geprägte Gemeinschaft zu verstehen. Ein deutlich negativeres Bild zeigen hier auch wieder die Pfarrer in einem äußerst spannungsreichen Ergebnis: Obgleich ihres Votums nach der BRU ein Erfahrungsraum von Kirche sein solle, in dem sich auch die Kommunikation des Evangeliums vollzieht bzw. vollziehen kann, lehnen sie doch deutlich spirituelle Erfahrungen im BRU ab. In den freien Voten schrieb ein Pfarrer (der rheinischen Landeskirche): „Religiöse Praxis hat an der Schule nichts zu suchen. Das ist Konsens aller Religionslehrer an der Schule."

Wie ist dieser scheinbare Widerspruch zu erklären? Wie soll der Erfahrungsraum von Kirche aussehen, wenn er keine spirituelle Erfahrung inkludieren soll? Zunächst scheint es naheliegend zu urteilen, dass das alte religionspädagogische Paradigma der „Kirche in der Schule" keine Rolle mehr spielt: Schule ist als Ort öffentlicher Bildung kein Ort für geistliche oder spirituelle Erfahrungen. Persönlich-existentielle Ausdrucksformen und Praxis des eigenen Glaubens wie Gebet, Meditation, andächtiges Bibellesen oder Gesang gehören nicht in den Schulunterricht (zu unterscheiden sind hiervon gottesdienstliche Feiern, s. u.). Ist die spirituelle Gemeinschaft durch die soeben genannten Aspekte bestimmt, wirft das auch ein Licht auf die Prägung des BRU als Erfahrungsraum von Kirche, der von Pfarrern deutlich bejaht wird: Erfahrungen von Kirche im BRU müssen anscheinend (1.) nicht zwingend spiritueller Art sein. Erfahrungen mit Kirche können sich vielmehr (2.) im Unterricht intellektuell oder auch zwischenmenschlich ereignen: intellektuell in der Konfrontation und Re-

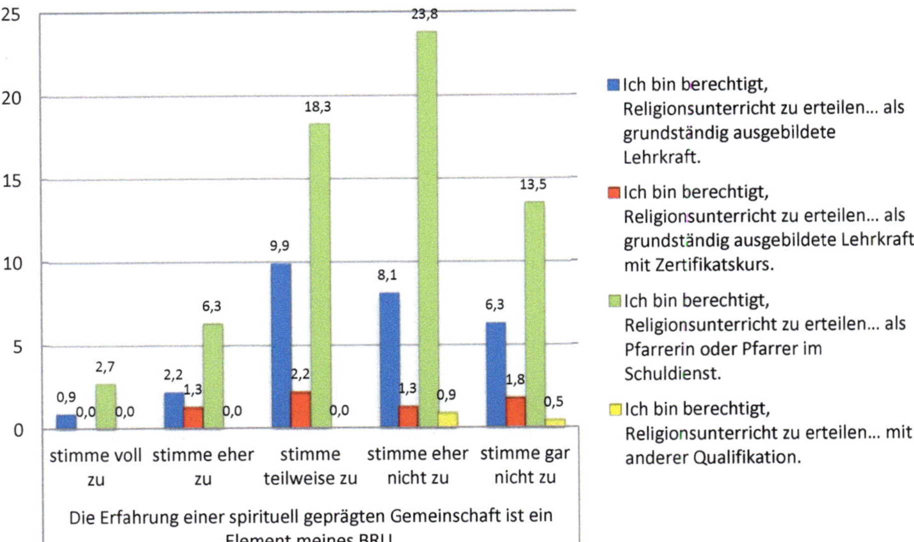

Abbildung 6:   Der BRU als spirituelle Gemeinschaft – professionsspezifisch (N = 223, in %)

flektion z. B. mit religiösen und/oder biblischen Texten, der Durchdringung religiös-gesellschaftlicher Zusammenhänge, der wechselseitigen Erschließung von Beruf und Religion sowie zwischenmenschlich in der Begegnung z. B. mit dem Pfarrer als Vertreter der Kirche. Damit tritt auch hier die schon wiederholt zu beobachtende Spannung zur verfassten Kirche zu Tage: Der BRU hat einen Bezug zur religiösen Idee der evangelischen Kirche, jedoch keinen Bezug zur Kirche als Institution. Vertreter dieser Position sind vornehmlich die Pfarrer. Die staatlichen Lehrer tendieren grundsätzlich in die gleiche Richtung, sind in ihrem Urteil aber deutlich indifferenter.

Das nächste Item zur kirchlichen Jugendarbeit bestätigt nicht nur erneut die unterschiedliche Gewichtung der beiden Berufsgruppen, sondern vor allem die Distanz zur Institution Kirche, hier ausgedrückt in Erwartungen an die Kirche. Bei der letzten Kreuztabelle mit der abgefragten Erwartungshaltung der Lehrkräfte an eine kirchliche Unterstützung des BRU in Form von Jugendarbeit o. ä. zeigt sich insgesamt die sehr geringe Erwartung gegenüber der Kirche. Dieser geringe Anspruch an kirchliche Unterstützungssysteme fällt insgesamt indifferent aus und kann damit als Indiz für die grundlegende Distanz zur Kirche angesehen werden. Signifikant auffällig ist dabei auch hier wieder der Unterschied zwischen den beiden Berufsgruppen, sofern die Pfarrer eine deutlich schwächere Erwartung an die Kirche haben als die staatlichen Lehrkräfte, wie die folgende Graphik zeigt:

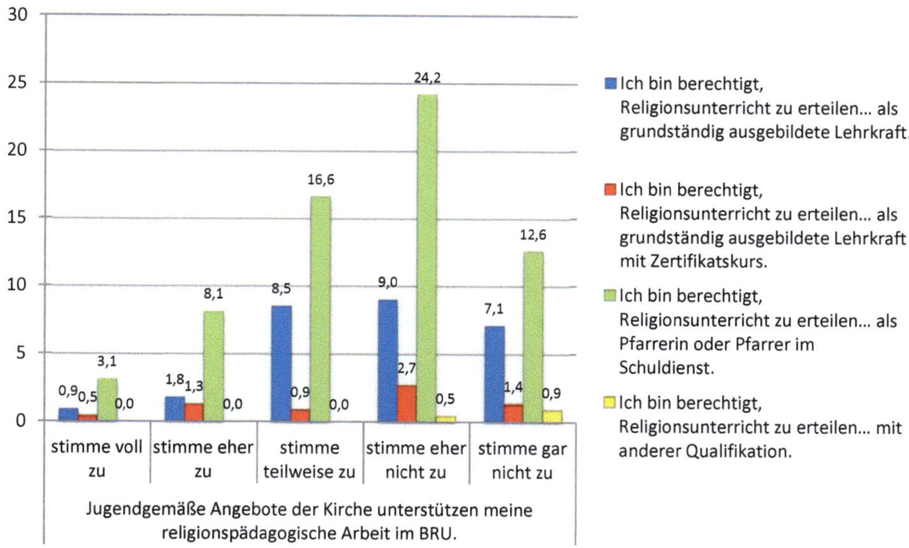

Abbildung 7:   Kirchliche Jugendarbeit unterstützt den BRU – professionsspezifisch (N = 223, in %)

Insgesamt ergibt sich aus den vorherigen Überlegungen das interessante Gesamtergebnis: Beide in NRW-Berufskollegs im BRU tätigen Berufsgruppen sehen (1.) bei aller Unterschiedlichkeit in ihrem BRU einen deutlichen Bezug zur Kirche, sofern sie einerseits die Kirche vertreten sowie andererseits Erfahrungen von Kirche vermitteln wollen. Dabei fällt (2.) deutlich ein distanziertes Verhältnis zur Institution Kirche auf, was bei den staatlichen Lehrkräften insgesamt schwächer ausgeprägt ist. Signifikant deutlich geworden ist hierbei, dass beide Berufsgruppen zwischen zwei Ebenen unterscheiden, wie die Kirche im Berufskolleg präsent sein kann: als Institution und als Idee einer religiös-qualifizierten Gemeinschaft. Letztere wird im BRU im Unterrichtsgeschehen durch die Lehrkraft realisiert (bzw. auch repräsentiert) und für die Schüler so zu einer erfahrbaren Wirklichkeit. Die Ebene der Institution hat hingegen keine unterrichtliche Relevanz für den realen BRU und findet Eingang ins Berufskolleg alleine – wenn überhaupt – durch die Person der Lehrer bzw. Pfarrer. Deutlich wurde insgesamt auch eine unterschiedliche Gewichtung der Items bei Pfarrern einerseits und staatlichen Lehrkräften andererseits.

Nach diesen ersten Ergebnissen können im Blick auf die Frage der konfessionellen Ausrichtung drei Perspektiven genannt werden: Die Institution Kirche hat (1.) nur einen geringen Einfluss auf den BRU und eine inhaltliche Bestimmung der Lehre, die in Übereinstimmung mit den Grundsätzen der Religionsgemeinschaften (GG 7,3) im Zentrum des BRU als Unterricht stehen soll.[1] Das Verhältnis zur Institution

---

1   Die EKD definiert die Gebundenheit der Religionslehrkräfte an ihre Grundsätze wie folgt: Der Sinn der Vokation liegt darin, „zwischen dem Lehrer und seiner Religionsgemeinschaft ein Verhältnis des Vertrauens zu begründen, dass er den Religionsunterricht in Übereinstimmung mit ihren Grundsätzen erteilt" (Stellungnahme des Rates der Evangelischen Kirche in Deutsch-

Kirche lässt (2.) vermuten, dass staatliche Lehrkräfte im Blick auf ihr Bekenntnis freier agieren (können) als ihre pfarramtlichen Kollegen, bei denen die (auch formale) kirchliche Bindung schon berufsbedingt stärker ausgeprägt ist. Die Frage nach den Inhalten der je konfessionellen Ausrichtung lässt (3.) gleichfalls vermuten, dass sie bei Pfarrern entsprechend deutlich kirchenaffiner ausfällt als bei Lehrern.

Dieses Ergebnis zeigt auch die Mittelwertanalyse bei einer Signifikanz von 0,664: Der Mittelwert der versuchten Anbindung der Schüler an die Kirche in Person des Lehrenden – siehe hierzu die obige Analyse – weist einen um 0,15 höheren Wert bei Pfarrern auf als bei den Lehrern. Obgleich dieser Wert nicht überdurchschnittlich ist, zeigt er doch eine höhere Affinität der Pfarrer an.

Gruppenstatistik

	Pfarrer oder Lehrer	H	Mittelwert	Standardab-weichung	Standardfehler Mittelwert
Ziel des BRU <-> Anbin-dung an die Kirche	Lehrer	80	2,8521	,69910	,07816
	Pfarrer	145	3,0510	,67913	,05640

2. Modelle religiöser/konfessioneller Kooperation als Indiz und Kriterium für die konfessionelle Ausrichtung der BRU-Lehrkräfte

Im Fokus der Items Q 18 und Q 19 standen mögliche Modelle der Gestaltung des BRU im Blick auf verschiedene Konfessionen bzw. Religionen. Unterschieden wurde dabei grundsätzlich zwischen Modellen ohne und Modellen mit einem Islamischen Religionsunterricht, weil dieser unmittelbare Auswirkungen hätte auch auf die schulorganisatorische Gestaltung der anderen Religionsunterrichte. In diesem Kontext wurde nach denkbaren Modellen gefragt in der Spannbreite eines je nach Religionen getrennten Unterrichts bis hin zu einem gemeinsam verantworteten oder im Fächerverbund erteilten Religionsunterrichts. Neben schulorganisatorischen Aspekten spielen bei der Beantwortung dieser Fragen vor allem die persönlichen konfessionell-didaktischen und sozialisationsbedingten Faktoren eine entscheidende Rolle.

Im Rahmen der Faktorenreduzierung zu den Fragen nach den Optionen konfessioneller Modelle (Q 18) wurde eine Hauptkomponentenanalyse mit anschließender Varimax-Rotation durchgeführt. Das KMO-Kriterium ist mit 0,529 eine noch brauchbare Maßzahl. Extrahieren ließen sich zwei Komponenten:

land zu verfassungsrechtlichen Fragen des Religionsunterrichts vom 7. Juli 1971 Pkt. V, in: Die Evangelische Kirche und die Bildungsplanung. Eine Dokumentation (zugleich: Bd. 51 der Pädagogischen Forschungen des Comenius-Instituts), hg. von der Kirchenkanzlei der Evangelischen Kirche in Deutschland, Gütersloh/Heidelberg 1972, 126).

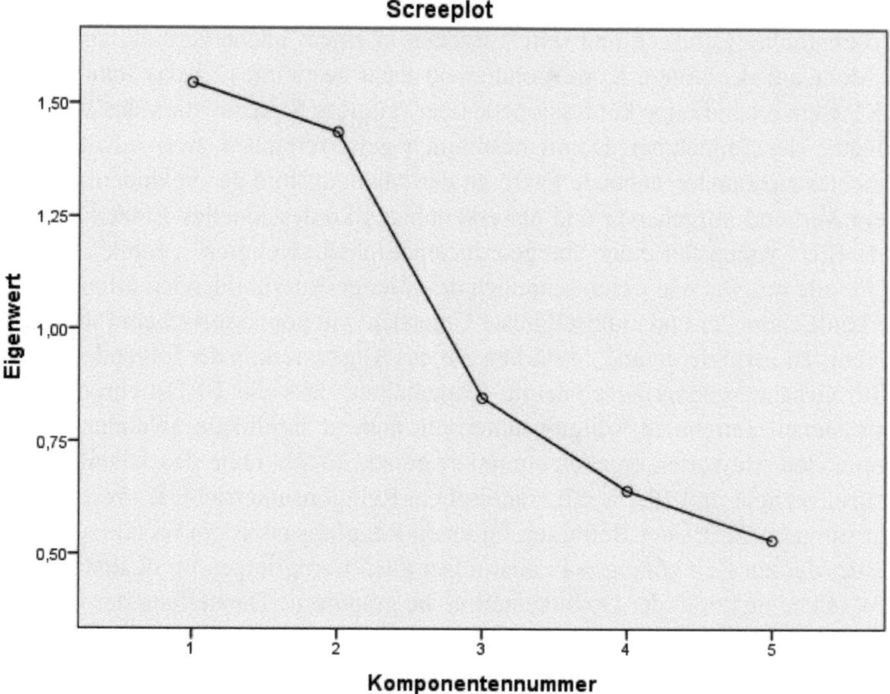

Abbildung 8

Rotierte Komponentenmatrix

	Komponente	
	1	2
Evangelische, katholische, muslimische und konfessionslose Schülerinnen und Schüler sollten gemeinsam im Klassenverband unterrichtet werden: Es gibt einen gemeinsamen RU für alle nach der Konfession der jeweiligen Lehrkraft.	-,084	,831
Der BRU sollte konfessionell getrennt evangelisch/katholisch mit einem Ersatzfach Praktische Philosophie/Ethik erteilt werden.	-,051	-,808
Die christlichen Schülerinnen und Schüler sollten in einem rechtlich anerkannten ökumenischen BRU von einer evangelischen oder katholischen Lehrkraft unterrichtet werden; daneben gibt es Praktische Philosophie/Ethik.	,596	-,090
Evangelische, katholische, muslimische und konfessionslose Schülerinnen und Schüler sollen gemeinsam unterrichtet werden. Die evangelischen und katholischen Fachkräfte wechseln sich ab. Für vom RU freigestellte Schüler/innen gibt es ein Ersatzfach	,706	,323
Alle Schülerinnen und Schüler beruflich verwandter Lerngruppen</i> werden in einem vernetzten Fächerverbund (evangelische und katholische BRU/Praktischer Philosophie/Ethik) von allen Lehrkräften der Fächer kooperierend und differenziert.	,804	-,118

Komponente 1: Alle Schüler werden gemeinsam in einem vernetzten System fächer-
übergreifend unterrichtet

Komponente 2: Religionsunterricht wird im Klassenverband für alle in Verantwortung einer Religionslehrkraft multireligiös unterrichtet.

Insgesamt bestimmt damit primär (1.) die Auflösung des reinen evangelischen BRU als ordentliches Lehrfach und sein Aufgehen in einem Fächerverbund am stärksten die Mehrzahl der Voten. Korrespondierend dazu bestimmt (2.) das Item des BRU im Klassenverband ohne konfessionelle oder religiöse Signatur stark das Votierungsverhalten der Teilnehmer. Damit bestimmen gewissermaßen zwei inhaltlich komplementär zueinander stehende Faktoren das Meinungsbild der Votanden: der (1.) in einem Verbund aufgehende und als erkennbares konfessionelles Einzelfach aufhörende BRU zugunsten einer übergeordneten Einheit „Religion – Ethik" sowie (2.) der für alle religiös wie weltanschaulich orientierten Auszubildenden offene BRU als überkonfessioneller und multireligiöser Unterricht mit konfessorischem Profil. Dieses Ergebnis zu verifizieren und zu stärken gilt das Augenmerk in der folgenden Analyse.

Im Gesamtergebnis ist eindeutig festzuhalten, dass die BRU-Lehrkräfte einen konfessionell getrennten Religionsunterricht äußerst signifikant ablehnen – die zustimmenden Antworten ergeben summiert gerade 17,7% ohne den Islamischen Religionsunterricht und 19,7% mit Islamischem Religionsunterricht. Korrespondierend dazu stimmen 72,0% der Befragten für einen Religionsunterricht im Klassenverband für alle, der zur Zeit gängigen Praxis in fast allen Lerngruppen im dualen System in NRW (siehe hierzu in der Dokumentation die graphische Darstellung der Ergebnisse mit Abb. 31). Immerhin noch 54,2% der Befragten stimmen diesem Modell zu, wenn es den Islamischen Religionsunterricht an Berufskollegs in NRW geben sollte (siehe hierzu in der Dokumentation die graphische Darstellung der Ergebnisse mit Abb. 32). Daraus folgt eine signifikante Präferenz für einen alle Religionen und Konfessionen inkludierenden Religionsunterricht im Klassenverband. Die Einführung des Islamischen Religionsunterrichts würde diese Tendenz zwar etwas abschwächen, sie bliebe dennoch die favorisierte Form eines evangelisch verantworteten Religionsunterrichts an Berufskollegs. Hierzu korrespondiert die starke Ablehnung eines Modells, bei dem der Islamische Religionsunterricht außerhalb des normalen Stundenplans erteilt werden sollte: Der Islamische Religionsunterricht soll im Lehrangebot integriert sein wie alle anderen Religionsunterrichte auch und dort eine gleichberechtigt-kooperative Rolle spielen. Damit liegt dieser Befund im Rahmen der Ergebnisse der obigen Faktorenanalyse und bestätigt die Interpretation der eruierten Hauptkomponenten.

Die von der EKD 1995 in „Identität und Verständigung vorgeschlagene Fächergruppe findet bei beiden Gesamtergebnissen keine große Zustimmung. Dieser Befund entspricht insgesamt der in der Schullandschaft schwachen Aufnahme dieses EKD-Vorschlags.

Im Vergleich der Ergebnisse der Pfarrer versus der Voten der staatlichen Lehrkräfte sind signifikante Unterschiede erkennbar, sofern die Pfarrer eine deutlich höhere Präferenz für das Modell des gemeinsamen Religionsunterrichts aufweisen (siehe hierzu in der Dokumentation die graphische Darstellung der Ergebnisse mit Abb. 33 und 34). So befürworten Pfarrer einen getrennten Religionsunterricht (ohne Islamischen Religionsunterricht) – gerankt – mit 14,1% (ablehnend 66,4%), Lehrer jedoch mit 26,7% (ablehnend 54,7%). Die Zustimmung für einen gemeinsamen Religionsunterricht variiert bei den Pfarrern mit 73,4% gegenüber 69,7% bei den Lehrern nicht so stark.

Bei den Optionen mit einem Islamischem Religionsunterricht variieren die Ergebnisse in der Grundtendenz nicht (siehe hierzu in der Dokumentation die graphische Darstellung der Ergebnisse mit Abb. 35 und 36): Pfarrer lehnen einen getrennten Religionsunterricht („finde ich nicht gut" und „lehne ich völlig ab") mit 73,1% mehrheitlich stärker ab als Lehrer mit 53,0%. Entsprechend fällt die Zustimmung eines Religionsunterrichts im Klassenverband mit 57,9% bei den Pfarrern deutlich höher aus als bei den Lehrern mit 45,8%. Können 14,4% der Lehrer einem separaten Islamischen Religionsunterricht außerhalb des Stundenplanes „voll" oder „teilweise" zustimmen, sind es nur 5,2% der Pfarrer. Tendenziell sind also die Pfarrer sehr viel stärker interessiert an einem gemeinsamen religiösen Lernen im Klassenverband ohne jede religiöse Differenzierung. Dies zeigt auch das Ergebnis zum Modell eines ökumenischen Religionsunterrichts bei einem parallelen Islamischen Religionsunterricht: Während diese Option bei 44,7% der Lehrer eine Zustimmung findet, votieren hierfür nur 38,7% der Pfarrer. Ein maßgeblicher Grund könnte hier bei aller Nähe zu den katholischen Lehrkräften die damit verbundene Ausgrenzung des Islamischen Religionsunterrichts sein.

Im Blick auf das gesamte Ergebnis des Vergleichs der Voten bei Pfarrern und Lehrern lässt sich Folgendes festhalten: Beide Berufsgruppen favorisieren einen BRU im Klassenverband ohne religiöse Differenzierung. Bei den Pfarrern ist diese Tendenz deutlich stärker ausgeprägt, was sich in allen Modellen signifikant zeigt. Damit bestätigt sich insgesamt, dass die Pfarrer als Berufsgruppe mit der professionsbedingt stärksten Bindung an die Institution Kirche dem Modus des konfessionell getrennten Religionsunterrichts kritischer als die Gruppe der Lehrer gegenüberstehen, der die offizielle Form der Evangelischen Kirche ist – nämlich der nach Konfessionen getrennte bzw. differenzierte Religionsunterricht. Dabei ist bei den Lehrern (gegenüber den Pfarrern) insgesamt eine konfessionelle Bindung oder Beheimatung auf einem niedrigeren Niveau auszumachen, sofern bei ihnen bei keinem Modell die explizite Zustimmung höher ist als die distanzierten bis ablehnenden Voten, was sich besonders bei Auszählungen zeigt, bei denen ein Islamischer Religionsunterricht berücksichtigt ist.

Vier BRU-Lehrkrafttypen

Wir kommen zu einer weiteren Analyse der Motivationen der Lehrkräfte für ihre Voten, eruiert durch die konfessionellen Modelle des BRU in Korrelation zum Verhältnis der BRU-Lehrkräfte zur Kirche. Hierbei zeigt sich ein insgesamt interessantes Ergebnis: Es gibt keine spezifischen Lehrertypen, die sich aus einem kausalen Zusammenhang von dem Ausbildungsweg zur BRU-Lehrkraft einerseits und der Präferenz zu bestimmten BRU-Modellen des BRU andererseits generiert. Dennoch lassen sich insgesamt vier unterscheidbare Lehrkrafttypen unterscheiden, die sich schematisch auf Grund der Korrelation der abgefragten BRU-Modelle (Q 18) und dem Verhältnis des BRU zu Kirche (Q 39) ergeben:

- Der Repräsentant von Kirche: Der *erste* Lehrertyp sieht sich als Repräsentant von Kirche („Ich und mein BRU repräsentieren für meine Schüler/innen die Institution Kirche") und wünscht sich konfessionelle Modelle, die nahe am jetzigen Status quo angesiedelt sind: Da wäre das Modell eines BRU im Klassenverband sowie weniger prägnant das Modell des gemeinsamen BRUs mit Lehrerwechseln: Die Repräsentanten von Kirche wünschen sich einen für alle vernetzten gemeinsamen BRU. Gesamtergebnis: 44,0%
- Der Vertreter von Kirche: Der *zweite* Lehrertyp als Vertreter der Institution Kirche weist eine hohe Korrelation auf zu einem nach Religionen und Konfessionen getrennt erteilten Religionsunterricht: Die der Institution Kirche treuen BRU-Lehrkräfte wünschen sich den klassisch konfessionell getrennten Religionsunterricht.
- Der Unentschlossene: Der *dritte* Lehrertyp mit einem ambivalenten Bezug zur Kirche – „Mein BRU ist für die Schüler ein Erfahrungsraum von Kirche ohne Bezug zur organisierten Kirche" – hat die stärkste Korrelation zum BRU für alle im Klassenverband sowie eine starke Verbundenheit zu einem ökumenischen BRU. Dieser Lehrkrafttyp scheint geprägt vom Wunsch nach einem BRU mit dem möglichst größten gemeinsamen Nenner unter den Schülern.
- Der Spirituelle: Ein *vierter* Lehrkrafttyp, deren BRU als eine spirituellen Gemeinschaft geprägt ist, weist eine hohe Korrelation auf zu dem durch eine wechselseitig christliche Gemeinschaft fokussierten Modell, das heißt die mit einem Lehrerteam verbundenen Modelle bzw. das mit der Fächergruppe assoziierte Modell: Lehrkrafttypen dieses Musters wünschen sich religionsidentische Lerngruppen zur Ermöglichung spiritueller christlich geprägter Erfahrungen.

Evangelische, katholische, muslimische und konfessionslose Schülerinnen und Schüler sollten gemeinsam im Klassenverband unterrichtet werden: Es gibt einen gemeinsamen RU für alle nach der Konfession der jeweiligen Lehrkraft.	Der BRU sollte konfessionell getrennt evangelisch/katholisch mit einem Ersatzfach Praktische Philosophie/Ethik erteilt werden.	Die christlichen Schülerinnen und Schüler sollten in einem rechtlich anerkannten ökumenischen BRU von einer evangelischen oder katholischen Lehrkraft unterrichtet werden; daneben gibt es Praktische Philosophie/Ethik.	Evangelische, katholische, muslimische und konfessionslose Schülerinnen und Schüler sollen gemeinsam unterrichtet werden. Die evangelischen und katholischen Fachkräfte wechseln sich ab. Für vom RU freigestellte Schüler/innen gibt es ein Ersatzfach	Alle Schülerinnen und Schüler beruflich verwandter Lerngruppen werden in einem vernetzten Fächerverbund (evangelische und katholische BRU/Praktischer Philosophie/ Ethik) von allen Lehrkräften der Fächer kooperierend und differenziert unterrichtet.

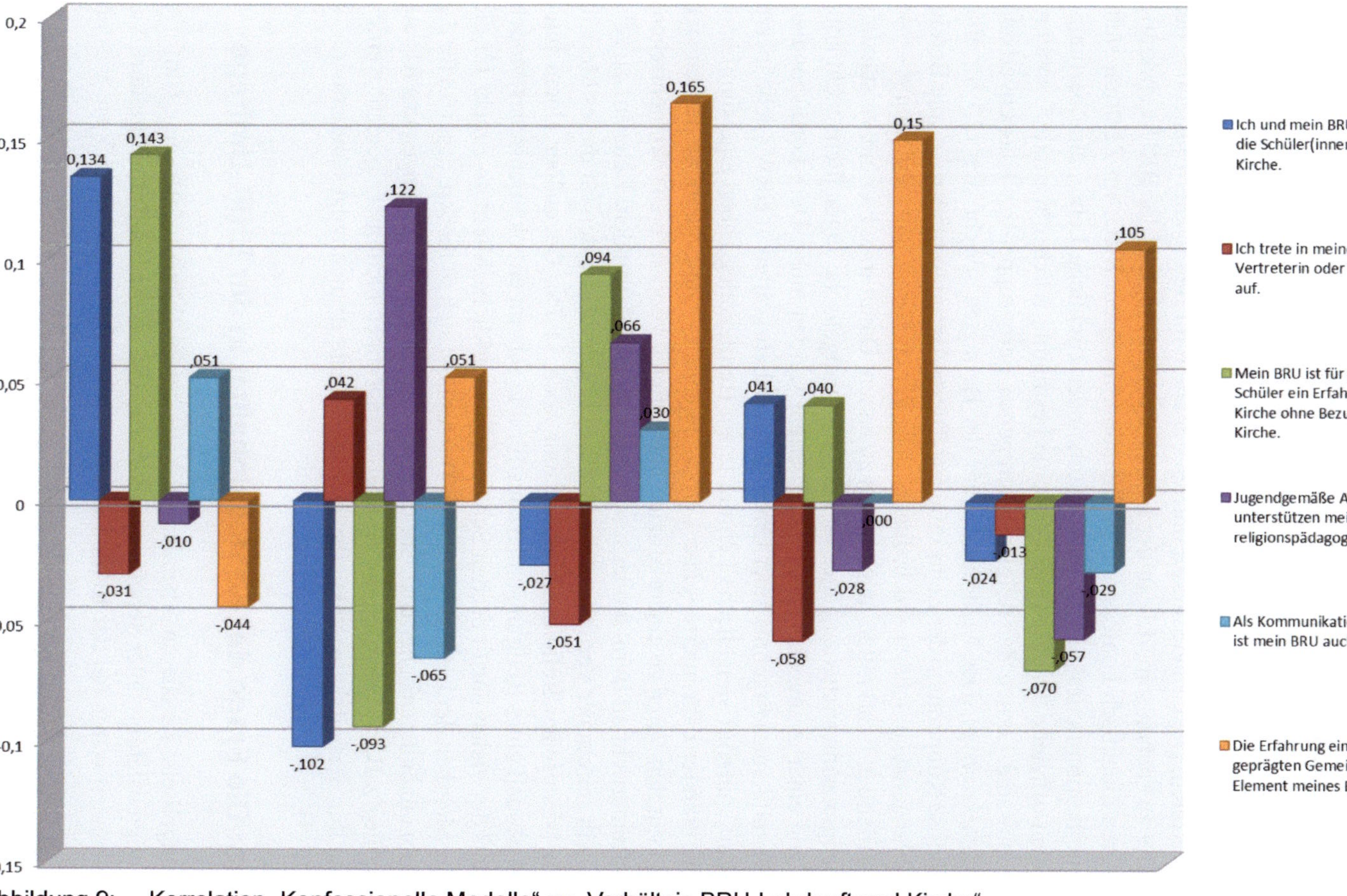

Abbildung 9:   Korrelation „Konfessionelle Modelle" zu „Verhältnis BRU-Lehrkraft und Kirche"

Bei der abschließenden Interpretation nehmen wir ausgehend von den quantitativen Zustimmungen zu den konfessionellen Modellen auch die zuletzt thetisch eruierte qualitative Gruppierung von BRU-Lehrkrafttypen (wenn möglich und sinnvoll) mit in den Blick: Hinter dem deutlichen Votum für einen gemeinsamen Religionsunterricht im Klassenverband dürfte als Grund nicht nur die Faktizität des Faktischen und die Scheu vor Veränderungen stehen. Im Blick auf die Frage der Konfessionalität des BRU ist (1.) summierend festzustellen, dass von der quantitativen Votierung der Kooperationsmodelle her keine Tendenz erkennbar ist, einen explizit konfessionellen BRU erteilen zu wollen. Die Gründe hierfür dürften vor allem im Bereich der Einstellung der Lehrkräfte zu suchen sein, d. h. in der konfessionellen Prägung der BRU-Lehrkräfte sowie deren didaktisch-konfessioneller Intention mit ihrem BRU: Im Zentrum steht nicht eine bestimmte traditionell-theologische oder kirchliche Lehre, eine bestimmte kirchlich-offizielle Tradition oder gar eine bestimmte Kircheninstitution, sondern das gemeinsame Lernen der religiös heterogenen Lerngruppen im Klassenverband *(erster Lehrkrafttyp)*. Das Mehrheitsvotum der Befragten spricht sich (2.) für eine interreligiöse Kooperation der Lehrkräfte aus. Dieses Votum impliziert (3.) die Bereitschaft, evangelische Schüler – d. h. Jugendliche der eigenen Glaubensrichtung – von religionsfremden Lehrkräften unterrichten zu lassen. Damit träte hier ein Verständnis eines Religionsunterrichts zu Tage, der auch für evangelische Jugendliche nicht konstitutiv von einer evangelischen Lehrkraft erteilt werden muss. Dem korrespondiert (4.) ein signifikantes Ergebnis einer Umfrage unter Lehrkräften in NRW (siehe hierzu den Exkurs unten): Evangelische Lehrkräfte am Berufskolleg haben eine signifikant deutliche Präferenz für interreligiöse Lernarrangements. Die Ergebnisse decken sich (5.) auch mit den Voten zu einem offiziell anerkannten kooperativen (ökumenischen) Religionsunterricht an Berufskollegs, sofern dieser ohne besondere Relevanz zu sein scheint: Mit schwacher Vorliebe votieren nur 41,3% der Befragten für dieses Modell, mit dem Islamischen Religionsunterricht nur noch 31,7%. Gegenüber einem integrativen Modell eines Religionsunterrichts für alle scheint ein ökumenisches Modell angesichts der vielen muslimischen Schüler keine wirkliche Alternative mehr für die deutliche Mehrheit der Lehrkräfte zu sein. Daraus lässt sich schließen, dass (6.) für die Lehrkräfte ein ökumenischer BRU im Blick auf die Rahmenbedingungen des RU am Berufskolleg z. B. im Blick auf die pluralen Lerngruppen nicht mehr gerecht werden kann und ihm deshalb keine zukunftsweisende Prägekraft mehr zugestanden wird.

Exkurs: Die Frage der Konfessionalität in der EKiR-Umfrage[2]

Die Evangelische Kirche im Rheinland (EKiR) hat im Frühjahr 2014 eine Umfrage unter Religionslehrern aller Schulformen auf dem Gebiet der EKiR durchgeführt. Valide Probanden waren bei der EKiR-Umfrage 1093 ausgefüllte Fragebögen (was ei-

---

2 Die folgenden Grafiken und Zitate stammen alle aus den Unterlagen, die uns das PTI-Bonn zur Verfügung gestellt hat und die am 27. November 2014 bei der öffentlichen Vorstellung der Studie präsentiert wurden.

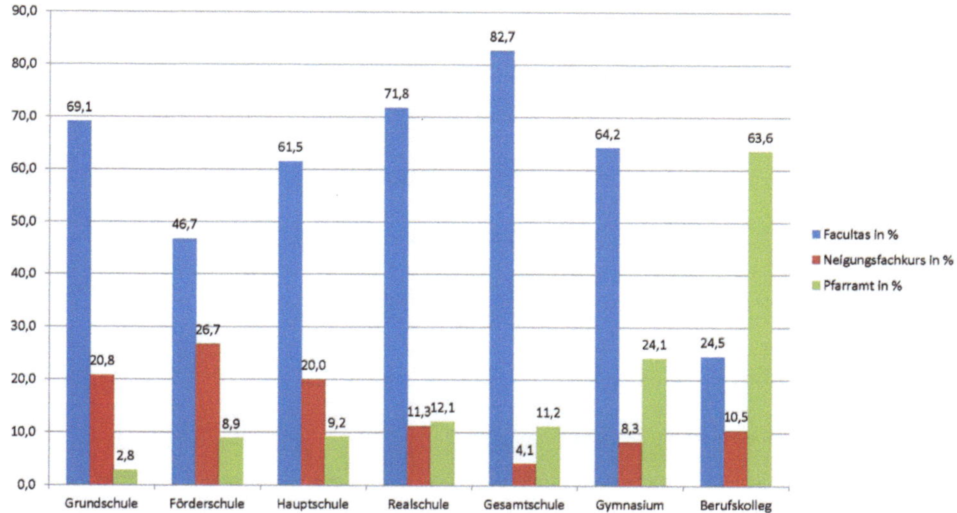

Abbildung 10:   Schulform vs. Qualifikation

nem Anteil von 14,1% bei insgesamt 7727 Religionslehrkräften im Bereich der EKiR entspricht).[3] Der Anteil der Befragten an Berufskolleg betrug allerdings nur 13,1% aller Befragten, wodurch die Ergebnisse der Umfrage für Berufskollegs differenziert (und vorsichtig) zu betrachten sind. Hinsichtlich unserer Fragestellung ist festzuhalten, dass das Bekenntnis zu seiner eigenen Konfession insgesamt das viertunwichtigste Ziel des RUs für die Befragten darstellt (mit 36,4%). Die Besonderheit der Berufskollegs wird in der EKiR-Umfrage deutlich bei dem Anteil der Pfarrer bei den BRU-Lehrkräften, das sich in der Relation signifikant von den anderen Schulformen unterscheidet.

Für die Beantwortung der Frage nach der konfessionellen Ausrichtung der Lehrenden sind allein zwei Fragen ausschlaggebend: Die erste Frage (Frage Nr. 27) in der EKiR-Umfrage zur Konfessionalität lautete: „Wie beurteilen Sie die gegenwärtige Praxis (konfessionelle Zusammenarbeit)? Begründen Sie bitte Ihre Meinung."

Resümierend hält Christhard Lück fest: „Rheinische Religionslehrkräfte unterstützen mehrheitlich die Beibehaltung des Konfessionalitätsprinzips bei gleichzeitiger Forderung nach einer deutlichen Verstärkung ökumenischen und interreligiösen Lernens."[4] Auffallend ist hierbei, dass die konfessionelle Zusammenarbeit mehrheitlich allein auf der pragmatischen Ebene außerhalb des Religionsunterrichts begründet wird und nicht theologisch oder religionspädagogisch: In der Ökumene geht es damit nicht um eine theologisch fundierte gemeinsame didaktische und religionspädagogische Unterrichtstätigkeit, sondern mehrheitlich um den Austausch von Ideen und Materialien im Blick auf ein effizienteres Arbeiten. Das zeigen vor allem auch die

---

3   Die Ergebnisstudie der EKiR-Umfrage aus dem Frühjahr 2014 erscheint voraussichtlich im April 2016 im Kohlhammer Verlag.

4   Christhard Lück, Die rheinische Religionslehrer/innen/befragung 2013. Auswertung der quantitativen Teilstudie, unveröffentlichtes Manuskript des Verfassers, 73.

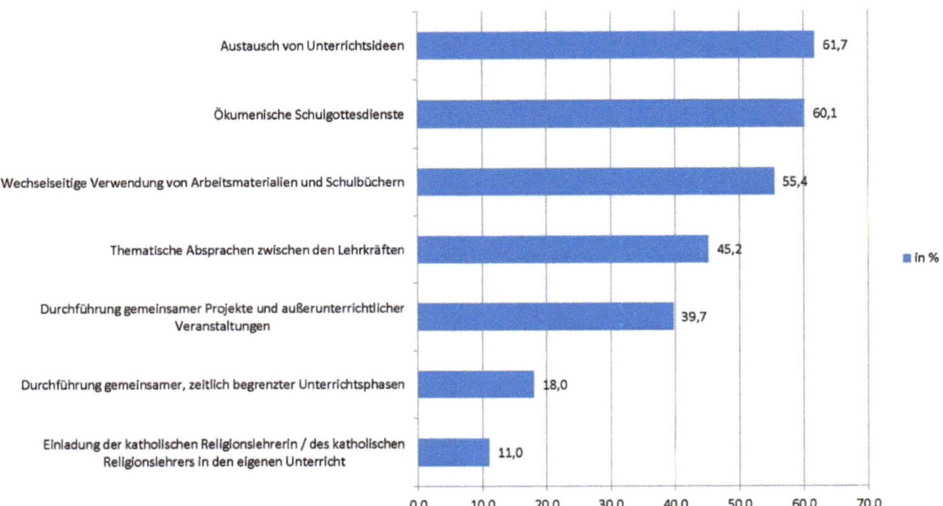

Abbildung 11:   Wie sieht die konfessionelle Zusammenarbeit konkret aus?

freien Voten zur Frage: So wird die positive Kooperation (1.) in persönlicher Hinsicht begründet durch die jeweilige Sympathie der Lehrkräfte: „man arbeitet gerne zusammen." In beruflicher Hinsicht wird die Zusammenarbeit (2.) als bereichernd bzw. entlastend erlebt, vor allem durch den Austausch von Materialien oder die gegenseitige Motivation. Zudem hat sich (3.) diese außerunterrichtliche Kooperation bewährt und wird (4.) die Nähe der Konfessionen für die Ökumene insgesamt als wertvoll angesehen. Letztlich hat dies (5.) vor allem organisatorische Konsequenzen in Form gemeinsamer Fachschaften und Fachkonferenzen (mit dem Nebeneffekt einer Stärkung z. B. gegenüber der Schulleitung). Zusammenfassend ist diese Zusammenarbeit – deckungsgleich mit den kritischen Voten (zu abhängig von der persönlichen Ebene; nicht mitgetragen von der katholischen Kirche) – wie folgt zu charakterisieren: „Skepsis bzgl. konfessioneller Kooperation wird also – von einer Ausnahme abgesehen – nicht theologisch oder pädagogisch begründet, sondern entscheidet sich insbesondere daran, ob sich die katholischen und evangelischen Lehrkräfte persönlich verstehen."[5] Charakteristisch für die Ausgestaltung von einer konfessionellen Kooperation ist hier also nicht eine theologische Motivation der Lehrkräfte oder eine theologisch bzw. religionspädagogisch begründete sowie gemeinsam verantwortete Unterrichtsplanung und -durchführung. Bestimmt ist die konfessionelle Zusammenarbeit vielmehr von dem Wunsch nach einer rein schulisch-pragmatischen Zusammenarbeit und je persönlichen Motivationen.

Die zweite für die konfessionelle Ausrichtung der Lehrenden relevante Frage (Frage Nr. 41) in der EKiR-Umfrage lautete: „Welche Gestaltung des Religionsunterrichts

---

5   Martin Rothgangel, Die rheinische Religionslehrer/innen/befragung 2013. Auswertung der offenen Items des Fragebogens, Folie 14 der öffentlichen Präsentation der Ergebnisse am 27.11.2014 in Bonn (bislang unveröffentlicht).

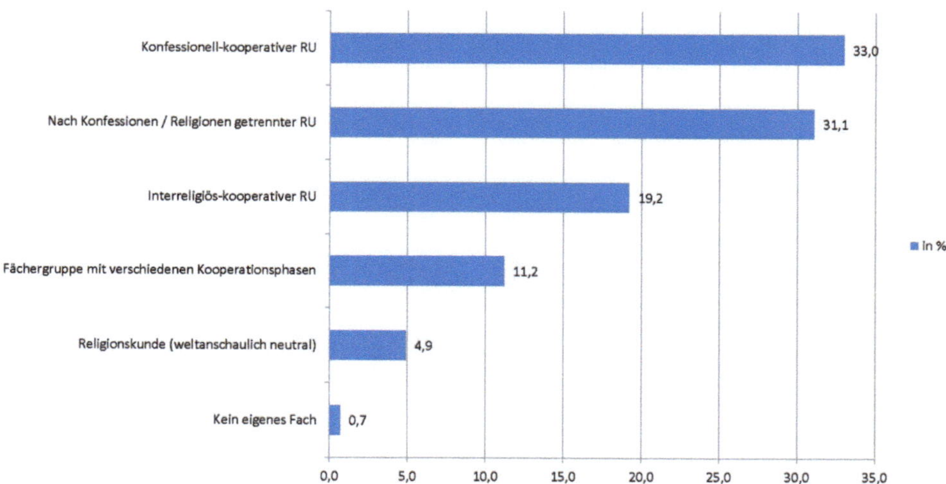

Abbildung 12: Welche Gestaltung des Religionsunterrichts wird Ihrer Meinung nach den aktuellen gesellschaftlichen Herausforderungen am besten gerecht?

wird Ihrer Meinung nach den aktuellen gesellschaftlichen Herausforderungen am besten gerecht?"

Obgleich die Befürworter eines konfessionell-kooperativen RUs (33,0 %) gegenüber denen eines nach Konfessionen (Religionen) getrennten Religionsunterrichts (31,1 %) zahlenmäßig nur geringfügig mehr waren, werden offene Voten für einen getrennten RU nicht genannt. In der Präsentation vom 27. November 2014 im PTI Bonn wurden folgende Antworten gegeben: Für einen konfessionell-kooperativen RU sprechen demnach die guten Erfahrungen mit diesem und seine Zeitgemäßheit im Klassenverband angesichts der gesellschaftlichen Veränderungen. Spezifische Argumente für den „konfessionellen" Aspekt sind zudem die konfessionelle Identität der Lehrperson im Blick auf einen glaubwürdigen Religionsunterricht, seine dann gegebene Orientierungshilfe für die Schüler, nämlich die eigene Konfession kennenlernen und zugleich der anderen Konfession begegnen zu können. Der kooperative Aspekt wird betont im Blick auf die Wahrnehmung von Unterschieden bzw. Gemeinsamkeiten der Konfessionen, hinsichtlich der Option des Austausches und des gegenseitigen Lernen sowie der Förderung der Ökumene, was letztlich auch zu mehr Toleranz und Respekt führe.

Allerdings sieht die Situation am Berufskolleg als einziger von allen befragten Schulformen sehr viel anders aus. Dort sind es nämlich 52,3% aller Befragten, die einen kooperativ-interreligiösen Religionsunterricht[6] favorisieren gegenüber dem zweitgenannten konfessionell-kooperativen BRU mit allerdings nur 23,1% Zustimmung

---

6 Ungeklärt bleibt in der EKiR-Umfrage, was genau unter einem interreligiös-kooperativem Religionsunterricht zu verstehen ist.

Andreas Obermann

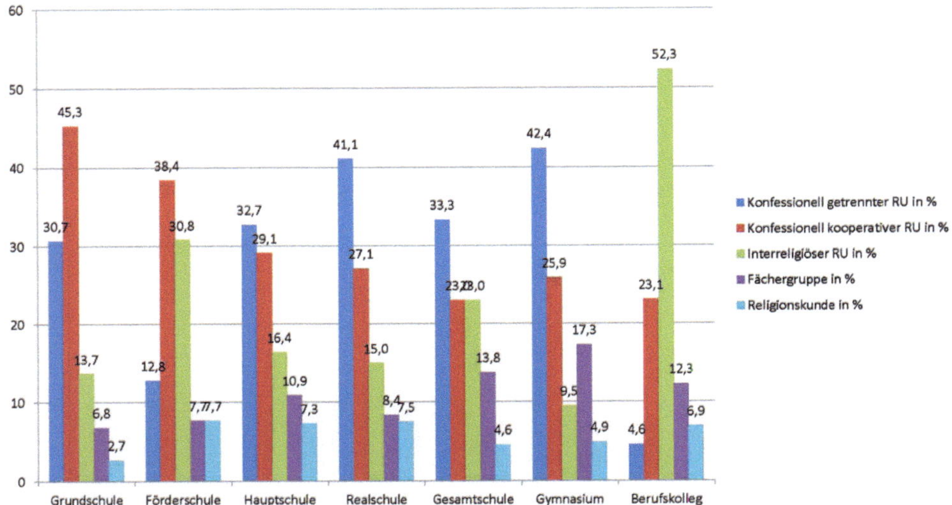

Abbildung 13:   Schulform vs. Gestaltung des BRU

Deutlich wird hier erstens die Ablehnung eines getrennt konfessionellen Religionsunterrichts, für den nur 4,6% an Berufskollegs votieren, was den schwächsten Wert aller Schulformen darstellt. Das Berufskolleg ist damit mit der Förderschule die einzige Schulform, bei der der konfessionell-getrennte RU nicht mindestens die zweitmeistgenannte Gestaltungsform des RU ist. Der konfessionell-getrennte RU kann sich demnach nur noch dort behaupten, wo dieser z. B. im Blick auf Prüfungsordnungen rechtlich gefordert wird, wie es eben in der Förderschule wie im Berufskolleg nicht der Fall ist. Beim Mangelfach Religion können es sich beide Schulen zudem aus zwei Gründen nicht leisten, den RU in vielen kleinen Lerngruppen anzubieten: Zum einen würden durch die Teilung noch weniger Schüler in Religion unterrichtet und zum anderen würde der RU so günstige Rahmenbedingungen bekommen, die nur den so genannten Hauptfächern bzw. beruflichen Fächern zugeteilt wird. Weiterhin scheint zweitens die Zusammensetzung der Lerngruppen an Berufskollegs durch den Einfluss der Arbeitswelt so heterogen und multireligiös zu sein, dass interreligiöse Lernarrangements als die zukunftsweisenden Lernformen angesehen werden.

Insgesamt ist als Ergebnis festzustellen, dass (1.) die Konfessionalität zwar insgesamt in den Voten der EKiR-Umfrage für einen konfessionell-getrennten wie auch konfessionell-kooperativen Religionsunterricht am stärksten gefordert wird, jedoch kein dezidiert theologisches, juristisches oder kirchenrechtliches Anliegen hinter dieser Forderung steckt. Deutlich wird das vor allem in den freien Äußerungen, dass nämlich die Betonung der Konfessionalität (2.) pragmatische Gründe der Effizienz im Lehreralltag hat und (3.) durch persönliche Emotionen geprägt ist. Die Attraktivität des konfessionellen Religionsunterrichts dürfte sich von daher auch (4.) aus der Gewohnheit wie auch der Faktizität des Faktischen erklären, wonach die Gewohnheit eine Trägheit des Bestehenden herausbildet, die Veränderungen gegenüber kritisch ist. Damit dürfte (5.) die Arbeitshypothese gewagt werden, dass die hohe Votierung für die Konfessionalität des RUs (a) weder unmittelbare Bezüge zum Bekenntnis der Glaubensgemeinschaften im Sinne von GG 7,3 aufweist, (b) keine inhaltliche Prägung des Religionsunterrichts andeutet, (c) einen Rückschluss auf die religiöse Sozialisation der Lehrenden zulässt und (d) keinen Lebensbezug zur religiösen Welt der Lehrenden wie der Lernenden aufweist. Inhaltlich scheint die Konfessionalität für den Inhalt wie die Gestalt des Religionsunterrichts damit keine bedeutende Rolle zu spielen.

3. Religiöse Feiern bzw. Gottesdienst an Berufskollegs als Kriterium für die konfessionelle Ausrichtung der BRU-Lehrkräfte

Die Durchführung religiöser Feiern ist neben dem Verhältnis des BRU zur Kirche und der Präferenz für Kooperationsmodelle der Religionen und Konfessionen im BRU der dritte Fragekomplex, der Auskunft gibt über das Verhältnis der Lehrkräfte zur ihrer Kirche und ihr eigenes Bekennen, d. h. ihre konfessionelle Ausrichtung. Dieser dritte Fragekomplex ist insofern von besonderer Bedeutung, als dass religiöse Feiern in relativer Unabhängigkeit vom BRU, zumindest als Unterricht, konzipiert und durchgeführt werden, ein anderes Setting aufweisen und den Initiatoren eine Freiheit bei gleichzeitiger Gebundenheit an den Erwartungshorizont „Gottesdienst" eröffnet. Dabei ist zu berücksichtigen, dass ein Gottesdienst im Raum der Schule ein liturgisches Geschehen im öffentlichen wie auch zugleich in einem geschlossenen (privaten) Raum ist und zu unterscheiden ist von einem Sonntagsgottesdienst in der Kirche. Dieser Bezug der religiösen Feiern in der Schule mit einer spezifischen Adressatengruppe macht aus Schulgottesdiensten eine liturgische Form sui generis. Von daher lassen die Antworten auf die Frage nach religiösen Feiern deutliche Erkenntnisse über die persönliche Haltung der Lehrenden zur Konfessionalität erwarten, da es nicht um einen Kompetenzzuwachs der Schüler für die berufliche Handlungsfähigkeiten geht, sondern um Besinnung, Kontemplation und Meditation.

Die Frage nach der Durchführung von religiösen Feiern bzw. Gottesdiensten an ihrem Berufskolleg beantworten 60% aller Befragten positiv (siehe hierzu in der Dokumentation die graphische Darstellung der Ergebnisse mit Abb. 51): Was gegenüber anderen Regelschulen als geringe Zahl erscheinen mag, ist für Berufskollegs normal und hat verschiedene Gründe: Das (1.) mit keiner Gemeindegrenze übereinstimmende große Einzugsgebiet der Berufsschule verhindert meist einen engen Kontakt zur Ortsgemeinde, die im Blick auf Gottesdienste damit keine Unterstützung bietet wie z. B. bei Grundschulen. Da auch die Auszubildenden (2.) nur 2 Tage pro Woche in der Schule sind und (3.) erst als Jugendliche in die Schulgemeinde eintreten, bildet sich an Berufskollegs nur schwer eine das Leben der Schüler mit prägende Schulgemeinschaft. Im Blick auf die Schulgemeinde als Gottesdienstgemeinde bildet sich damit (4.) eine schwächere Identifikation mit der Schule als Gemeinde heraus als das in Vollzeitschulen mit einer längeren Verweildauer der Fall ist. Weiterhin wird (5.) die meist durchgehende religiös-heterogene Zusammensetzung der Lerngruppen ein weiterer Grund sein, weshalb sich Gottesdienste nicht einfach organisch ergeben bzw. eine Schultradition herausbilden können. Angesichts dieser doch widrigen Umstände erscheinen die 60% in einem positiveren Licht.

Interessant ist an dieser Stelle zu erwähnen, dass sich in den freien Voten allesamt Aussagen über die Problematik von Gottesdiensten an Berufskollegs bzw. die geringe Anzahl der Gottesdienste finden. Inhaltliche Präzisierungen oder Erörterungen zu Gottesdiensten finden sich nicht. Die freien Voten lassen sich insgesamt unter bestimmten Leitgedanken in vier Gruppen einteilen, die auch die oben genannten Aspekte bestätigen:

1. *Leitgedanke: die fehlende Tradition*
   - „An unserer Schule findet sehr wenig RU statt. An 2 Standorten sind 3 Lehrer, die nur mit Zusatzqualifikation unterrichten. Es gibt auch keine Tradition bei uns."
   - „Es besteht noch (!) keine Tradition."
   - „Es gibt keine ‚Tradition' dafür – es gibt jeweils vor Weihnachten und vor dem Schuljahresende eine „Auszeit – die Schulstunde der etwas anderen Art", die offen ist für alle, die sich mit dem, was schuljahreszeitlich gerade ansteht, kreativ beschäftigen möchten.
   - „Es gibt keine Tradition."
   - „Hat an der Schule keine Tradition."
   - „Nicht im Schulleben integriert und daher nicht mehr möglich zu realisieren."
   - „Religion spielt keine Rolle und wurde teilweise schon abgeschafft."
   - „Seit langer Zeit nicht mehr geübte Praxis: es wird mit geringer Akzeptanz durch die Betriebe und durch das Kollegium gerechnet."
   - „Religiöse Feiern ohne aktuellen Anlass an dem BK mit Blockunterricht werden von den Verantwortlichen (= uns) nicht als sinnvoll und wünschenswert eingestuft."

2. *Leitgedanke: fehlende Kontinuität im Schulleben und Schulkultur*
   - „Da die Klassen jeweils nur an einem (z. T. auch an zwei) Tag(en) pro Woche in der Schule sind, würde ein Godi immer nur die Klassen erreichen, die zufällig an diesem Tag anwesend sind. Außerdem wünschen die meisten Kollegen/innen keine christlichen Veranstaltungen: Die Erfahrungen mit Gottesdiensten und Pfarrern (in den Ortsgemeinden) sind insgesamt zu schlecht gewesen."
   - „Die Schule hat mehrere (weit getrennte) Standorte. Dadurch fällt es schwer, gemeinsame Feiern zu organisieren, da z. T. auch die gleichen Bildungsgänge in den unterschiedliche Orten liegen."

3. *Leitgedanke: fehlende Attraktivität von Gottesdiensten*
   - Es gibt keine Gottesdienste, weil „dem Gesamtkollegium der Religionsunterricht eher Störfall ist und mit Gottesdienstlichen Feiern eine Diskussion losgetreten würde, die die Schulleitung vermeiden will."
   - „Die öffentliche Schule nicht unbedingt ein Ort für Gottesdienste ist."

- „Ich vermute aus Angst vor dem Widerstand der atheistischen Fraktion im Kollegium …"
- „Religiöse Feiern ohne aktuellen Anlass an dem BK mit Blockunterricht werden von den Verantwortlichen (= uns) nicht als sinnvoll und wünschenswert eingestuft."
- „Religiöse Praxis hat an der Schule nichts zu suchen. Das ist Konsens aller Religionslehrer an der Schule."
- „Seit langer Zeit nicht mehr geübte Praxis: es wird mit geringer Akzeptanz durch die Betriebe und durch das Kollegium gerechnet."
- „Teilnahme von Schülern am solchen Feiern, nur weil dann Unterricht ausfällt."

4. *Leitgedanke: fehlende Unterstützung*
  - „Ich bin nur Teilzeitkraft in Vertretung ohne konkretes Wissen dazu. Ich vermute, es ist vor allem eine Organisationsfrage."
  - „Die Schüler nehmen freiwillig nicht teil. Deshalb gibt es erhebliche Disziplinprobleme bei solchen Veranstaltung. bzw. dass ist der Grund, weshalb wir sie so nicht mehr durchführen."
  - „Lehrkräfte und Klassen werden für Gottesdienste nicht freigestellt."

Dass es kaum eine Tradition von Schulgottesdiensten oder religiösen Feiern an Berufskollegs gibt, zeigt auch die Frage, ob es an der entsprechenden Schule einen Andachtsraum oder einen Raum der Stille (oder ähnliches) gebe: Von 224 abgegebenen Voten sagen 14,7%, dass es einen solchen besonderen Ort an 33 Schulen gebe (negativ votieren 85,3% bzw. 191 Schulen).

Wir kommen nun zur näheren Bestimmung jener Berufskollegs, an denen Gottesdienste stattfinden: Signifikante Anlässe zu den Gottesdiensten am Berufskolleg sind zum einen die christlichen Feste (muslimische Feste sind – so das überwältigende Urteil – nie Anlass religiöser Feiern). Der zweithäufigste genannte Anlass ist das Schuljahresende mit der Zeugnisausgabe, wodurch der Gottesdienst den Passageritus des Übergangs in die volle Beruflichkeit darstellt.

Ein weiterer uns interessierender Aspekt ist die Frage der theologischen bzw. konfessionellen Ausrichtung der Gottesdienste bzw. religiösen Feiern (siehe hierzu in der Dokumentation die graphische Darstellung der Ergebnisse mit Abb. 53): Jeder evangelische Gottesdienst hat als religiöse Veranstaltung einerseits eine agendarisch-konfessionelle sowie situative (jahreszeitliche) Vorgabe (Prägung) sowie andererseits eine persönlich-existentielle Prägung durch die den Gottesdienst zelebrierenden Lehrer und/oder Pfarrer. Von daher ergibt sich die Frage nach der Prägung der Gottesdienste bzw. der religiösen Feiern am Berufskolleg. Im Gesamtergebnis sagen mehr als die Hälfte der Befragten (55,6%), dass die Gottesdienste immer ökumenisch geprägt seien. Sogar 78,9% der Befragten sagen, dass die Gottesdienste „immer" bzw. „oft" ökumenisch seien. „Immer" bzw. „oft" sagen nur 44% der Befragten, dass die Gottesdienste evangelisch seien und 13% der Befragten, dass sie katholisch seien.

Interreligiös seien die religiösen Feiern hingegen in 31,8% der Fälle: Dominierend prägend sind damit christliche Gottesdienste bzw. religiöse Feiern.

Dabei sind zwei Befunde auffällig und interessant: Entgegen den vorigen Äußerungen, bei denen vor allem die Pfarrer für einen gemeinsamen Religionsunterricht votierten, konzipieren sie (1.) vornehmlich konfessionsgebundene Gottesdienste in ökumenischer Weite. Die scheinbare Spannung dieser beiden unterschiedlichen Votierungen lässt sich durch die unterschiedlichen Charakter von Unterricht und Gottesdienst erklären: Pfarrer differenzieren anscheinend stark zwischen der Frage der Konfessionalität im Unterricht von der eines Gottesdienstes. In der Unterrichtssituation scheint es geboten und zugleich leichter zu sein, andersreligiöse bzw. nichtreligiöse Jugendliche in das Unterrichtsgeschehen zu integrieren, während das im Gottesdienst als existentiell ausgerichteter Feier weniger gut möglich erscheint und geboten ist. Bei einem Gottesdienst als freiwilliger „Veranstaltung" kann sich auf Seiten der Lehrenden das subjektive Bekenntnis stärker ausbilden und artikulieren, als dass in einem Unterrichtsgeschehen religionspädagogisch zulässig und didaktisch geboten wäre. Die Weite des Unterrichts ist im Gottesdienst nicht möglich bzw. die christliche Konzentration eines Gottesdienstes ist im Unterricht nicht geboten. Dies dürfte auch der Grund für die hohe Votierung für einen ökumenischen Gottesdienst sein: Die Ökumene ist die größtmögliche Weite, die BRU-Lehrkräfte im Gottesdienst realisieren und verantworten können. Auffällig und fraglich ist dabei jedoch (2.), warum Pfarrer der Evangelischen Kirche bzw. Lehrer mit einer Vokation der Evangelischen Kirche nur in 44% aller Fälle einen evangelischen Gottesdienst anbieten bzw. mehr als ein Drittel der Gottesdienste nicht rein evangelisch sind. Dieser Befund ist umso erstaunlicher, da in 63,7% aller Fälle „immer" und in 27,4% der Fälle „oft" – zusammen dominierende 91,1% – die Initiative für einen Gottesdienst von den evangelischen Lehrkräften ausgeht (korrespondierend liegt es in 91,1% der Fälle wiederum an den Lehrkräften, wenn kein Gottesdienst sattfindet). Hier stellt sich die Frage, warum evangelische Lehrkräfte nicht mehr evangelisch geprägte Gottesdienste gestalten. Mit großer Wahrscheinlichkeit ist hierfür die Heterogenität der Schülerschaft einerseits sowie der Wille der Lehrkräfte zur größtmöglichen Öffnung der Gottesdienste (d. h. der Integration möglichst vieler Schüler) andererseits verantwortlich: Die Lehrkräfte wollen möglichst viele Schüler den Zugang zum Gottesdienst eröffnen, was sich jedoch nur über die größtmöglich noch zu verantwortende Weite realisieren lässt.

Berufsspezifisch interessant ist bei diesen Befunden (siehe hierzu in der Dokumentation die graphische Darstellung der Ergebnisse mit Abb. 54 und 55), dass aus der Perspektive der Pfarrer 51,8% der Gottesdienste „immer" und „oft" evangelisch sind, während das nur 31,9% der Lehrer so angeben. An dieser Stelle zeigt sich zum wiederholten Male, dass die Bindung der Pfarrer an die Kirche und entsprechend an konfessionelle Gottesdienste stärker ausgeprägt ist als das bei Lehrern der Fall ist.

Die Frage nach den Gründen für das Fehlen von Gottesdiensten (siehe hierzu in der Dokumentation die graphische Darstellung der Ergebnisse mit Abb. 59) bestätigt die obigen Ergebnisse: Die Initiative zur Feier von Gottesdiensten geht von den Lehrkräften aus und liegt damit auch in deren Verantwortung, denn weder die Schüler noch die

Kollegen werden als hinreichender Hinderungsgrund erkennbar. Allenfalls die Schulleitungen nennen 25,2% der Befragten als Grund für das Fehlen von Gottesdiensten, wobei hier eine grundsätzliche Ablehnung von Gottesdiensten im Hintergrund stehen dürfte. Insgesamt kommt den Lehrkräften damit unmissverständlich (1.) eine große Verantwortung für die Durchführung von Gottesdiensten und (2.) eine größtmögliche Gestaltungsoption dieser religiösen Feiern zugleich zu.

4.   Zusammenfassung

Insgesamt erweist sich die konfessionelle Prägung des BRU im klassischen Sinne bzw. in inhaltlicher Perspektive als schwach ausgeprägt – d.h. die konfessionelle Ausrichtung ist für den BRU nicht prägend. Mehrheitlich ist der BRU durch die Vielfalt der in den Lerngruppen vorgegebenen Pluralität bestimmt und durch die Ausrichtung der Lehrkräfte geprägt. Prägend ist hier der Lehrertyp als Repräsentant von Kirche, der sich einen BRU im Klassenverband wünscht, was sich bei Pfarrern stärker ausgeprägt zeigt als bei staatlichen Lehrkräften. So zeigen die Ergebnisse zur konfessionellen Ausrichtung des BRU zudem, dass die Berufsgruppe der Pfarrer hier deutlich prägnanter votiert als die Lehrer: Die Pfarrer weisen (1.) eine signifikant deutlich stärkere Bindung zur Kirche auf, wollen (2.) den BRU als Erfahrungsraum von Kirche ohne Bezug zur Institution Kirche arrangieren und lehnen (3.) tendentiell spirituelle Momente im BRU ab. Wenn auch die Berufsgruppe der staatlichen Lehrkräfte grundlegend ähnlich votiert, sind deren Votierungen insgesamt deutlich indifferenter: Das mehrmals feststellbare Fehlen einer prägnanten eigenen Meinung zu Fragen von Theologie und Kirche – und damit das Fehlen prägnant konfessioneller Überzeugungen – ist zugleich ein Ausdruck der größeren Distanz der Lehrenden zur Kirche gegenüber den Pfarrern als Bediensteten der Evangelischen Kirchen in NRW.

Monika Marose

Fortbildungen: Ziele und Interessen

1.   Die generelle Bedeutung des Themas

Angesichts der demographischen Entwicklung gewinnt das Thema „Fortbildung" unablässig an Bedeutung. Die Menschen in den westlichen Industriestaaten erreichen stetig ein höheres Lebensalter, so dass sich auch die Lebensarbeitszeit verlängert. Technische Entwicklungen und Veränderungen innerhalb der Berufswelt zeitigen ein rasantes Tempo. Wissen hat eine immer kürzere Halbwertzeit. Um im Beruf nicht den Anschluss zu verlieren und also auch Zufriedenheit mit der beruflichen Tätigkeit zu gewinnen, ist lebenslange berufsbegleitende Fortbildung unerlässlich. Fortbildungen sind essentiell für die berufliche Handlungskompetenz, für die Planungs- und Entscheidungsfähigkeit sowie nicht zuletzt für die Persönlichkeitsentwicklung.[1] Insofern besteht für Arbeitnehmer die gesetzliche Verpflichtung zur Fortbildung. Doch zugleich ist es alles andere als selbstverständlich, diese Rechtslage auch umzusetzen, denn wenn Mitarbeiter Fortbildungen wahrnehmen, fehlen sie während dieser Zeit am Arbeitsplatz. Ein grundsätzliches Dilemma.

Am Beispiel des Lehrerberufs wird offenkundig, wie sehr das Thema Fortbildung stetig an Bedeutung gewinnt: Die drei Phasen der staatlichen Lehrerbildung sind Hochschulstudium, Vorbereitungsdienst und eben das lebenslange berufsbegleitende Lernen. In dem Maße, wie die Phasen 1 und 2 Kürzungen erfahren, nimmt der Bereich des berufsbegleitenden Lernens, der Fort- und Weiterbildung, notwendig an Umfang zu. Im Lehrerberuf sind Fortbildungen unverzichtbar, denn der Lehr-, Lernprozess ist permanenten Paradigmenwechseln unterworfen. Veränderungen vollziehen sich nicht nur im Bereich der Methodik und Didaktik. Laufend ändern sich zudem Rechtslagen, Lehr- und Prüfungspläne, der Bereich von Dokumentation und Verschriftlichung sämtlicher Prozesse des Lehrens und Lernens. Auch der technische Fortschritt macht vor der Schule nicht halt, z.B. im IT-Bereich. Selbstverständlich ist der Religionsunterricht wie alle anderen Fächer auch diesen Veränderungen unterworfen. Zur Unterstützung von Religionslehrenden haben die evangelischen Landeskirchen ein umfangreiches Fortbildungs-, Beratungs- und Mediennetz aufgebaut.

Da Lehrende an beruflichen Schulen und Berufskollegs zudem umfangreiche Kenntnisse über Berufswirklichkeiten benötigen, müssen sie sich über ihren eigenen Beruf hinaus fortbilden und Kenntnisse erwerben über die Berufe, für die sie ihre Schüler und Studierende ausbilden. Für das Fach evangelische Religionslehre müssen die beruflichen Erfordernisse auf je eigene Weise vielfach erst erschlossen werden.

---

1   Gemeinsame Erklärung des Bundesministeriums für Bildung und Forschung, der Bundesvereinigung der Deutschen Arbeitgeberverbände, des Deutschen Industrie- und Handelskammertages, des Zentralverbands des Deutschen Handwerks, des Deutschen Gewerkschaftsbundes zur beruflichen Aufstiegsfortbildung (2012).

Die Fortbildungslandschaft für den Bereich des BRU wird sich aufgrund der demographischen Entwicklungen ändern. Die EKiR-Umfrage ergab, dass vor allem Lehrende an beruflichen Schulen Fortbildungen im Fach Evangelische Religionslehre überproportional häufig nutzen.[2] Dies mag nicht zuletzt daran liegen, dass die Lehrenden des BRU in NRW momentan zu Dreivierteln Pfarrer sind und diese sich also auf Fortbildungen in diesem einen Fach konzentrieren. Werden künftig überwiegend staatliche Lehrkräfte evangelische Religionslehre am BK unterrichten, müssen diese ihrer Verpflichtung zur Fortbildung auch in einem weiteren Fach nachkommen, was grundsätzlich zu einer niedrigeren Frequentierung kirchlicher Fortbildungsträger führen könnte. Gewinnt der konfessionell-kooperative Religionsunterricht zudem an Bedeutung, könnten auch Fortbildungsangebote anderer konfessioneller Träger an Bedeutung gewinnen.

2.   Die Ergebnisse der bibor-Umfrage zum BRU in NRW: Nutzung der Fortbildungsträger

Berufsschulpfarrer nutzen insgesamt in höherem Maße die Fortbildungsangebote der evangelischen Landeskirchen als staatliche Lehrkräfte. Vor dem Hintergrund, dass staatliche Lehrkräfte jedoch mindestens zwei Fächer unterrichten und also auch für ein weiteres Fach Fortbildungsangebote wahrnehmen, erweist sich die Teilnahme wiederum proportional nicht geringer. Auch das Interesse staatlicher Lehrkräfte am BRU ist hoch (vgl. zum Folgenden in Anlage 2 die Abb. 21 und 22). Beide Gruppen Lehrender favorisieren die Angebote der AGs der Bezirksbeauftragten. 71,8% der Pfarrer nehmen die in der Regel einmal im Monat nachmittags stattfindenden Angebote der AGs wahr. 32,5% der staatlichen Lehrkräfte besuchen die AGs ebenfalls regelmäßig. Während die Teilnahme für die kirchlichen Lehrkräfte verbindlich ist, nehmen die staatlichen Lehrkräfte freiwillig teil.

Das regelmäßige Fortbildungsangebot der Bezirksbeauftragten vor Ort findet aus verschiedenen Gründen insgesamt so hohen Zuspruch bei den Lehrenden des BRU: Die Veranstaltungen finden nahe beim Wohnort bzw. in der Nähe der Schule statt. Die regelmäßigen Treffen in einer festen Gruppe von Religionspädagogen schaffen Vertrautheit und erlauben das Eingestehen von Schwierigkeiten und Schwächen. In aller Regel wird das Programm der AGs auf die individuellen Wünsche der Teilnehmenden abgestimmt. Die Flexibilität des Programms erlaubt außerdem beinahe tagesaktuell auch auf politische Ereignisse zu reagieren, die die Schüler bewegen; im Kreise der Kollegen kann man sich zeitnah austauschen, wie im Fach Evangelische Religionslehre unterrichtlich reagiert werden kann; auch Unterrichtsmaterialien werden ausgetauscht. Die Teilnehmenden der AGs erhalten zudem Informationen von Synoden, Konventen, aus dem Landeskirchenamt und über neue Publikationen der EKD. Nicht

---

2   Christhard Lück: Die rheinische Religionslehrer/innen/befragung 2013 – Ausgewählte Ergebnisse der quantitativ-empirischen Studie (Online Befragung), Script vom 22.11.14; Ausgabe anlässlich des Studientages „Religionsunterricht – wohin?" am 27.11.14 im PTI Bonn.

zuletzt bieten die AGs die Möglichkeit einer kritischen und solidarischen Gemeinschaft (z. B. in Auseinandersetzung mit den Bezirksregierungen und den Kirchen).

Die EKiR-Umfrage hatte ergeben, dass „Religionslehrenden am Berufskolleg" der Austausch mit Kollegen der eigenen Schulform besonders wichtig sei.[3] Außerdem zeigte sich im Rahmen der EKiR-Umfrage, dass „kompakte" Fortbildungsformate am Nachmittag, ca. 2,5–3 Stunden, grundsätzlich bevorzugt werden.[4]

Es bliebe zu fragen, aus welchem Grunde 28,2 % der Berufsschulpfarrer der für sie verbindlichen Teilnahme an den AGs „nicht immer" bzw. „nicht häufig" nachkommen. Hier ließe sich – wie auch bei den staatlichen Lehrkräften – noch Potential gewinnen. Von Vorteil ist sicher, dass hier von Seiten der Landeskirchen auf die Lehrenden kein Zwang ausgeübt wird. Vielmehr sollten Anstrengungen unternehmen werden, dieses erfolgreiche Format zu optimieren.

Es ist erfreulich, dass immerhin 32,5% der staatlichen Lehrer freiwillig die regelmäßigen Angebote der Bezirksbeauftragten vor Ort annehmen. Wiederum für kirchliche und staatliche Lehrkräfte gleichermaßen sind die PTIs die Fortbildungsträger, die nach den AGs der Bezirksbeauftragten, die zweitwichtigsten Fortbildungsträger sind. 40,7% der kirchlichen und 28,5% der staatlichen Lehrkräfte nutzen deren Angebote.

Die Angebote der Schulreferate stehen sowohl für kirchliche wie staatliche Lehrkräfte auf dem dritten Rang. Mit 21,6 % bei den kirchlichen Lehrkräften und lediglich 7,2% bei den staatlichen Lehrkräften ist die Wahrnehmung der sich dort bietenden Möglichkeiten insgesamt leider nicht ausgeprägt. Die vielfältigen und überzeugenden Angebote der Schulreferate werden vor allem durch die Lehrenden der übrigen Schulformen genutzt. Dass Lehrende an Berufskollegs und beruflichen Schulen diese weniger frequentieren, mag im Wesentlichen auch daran liegen, dass viele Lehrende des BRU die regelmäßigen Angebote der Bezirksbeauftragten wahrnehmen.

3. Zur Nutzung weiterer Fortbildungsträger: freie Äußerungen

Auf die Frage, ob weitere Angebote genutzt würden, formulierten insgesamt 28 Personen 43 freie Äußerungen. Davon galten 21 Nennungen nichtkirchlichen Trägern und 19 kirchlichen Trägern, drei Aussagen waren nicht zuordenbar.

Hier zeigte sich, dass die Lehrenden des BRU vor allem schulinterne Fortbildungen nutzen. Diese wurden von sechs Personen benannt. Ähnlich wie bei den AGs der Bezirksbeauftragten mag hier eine Rolle spielen, dass schulinterne Fortbildungen in aller Regel lange Anreisezeiten erübrigen, möglicherweise auch mit Unterrichtszeiten kompatibel sind. Auf Rang 2 liegen Fortbildungen der Bezirksregierungen mit drei Nennungen und Veranstaltungen an Universitäten mit zwei Nennungen, was jedoch in der Gesamtsumme letztlich nicht sehr häufig ist. Als weitere nichtkirchliche Anbieter

---

3   Vgl. Lück a. a. O. S. 5.
4   Lück a. a. O. S. 19.

wurden genannt z.B. die Ärztekammern, Fachstellen (z.B. Gewalt-, Suchtprävention), Berufsverbände (z.B. Heilpädagogik) und die Volkshochschule.

Fortbildungen in kirchlicher Trägerschaft erhielten 19 von 43 Nennungen. Hier erlangten die Pastoralkollegs mit drei Nennungen den höchsten Rang. Die kirchliche Hochschule wurde ein Mal genannt. Ebenso wie der Kirchentag, Angebote der EKD, Akademien, GEE, Konvent, Möwe (Amt für Mission Ökumene und Weltverantwortung) erhielten Einzelnennungen.

Fortbildungen, die in der Trägerschaft einer anderen Konfession liegen, wurden lediglich ein einziges Mal genannt (und zwar das Bistum Essen). Im Bereich der Fortbildungen scheinen derzeit vor allem Angebote der kirchlichen Träger der eigenen Konfession wahrgenommen zu werden. Hier sind künftig aufgrund der Bemühungen um einen konfessionell-kooperativen Religionsunterricht Änderungen zu erwarten.

4.   Interesse an Fortbildungsthemen

Die Befragten hatten die Möglichkeit, ihr Interesse an insgesamt 23 Items zu unterschiedlichen Fortbildungsthemen zu bekunden. (vgl. hierzu in der Dokumentation die graphische Darstellung der Ergebnisse mit Abb. 20). Es ergab sich folgendes Bild der Favoriten: Auf Rang 1 in der Gesamtgruppe der Lehrenden des BRU stand mit 74,5% die „Werteorientierung Jugendlicher", gefolgt von dem Item „Religiöse Dimension und Lebensorientierung Jugendlicher" mit 73,1%. Auf Rang 3 galt das Interesse „Wirtschaftsethischen Fragen", gefolgt von „Neuen Unterrichtsmethoden und Medien" mit 66,0% und dem Themenfeld „Sterben, Tod und Trauer" auf Platz 5 mit 62,3%. Das Item „Religiöse Dimension aktueller politischer Fragen (z.B. Nahost-Konflikt)" steht mit 61,3% in der Rangordnung der Gesamtgruppe auf dem sechsten Platz.

Diese sechs favorisierten Items der Lehrenden des BRU als Gesamtgruppe erlauben erste Thesen zum Profil der Religionspädagogen. Wie die Items auf Platz 1 und 2 belegen, arbeiten die Lehrenden stark schülerzentriert und wünschen ihre Kenntnisse in diesem Bereich zu vertiefen und zu professionalisieren.

Dass die Lehrenden sehr hohes Interesse an „Wirtschaftsethischen Fragen" bekunden, mag nicht allein damit in Zusammenhang stehen, dass 27% der Befragten an Schulen mit dem Schwerpunkt „Wirtschaft und Verwaltung" unterrichten (siehe hierzu in der Dokumentation die graphische Darstellung der Ergebnisse mit Abb. 1). Vielmehr könnte der hohe Zuspruch für dieses Item einen Hinweis darauf geben, dass Religionspädagogen an Berufskollegs und Beruflichen Schulen kein realitätsfernes Lehren des Evangeliums präferieren. In dem Bewusstsein, dass wirtschaftliche Prioritäten das gesellschaftliche Zusammenleben dominieren, wünschen die Lehrenden, Kompetenzen in diesem Bereich zu erwerben. Ähnlich verhält es sich mit dem Item auf dem sechsten Platz: Das hohe Interesse an der „Religiösen Dimension aktueller politischer Fragen (z.B. Nahost-Konflikt)" dokumentiert zum einen wiederum die Schülernähe der BRU-Lehrkräfte, die als Religionspädagogen auf aktuelle politische Diskussionen in den Lerngruppen reagieren zu können wünschen (s. auch ein Vorteil der AGs der Bezirksbeauftragten). Außerdem wird deutlich, dass politische Realitäten und aus ihnen erwachsende Anfragen an Religion und Glauben im BRU nicht ausgeblendet werden.

Dass Fortbildungen über „Neue Unterrichtsmethoden und Medien" auf dem vierten Rang firmieren, belegt das Bemühen der Lehrenden des BRU um Beherrschung des Handwerks und den Wunsch methodisch-didaktisch auf der Höhe zu sein und zu bleiben.

Der hohe Zuspruch für das Themenfeld „Sterben, Tod und Trauer" verdeutlicht den Blick der Lehrenden für das Existentielle und ihr nicht nachlassendes Engagement, in dieser zentralen Frage Schüler aufzuklären und zu begleiten. Umfangreiche Kompetenzen im Themenfeld dürfen bei Theologen vorausgesetzt werden. Doch diese Kenntnisse genügen den Lehrenden nicht, sie reagieren möglicherweise nicht nur auf die Anforderungen aus den Lerngruppen (gerade am BK ist der existentielle Erfahrungsreichtum der Lernenden ausgeprägt), sondern ebenso auf Erwartungen von Seiten der Kollegen und der Schulleitung, die in aller Regel im Falle einer existentiellen Situation die Unterstützung durch die Religionspädagogen erwarten.

Als weitere Items wurden auf Platz 7 genannt: „Atheismus und Kirchenkritik im Jugendalter" (60,6%). Gefolgt wird dieses Item von „Formen impliziter Religiosität bei Jugendlichen" mit 59,5% und „Seelsorge im BRU" mit 55,6%. Auf Rang 10 findet sich die „Theologie des Islam" (54,9%) und erst auf Platz 11 der „BRU in der dualen Berufsausbildung" (52,7%).

Aufgrund der Tops 7 bis 11 lässt sich das Profil der Lehrenden des BRU komplettieren: Diese wünschen, sich fortzubilden angesichts aktueller Herausforderungen wie der zunehmenden Zahl nicht religiöser und kirchenferner Schüler (Top 7). Dieses Item korrespondiert mit dem Wunsch, nicht lediglich den Blick zu richten auf die Negation von Religion, Kirche und Glauben, sondern vielmehr die „Formen impliziter Religiosität bei Jugendlichen" zu erschließen. Im Übrigen widmet sich Andreas Obermann diesen Phänomenen im Rahmen von bibor-Projekten; vgl. hierzu die Publikation „Die Religion des BRU"[5] und das umfangreiche Multi-Media-Projekt „Woran du dein Herz hängst"[6] von Andreas Obermann und Andreas Ziemer.

Das hohe Interesse am Thema „Seelsorge im BRU" – wohl gemerkt, nicht „in der Schule", sondern „im BRU" – macht einmal mehr deutlich, dass die Lehrenden Nöte der Jugendlichen wahrnehmen und um deren Linderung bemüht sind. Es ist Anliegen der Lehrenden, die Lernenden ganzheitlich in den Blick zu nehmen und ihnen Wertschätzung entgegenzubringen und Hilfestellung zu geben. Im „Übergangsbereich" beispielsweise sind seelsorgerliche Kompetenzen – z. B. angesichts massiver Lernstörungen der Jugendlichen – bei der Wissensvermittlung geradezu unerlässlich.

---

5 Vgl. dazu insgesamt Michael Meyer-Blanck, Andreas Obermann (Hg.): Die Religion des Berufsschulreligionsunterricht: Überlegungen zur Kommunikation religiöser Themen mit Jugendlichen heute, Münster 2015.

6 Vgl. Andreas Obermann, Andreas Ziemer (2014): Woran du dein Herz hängst: Ein Cross-Media-Projekt für den Religionsunterricht an berufsbildenden Schulen. Umfangreiche Unterrichtsmaterialien sind herunterladbar unter www.woran-du-dein-herz-haengst.de.

Mit Top 10 gerät eine weitere Herausforderung für die Lehrenden des BRU in den Blick: Aufgrund konfessionell und religiös vielfältiger Lerngruppen sind Kenntnisse anderer Religionen wesentlich. Die BRU-Lehrenden wünschen vor allem dem zunehmenden Anteil muslimischer Schüler in ihrem Unterricht gerecht zu werden und also Kompetenzen über die „Religion des Islam" zu erwerben.

Die Beruflichkeit hingegen gerät erst mit Top 11 in den Blick: der „BRU in der dualen Berufsausbildung" (52,7%). Da die überwiegende Mehrheit der Befragten, nämlich 26%, in Fachklassen des dualen Systems eingesetzt ist und außerdem 17% der Befragten angaben, keinen Schwerpunkt benennen zu können (siehe hierzu in der Dokumentation die graphische Darstellung der Ergebnisse mit Abb. 2), wobei sicher auch von diesen ein hoher Prozentsatz in der dualen Berufsausbildung eingesetzt ist, bleibt festzustellen, dass Fortbildungen zur Beruflichkeit scheinbar weniger Priorität für die Lehrenden des BRU zu haben scheinen. Diese Beobachtung findet möglicherweise eine Bestätigung darin, dass das Item „Fortschritte beruflicher Technologie" gar auf dem letzten Platz (Top 23) firmiert. Lediglich 23,5% der Befragten gaben an, dass dies für sie von Bedeutung sei. Aufgrund der rasanten Veränderungen innerhalb der Berufswelt besteht in diesem Bereich sicher Fortbildungsbedarf, jedoch scheint Anderes für die Lehrenden Priorität zu haben.

Verschiedentlich war bereits deutlich geworden, dass evangelische Religionspädagogen an Berufsschule und Berufskolleg kein realitätsfernes Lehren des Evangeliums wünschen. Allein in der Liste der Favoriten fehlte bisher das Evangelium. Tatsächlich findet sich das Item „Biblische Texte im BRU" erst auf Platz 12 (von 23) der Favoriten, es erhielt 49,3% Zustimmung – auch wenn die Zwölf als biblisch höchst bedeutsame Zahl passend erscheinen mag. Das Ergebnis mag um so mehr überraschen, da die Lehrenden zu zwei Dritteln Pfarrer sind. Eine These könnte besagen, dass Fortbildungen zu „biblischen Texten" weniger gewünscht seien, eben weil die Lehrenden bereits über eine hohe Fachkompetenz in diesem Bereich verfügen. (Im Rahmen der Einzelnennungen beispielsweise werden Methoden wie „Bibliodrama" und „Bibliolog" ausdrücklich gewünscht.)

Jedoch korreliert die Positionierung dieses Items im Bereich der Fortbildungen mit dem Item „Es ist Ziel meines BRU, Zugänge zu biblischen Texten zu eröffnen", das sich mit insgesamt 57,3% Zustimmung der Lehrenden ebenfalls erst auf Platz 12 findet (und hier standen lediglich 20 Items zur Auswahl); übrigens auch in der differenzierten Betrachtung der Ziele, unterschieden nach den Prioritäten von Pfarrern und Lehrern, findet sich das Anliegen „Zugänge zu biblischen Texten eröffnen zu wollen" wiederum bei beiden Gruppen von Religionspädagogen auf Platz 12 von 20.

Im Vergleich: In der „Umfrage zum RU sämtlicher Schulformen in Westfalen" aus dem Jahre 2011 firmiert das Item „Vielfältige Formen der Arbeit mit biblischen Texten" als Top 3 (von 14) in der Liste der Favoriten.[7] Ein Ergebnis der EKiR-Umfrage

---

7   Andreas Nicht (2011): Ergebnisse einer Umfrage zum Religionsunterricht in Westfalen im Frühjahr 2011; unveröffentlichtes Manuskript, ausgehändigt am 27.11.2014 im PTI Bonn, S. 10.

lautet, dass bei Lehrenden am BK Fortbildungswünsche zum Thema „Bibel" weniger ausgeprägt seien als bei den Lehrenden anderer Schulformen.[8]

Wäre es vorstellbar, dass für die Lehrenden am BK das Ziel, Zugänge zu biblischen Texten zu eröffnen, gar einen geringeren Stellenwert haben könnte? Da es überwiegend evangelische Pfarrer sind, erscheint dies unwahrscheinlich. Zumal der überwiegende Teil der Lehrenden über langjährige Berufserfahrung verfügt.

Da die Schülerorientierung bei den Lehrenden des BRU im Vordergrund steht, wäre es vorstellbar, dass das Eröffnen von Zugängen zu biblischen Texten lediglich nicht explizit im Vordergrund steht. Zumal die Zusammensetzung der Lerngruppen im BRU, deren konfessionelle und religiöse bzw. nichtreligiöse Vielfalt, eine religionspädagogische und didaktische Herausforderung darstellt, der die Lehrkräfte im Sinne der besonderen „Religion des BRU" begegnen.

Grund zur Sorge bietet jedoch das Ergebnis, dass speziell die Gruppe Lehrender, die zwischen 25 und 30 Jahre alt sind, das Item „Zugänge zu biblischen Texten eröffnen" zu wollen, lediglich auf vorletztem, also auf Platz 19 von 20 favorisierten (mit 16,7%). Dieses Ergebnis hat jedoch allenfalls den Stellenwert eines Indizes, da lediglich sechs Personen dieses Alters an der bibor-Umfrage teilnahmen.

Insgesamt geringes Interesse ist beobachtbar an Fortbildungen (im Jahre 2014) zu den „Neuen kompetenzorientierten Bildungsplänen", die mit 39,65% auf Platz 18 von 23 liegen. Das spiegelt die Situation im Jahre 2014 und mag sich mit zunehmender Durchsetzung dieser Lehrpläne auch noch ändern.

Auf dem vorletzten Platz des Interesses der Gesamtgruppe findet sich der „Deutsche Qualifikationsrahmen (DQR) – aktueller Stand, Einordnung und Konsequenzen" mit lediglich 27,4% der Stimmen.

5. Interesse an Fortbildungsthemen differenziert nach kirchlichen und staatlichen Lehrkräften

Die Favoriten beider Gruppen evangelischer Religionspädagogen bei den Fortbildungsinteressen sind (siehe hierzu in der Dokumentation die graphische Darstellung der Abb. 25 und 26) Ergebnisse mit den Items „Werteorientierung Jugendlicher" (bei den kirchlichen Lehrkräften mit 74,1% auf Platz 1, bei den staatlichen Lehrkräften mit 75,0% auf Platz 2). Ebenso wie das Item „Religiöse Dimension und Lebensorientierung Jugendlicher" (bei den kirchlichen Lehrkräften auf Platz 3 mit 71,5%, bei den staatlichen auf Platz 1 mit 75,9%). „Wirtschaftethische Fragen" erfahren wiederum von beiden Gruppen Lehrender vergleichbare Werte (bei den kirchlichen Lehrkräften mit 69,2% auf Platz 4, bei den staatlichen Lehrkräften auf Top 3 mit 66,7%).

Was das Themenfeld „Sterben, Tod und Trauer" betrifft, wünschen die staatlichen Lehrkräfte Fortbildung auf viertem Rang mit 63,9%. Die Pfarrer wünschen dies jedoch erst auf dem siebten Rang mit 61,1%.

---

8   Lück a. a. O. S. 18.

Deutliche Unterschiede sind erkennbar bei dem Thema „Neue Unterrichtsmethoden und Medien". Fortbildung in diesem Bereich ist den kirchlichen Lehrkräften wesentliches Anliegen; mit 74,1% Zustimmung liegt es auf Platz 2 von 23. Wohingegen die staatlichen Lehrkräfte dieses erst im Mittelfeld, an zehnter Stelle, wählten mit lediglich 52,4% Zustimmung. Vergleichbar ist das Ergebnis mit einem weiteren nichtfachspezifischen Item: „Gesprächsführung, Klassenraumpräsenz und Stimmtraining" lag bei den Berufsschulpfarrern mit 44,4% im unteren Mittelfeld. Bei den staatlichen Lehrkräften belegte das Item mit 29,3% gar den letzten Platz.

Die Ursache der unterschiedlichen Präferenzen mag auf der Hand liegen: Aufgrund der unterschiedlichen Ausbildungswege haben Pfarrer ein hohes Interesse an methodisch-didaktischen Fähigkeiten und Fertigkeiten.

Weitere Unterschiede sind erkennbar im Themenfeld „Seelsorge im BRU". Es firmiert bei kirchlichen Lehrkräften mit 64,3% auf Platz 5, bei staatlichen hingegen mit lediglich 40,2% auf Platz 15. Hier wiederum könnte als Ursache beschrieben werden, dass bei den beiden Gruppen (aufgrund der Unterschiedlichkeit der Ausbildung) ein anderes Berufsverständnis zu finden ist. Die Pfarrer fühlen sich vermutlich mehr noch als staatliche Lehrkräfte als Seelsorger.

Der Wunsch nach Fortbildung zum Thema „Biblische Texte im BRU" wiederum ist bei den staatlichen Lehrkräften ein wenig ausgeprägter und liegt mit 55,4% auf Platz 8, wohingegen er bei Pfarrern mit 46,5% erst auf Platz 12 zu finden ist. Ursache hier mögen wiederum die unterschiedlichen Ausbildungswege sein. Die theologische Fachkompetenz bzw. die Bibelkenntnisse der Berufsschulpfarrer – die anders als die staatlichen Lehrkräfte beispielsweise über fundierte Kenntnisse des Griechischen und Hebräischen verfügen – mag durch das ausschließliche Studium des Faches evangelische Theologie sowie eine sich anschließende Gemeindetätigkeit als gesicherter empfunden werden.

Vergleichbares Interesse finden wir bei beiden Gruppen Lehrender zum Thema „Theologie des Islam" (bei den kirchlichen Lehrkräften auf Platz 10 mit 59,4% und bei den staatlichen auf Platz 12 mit 49,4%). Auch der Wunsch nach Kompetenzzuwachs im Themenfeld „Atheismus und Kirchkritik im Jugendalter" ist bei beiden Gruppen von Religionspädagogen vergleichbar (bei kirchlichen Lehrkräften auf Platz 8 mit 61,1% und bei staatlichen auf Platz 6 mit 60,2%). Ebenso favorisierten kirchliche und staatliche Lehrkräfte Fortbildungen zum „BRU in der Berufsvorbereitung des Übergangsbereichs" in etwa gleichermaßen (mit 44,8% auf Platz 13 gegenüber 42,2% auf Platz 14).

Eine Vertiefung im Bereich des „BRU in der dualen Berufsausbildung" wünschen Lehrer mit 57,8% auf Platz 7 stärker als die Berufsschulpfarrer mit 50,0% auf dem 11. Platz.

Vergleichbares Desinteresse ist bei beiden Gruppen in Betreff von Fortbildungen zu den „Neuen kompetenzorientierten Bildungsplänen" beobachtbar. Diese finden sich bei den kirchlichen Lehrkräften auf Rang 19 von 23 mit 39,9%, bei den Lehrern mit 37,8% auf Platz 18. Schlusslicht bei beiden Gruppen bildet der „Deutsche Qualifikationsrahmen (DQR) – aktueller Stand, Einordnung und Konsequenzen" – bei den Pfarrern mit 28,7% auf dem letzten Platz, bei den Lehrern mit 31,7% auf Platz 20 von 23.

Im Bereich der Fortbildungen findet sich die Arbeitshypothese einer Differenz zwischen Pfarrern und staatlichen Lehrkräften bestätigt. Die unterschiedlichen Ausbildungen führen im Bereich der Fortbildungen zu unterschiedlichen Schwerpunktsetzungen. Pfarrer präferieren Fortbildungen zu methodisch-didaktischen Themen und zum Bereich der „Seelsorge". Lehrer wünschen stärker Fortbildungen im Bereich der Fachkompetenz, z. B. zu „Biblischen Texten im BRU", und zeigen etwas mehr Interesse an dem „BRU in der dualen Berufsausbildung".

Es mag insgesamt die These gewagt werden, dass die Lehrerpersönlichkeiten sowohl bei kirchlichen, als auch bei staatlichen Lehrkräften auf der Basis ihrer Fortbildungswünsche vergleichbar sind. Die Lehrenden des BRU arbeiten ausgeprägt schülerorientiert, bemühen sich, der religiösen und konfessionellen Vielfalt der Lernenden gerecht zu werden und deren implizite religiöse Ressourcen zu erschließen, wobei das Evangelium im Kontext poltisch-gesellschaftlicher Realitäten gelesen wird.

Die Unterschiede zwischen beiden Gruppen von Religionspädagogen sind letztlich marginal. Beide Gruppen wünschen, Defizite der unterschiedlichen Ausbildungswege im Rahmen von Fortbildungen auszugleichen.

6.   Weitere Fortbildungswünsche – freie Äußerungen

Auf die Frage „Haben Sie über die genannten Fortbildungsthemen hinaus weitere Themenwünsche?", antworteten 31 Lehrende. Wegen der Mehrfachnennungen in einzelnen Voten liegen insgesamt 48 Nennungen vor. Wie bereits erwähnt, belegen Anzahl und Ausführlichkeit der Antworten, dass die Befragten sich durch Engagement auszeichnen.

Die Voten wurden im Rahmen folgender zehn Kompetenzbereiche codiert; es wurde unterschieden nach 1) Fachkompetenz, 2) Interreligiöser, Interkultureller Kompetenz, 3) Medien- und Methodenkompetenz, 4) Personaler Kompetenz, 5) Sozialer, ethischer Kompetenz, 6) Beruflicher Handlungskompetenz, 7) Rahmenbedingungen des BRU, 8) Gelebter Religion, 9) Projekten mit außerschulischen Partnern und 10) Sonstigen.

Die Strukturierung ergab folgendes Bild:

zu 1 Fachkompetenz: performative Religionspädagogik; Theologie
zu 2 Interreligiöse, interkulturelle Kompetenz: Kulturenvergleich; Ökumene; interreligiöser Dialog; Islamischer Radikalismus; praktikable Lösungsansätze für migrationsgene Probleme; Migrationsfragen: Ethnologische Themen
zu 3 Medien-, Methodenkompetenz: Bibliodrama (II), Bibliolog (II); Suggestopädie im BRU; Medien; Filmmaterial für den Unterricht; kurze Dokumentationen; PC-Spiele; soziale Netzwerke (II)

zu 4   Personale Kompetenz: Psychodrama; Identitätsprobleme Jugendlicher; ganz-
       heitliches Eingehen auf Schüler im Schulalltag (Schüler als ganze Menschen
       und nicht nur als ‚Kopf mit Füßen dran‘); meine eigene Religiosität!; meine
       Gottesbilder; Seelsorge in Krisensituationen in der Schule/Psychotraumatolo-
       gie

zu 5   Soziale, ethische Kompetenz: Anti-Aggressionstraining (II), gewaltlose Kom-
       munikation (II), Friedenspädagogik; Bioethik: Existentielle Fragen am Lebens-
       anfang; Genderthemen und ihre Implementierung im Unterrichtsalltag, Durch-
       setzung von Gleichberechtigung auch durch Rahmenbedingungen (Gestaltung
       der Schule und der Räume, Ansprechbarkeit der Lehrer auf sexuelle Belästi-
       gung und Gewalt an der Schule etc.); Gesundheitsethik; praktikable Lösungs-
       ansätze zur Inklusion; soziale Netzwerke (II): wie tickt die Jugend der Zukunft;
       LSBTI[9], Umgang im RU und in der Beratung; Umgang mit Konflikten

zu 6   Berufliche Handlungskompetenz: Berufe früher und heute, Beruf – Tätigkeit
       – Job: Wie stellen sich Jugendliche auf eine Berufstätigkeit ein? (Motivation
       für Tätigkeiten, die die Gesellschaft braucht, die Jugendliche aber „langweilig“
       finden)

zu 7   Rahmenbedingungen des BRU: Der neue RU-Lehrplan für die Fachschule
       Sozialpädagogik; grundsätzlich über die Strukturbedingungen von Sinn und
       Unsinn des RU am Berufskolleg nachzudenken und Einblick in die politischen
       Implikationen der gegenwärtigen ‚Verhandlungen‘ zwischen Kirche und Staat
       erhalten; Lehrerausbildung für BRU; Lehrergesundheit; Verhältnis BRU–Kir-
       che

zu 8   Gelebte Religion: Mit Studierenden gemeinsam Gottesdienste vorbereiten und
       feiern; musikalische Elemente im BRU

zu 9   Projekte mit außerschulischen Partnern: Austauschprojekte: Kooperation mit
       Kirchen, insb. östliche: Kopten, orthodoxe; Israel; Organisation von Exkursi-
       onstagen im Religionsunterricht

zu 10 Sonstige: Religion im Alltag

Zusammenfassend bleibt festzuhalten: Thematische Konzentrationen sind beobachtbar in den Kompetenzbereichen der *„Sozialen, ethischen Kompetenz“* mit insgesamt
sechs Voten, was etwa 12% der Einzelnennungen ausmacht. Gewünscht wurden
zweimal Fortbildungen zum Bereich „Anti-Aggressionstraining“, zweimal zum Thema der „gewaltlosen Kommunikation“, einmal zur „Friedenspädagogik“ und einmal
zum „Umgang mit Konflikten“. Ursache des Wunsches nach Fortbildungen zu diesen
Themenfeldern sind die Erfahrung von Unterrichtsstörungen und/oder beobachtete
Aggressionen im Haus des Lernens.

    Weitere ca. 12% der Nachfrage entfielen auf den Kompetenzbereich der „Interreli-
giösen, interkulturellen Kompetenz“. Wiederum sechs Einzelnennungen beschrieben
die Wünsche, welche da lauteten: Kulturenvergleich, interreligiöser Dialog, islami-

---

9   LSBTI: lesbisch, schwul, bi-, trans- und intersexuell.

scher Radikalismus, praktikable Lösungsansätze für migrationsbedingte Probleme, Migrationsfragen und ethnologische Themen.

Fünf Nennungen, also ca. 10% der Voten, entfielen unter den Punkt der „Methodenkompetenz". Hier wurden genannt: zweimal das Bibliodrama, zweimal der Bibliolog und einmal die Suggestopädie im BRU. Drei Nennungen, also in etwa 6% der Voten, widmen sich der „Medienkompetenz", gewünscht wurden zweimal Fortbildungen zum Bereich der „sozialen Netzwerke" und einmal zu „PC-Spielen".

Fünf Nennungen, also ca. 10% der Wünsche, entfielen auf den Bereich der „Rahmenbedingungen des BRU", wobei zwei Nennungen sich dem „Verhältnis BRU und Kirche" widmeten.

7. Beobachtungen zu Einzelnennungen bei Fortbildungswünschen – freie Äußerungen

Darüber hinaus waren als weitere Einzelnennungen formuliert worden: „Berufe früher und heute, Beruf – Tätigkeit – Job", „praktikable Lösungsansätze zur Inklusion".

Das Thema „Ökumene" wurde lediglich einmal gewünscht, gegenüber dem sechsmaligen Wunsch nach Fortbildung zum „interreligiösen Lernen". Möglicherweise ließe sich die These wagen, dass die Ökumene an der Basis funktioniert und daher das Bedürfnis nach Fortbildung nicht ausgeprägt ist.

Lediglich einmal wurde der Wunsch nach „Genderthemen" formuliert. Da es sich bei den Befragten überwiegend um Männer handelte, mag das nicht erstaunen. Auch entspricht es einem gesellschaftlichen Trend, dass Fragen der Gleichberechtigung nur mehr wenig gesellschaftliche Aufmerksamkeit erfahren. Auch die geschlechtssensible Bildung scheint, wenig im Focus zu stehen. „LSBTI" wurde lediglich einmal gewünscht.

Es bleibt hier festzuhalten: Ergänzend zu den im Rahmen der Items favorisierten Fortbildungswünsche, werden im Bereich der freien Äußerungen vor allem Fortbildungen gewünscht zu dem Bereich des Umgangs mit Konflikten. Gerade der Umgang mit Gewalt mag angesichts der globalen Zunahme gewaltvoller Konflikte künftig ein noch brisanteres und drängenderes Thema werden.

Darüber hinaus zählen Wünsche zum Themenfeld der „interreligiösen und interkulturellen Kompetenz" zu den Gefragtesten. Hier spielt offenkundig die Realität in den Lerngruppen eine Rolle, die reich an Kulturen, Religionen und Konfessionen sind.

Auch die freien Äußerungen belegen den starken Wunsch, methodisch-didaktisch nicht auf der Stelle zu treten, sondern sich mit neuen Entwicklungen vertraut zu machen. Den Rahmenbedingungen des BRU, speziell dem „Verhältnis BRU und Kirche", gilt ebenfalls ausgeprägte Aufmerksamkeit.

Fortbildungswünsche in Bezug auf „berufliche Handlungskompetenz" existieren lediglich in einer Einzelnennung. Im Rahmen der Items fanden Themenfelder wie der „BRU in der dualen Ausbildung" oder „Fortschritte beruflicher Technologie" insgesamt wenig Zuspruch. Gerade Kompetenzen im Bereich der Beruflichkeit aber sind unerlässlich und darüber hinaus nicht nur Herausforderung, sondern bieten auch Chancen, wie ein Lehrender des BRU im Rahmen einer freien Äußerung der bibor-Umfrage formuliert: „mit der Bereitschaft des BRU sich in berufsbezogene Lernsituationen verlässlich und niveauvoll einzubringen, steigt an unserer Schule seit Jahren die Akzeptanz im Kollegium und unter den Schülern für den Religionsunterricht."

2.
Die Bedeutung empirischer Studien für den Berufsschulreligionsunterricht – Stellungnahmen

Andreas Feige

Soziologische Analysegesichtspunkte für die religionspädagogische Bedeutsamkeitseinschätzung der Studie „BRU in NRW"

Ein Beitrag zum „Fachgespräch" über das „Ergebnis der Befragung von BRU-Lehrkräften in NRW" PTI Bonn

1 Zur thematischen Fokussierung des Beitrags

Meine Ausführungen erfolgen in vier Betrachtungsschritten.

- Zuerst möchte ich für einen perspektivischen Abstand zum Forschungsvorhaben dessen gesellschaftlichen Kontext soziologisch skizzieren. Ich frage: Wie sind zentrale gesellschaftliche Bewusstseinskomplexe zu diagnostizieren, die unsere je individuellen Lebensvollzüge fundamental prägen? Diese Komplexe sind es, auf die der RU im öffentlichen Schulsystem eines religionsneutralen Staates trifft. Ihre Kennzeichnungen sind natürlich nicht neu. Aber wenn man sie sich einmal möglichst kompakt vor Augen führt, verhilft das vielleicht dazu, bewusster die *Wahrnehmungsperspektiven* in den Blick nehmen zu können, die es braucht, um die Bedeutsamkeit der BRU-Befragung einschätzen zu können.
- Anschließend möchte ich einen kurzen Blick auf Schüler des BBS-Systems werfen und zwar anhand von zwei sehr kleinen Teilausschnitten aus der bundesweiten Untersuchung zu „Lebensorientierungen Jugendlicher".[1] Carsten Gennerich ist in seinem Beitrag zur Frage nach einer „Dogmatik bei Berufsschülern" im Sammelband von Meyer-Blanck/Obermann auf diese beiden Teilausschnitte ebenfalls eingegangen.[2] Die Befragungs-Ergebnisse zum Verständnis der Begriffe „Sünde" und „Gewissen" können die subjektiven Reaktionsmuster der Schüler auf diejenigen gesellschaftlichen Bedingungen veranschaulichen, die ich zuvor in meinem ersten Abschnitt eher allgemein-abstrakt herausgearbeitet haben werde. Auch soziologische Lesarten von Daten über die ‚Schülerseite' können ja für die konzeptionelle Zielbestimmung des RU in der BBS von Bedeutung sein.
- Drittens werde ich versuchen, aus einer soziologisch interessierten Wahrnehmung heraus zu skizzieren, wie zumindest ein Teil der professionellen Religionspädago-

---

1 Andreas Feige/Carsten Gennerich, Lebensorientierungen Jugendlicher. Alltagsethik, Moral und Religion in der Wahrnehmung von Berufsschülerinnen und -schülern in Deutschland, Münster, 2008.

2 Michael Meyer-Blanck/Andreas Obermann, Die Religion des Berufsschulreligionsunterrichts. Überlegungen zur Kommunikation religiöser Themen mit Jugendlichen heute (Glaube – Werte – Interreligiosität. Berufsorientierte Religionspädagogik 6), Münster 2015.

gik (a) die Situation einschätzt und (b) entsprechend auf die zweifellos veränderte gesellschaftliche Situation konzeptionell zu reagieren versucht. Dafür werde ich Anleihen machen bei meinen Kollegen von der Religionspädagogik, und hier insbesondere bei Bernhard Dressler.

- Abschließend werde ich dann mit dem Deutungsinteresse des empirisch arbeitenden Religionssoziologen die Frage zu beantworten versuchen, ob bzw. wie diese bibor-Befragung durch ihren *Einsatzort* und durch die *Inhalte* ihrer Fragen an die Lehrenden des BRU dazu beiträgt, die Bedingungen und Faktoren *realitätsangemessen* zu erfassen, unter denen in unserer Gesellschaft ,Religion' auch zukünftig ein Thema *bleiben* kann.

2   Der gesellschaftliche Kontext der öffentlichen Beschäftigung mit Religion. Vier Aspekte

2.1   Das geschärfte Kontingenzbewusstsein der Menschen und die Vorläufigkeit ihrer Ordnungsmuster

Der permanente und kumulative Zuwachs an Wissen und Können bedeutet, was der Münsteraner Religionssoziologe Detlef Pollack einmal so formuliert hat: „Die Horizonte der Welt haben sich derart erweitert, dass *alles* Konkrete relativiert, hinterfragt und überboten werden kann".[3] Und dieses Relativieren, Hinterfragen und Überbieten macht uns bewusst, dass das, was *ist*, auch *anders* sein könnte – eben: *kontingent*. Die Horizontveränderung geschieht vor allem in Richtung des Machbaren. Beispielsweise die Medizinwissenschaft dehnt seit Jahrzehnten die Grenzen ihres Könnens in großen Schritten aus. Was werden wir in dreißig oder fünfzig Jahren über die Reproduzierbarkeit des Menschen wissen – und *können*?

Das beeinflusst unvermeidlich auch das Nachsinnen über die Frage, wem bzw. welchem ,Grund' man sich in seiner Existenz verdankt und entsprechend Verantwortung schuldet – oder eben nicht ,schuldet'. Dabei bedingen sich das *Kontingenz-* und das *Zeitbewusstsein* gegenseitig: Wer den *Wandel* als zwingend notwendig legitimiert, der misst der Tradition und der Dauerhaftigkeit zunehmend weniger Bedeutung bei. Problem-Lösungen werden stattdessen in ständig zu verändernden, prinzipiell also: *kontingenten* Arrangements gesucht. Die Folge: Das „reflexe, moderne Bewusstsein rechnet mit der *Vorläufigkeit* seiner Ordnungsmuster".[4]

---

3   Detlef Pollack, Wirklichkeitsflucht oder Wirklichkeitsbewältigung – Was ist Religion? In: Deutsche Zeitschrift für Philosophie 38, 1990, H. 7, S. 666 (Kursivierung vom Autor).

4   Franz-Xaver Kaufmann, Kirche für die Gesellschaft von morgen, in: F.X. Kaufmann, J. B. Metz, Zukunftsfähigkeit. Suchbewegungen im Christentum, Freiburg 1987. S. 30 (Kursivierung vom Autor).

2.2 Wie geht das zusammen: *Individualisierung* und *Vergesellschaftung* des Menschen?

Auch wenn das paradox klingen mag: Die *Individualisierung* ist bei uns heute eine weit verbreitete Weise der *Vergesellschaftung* des Menschen. Bei der dominiert nicht mehr selbstverständlich die Kategorie des *Kollektivs* bzw. der *Kollektivität,* wie man das etwa noch in einfach strukturierten sogenannten Stammes- bzw. Verwandtschaftssystemen vorfindet, die man z. B. im Jemen oder südlichen Sudan antrifft. Vielmehr hat sich bei uns eine Vorstellung vom Individuum etabliert, das sich eben nicht aus Kollektivstrukturen heraus legitimiert. Vor 100 Jahren sprach man, zumindest auf dem Dorf, die Kinder an mit dem Satz „Du bist doch Meyers Dörte, nicht wahr?"

Heute dagegen gilt: Das meiste, was wir tatsächlich tun, versucht ein Leitbild zu realisieren, das sich einen sich seiner selbst bewussten, einen sich selbst verantwortenden und insoweit sich als frei begreifenden Menschen vorstellt. Unsere Biographie wird – zumindest in den westlichen Gesellschaften – „als Aufgabe in das Handeln jedes einzelnen gelegt. Die Anteile der prinzipiell entscheidungsverschlossenen Lebensmöglichkeiten nehmen ab, und die Anteile der entscheidungsoffenen, selbst herzustellenden Biographie nehmen zu".[5] Anschaulich wird das in dem schon klassisch gewordenen Satz, den heute die meisten Eltern ihren Kinder zu sagen pflegen: „Ich will Dir ja gern raten – aber *Du* musst wissen, was Du tust!"

Was daraus entsteht, hat Ulrich Beck die „Selbst-Kultur" genannt.[6] Für den englischen Soziologen Anthony Giddens wird sie zusammengehalten durch das *„aktive* Vertrauen".[7] Dieses ‚aktive' Vertrauen, so Beck, „unterstellt gerade nicht Konsens (den es abzurufen oder einzuklagen gilt), sondern [den] Dissens". Und dieser Dissens beruht auf der „Anerkennung (und nicht auf der Verteufelung) der Ansprüche des *‚ich lebe'* in einer kosmopolitischen Welt, … [diese Anerkennung ist damit] unvereinbar mit dem Pochen auf Pflichten und dem Einklagen von vorgegebenen Rollen."[8] Eben das macht auch Institutionen, allererst die Kirche, hinterfragbar.

2.3 *Deutungspluralismus*: Herausforderung für institutionalisierte Denksysteme mit Transzendenzorientierung

In diesem System des Austarierens der Dissense und Konsense gilt nun: Die jeweilig *institutionell* angebotenen, komplex-*umfassenden* Weltdeutungen ebenso wie eine nur je individuell fabrizierte Weltinterpretation können ihre Geltung immer nur vor dem Horizont auch anderer, prinzipiell ebenfalls zugänglicher Deutungsansprüche behaupten. Das bedeutet, so Volker Drehsen: Die „Pluralisierung der Handlungsfelder und

---

5 Ulrich Beck/Elisabeth Beck-Gernsheim, Das ganz normale Chaos der Liebe, Frankfurt 1990, S. 12.

6 Ulrich Beck, Die uneindeutige Sozialstruktur, in: U. Beck/P. Sopp, (Hg), Individualisierung und Integration – Neue Konfliktlinien, neuer Integrationsmodus? Opladen 1997, S. 183.

7 Anthony Giddens, Beyond left and right. The future of radical politics, Cambridge, 1994.

8 Ulrich Beck, a. a. O. 188.

Plausibilitätsstrukturen durch die immer gleichzeitige Präsenz von möglichen Alternativen *zwingt* zu einem höheren Grad an *Reflexivität*, sobald ich mich jeweils für eine Möglichkeit entschieden habe."[9] Denn deren intersubjektive Geltung, so Drehsen weiter, lasse sich ohne Reflexion nur dann durchhalten, wenn man sie absolut setzt, also: losgelöst von den Begründungserwartungen anderer. „Setze ich mich jedoch diesem Legitimationsdruck aus, bedeutet dies zugleich in einem elementaren Sinne (...) das In-Beziehung-Setzen meiner Überzeugung zum Geltungsanspruch anderer Überzeugungen." Aber diese Gewissheit der eigenen Überzeugung „kann unter den Bedingungen der geschilderten Situation nicht mehr von außen kommen; vielmehr haben sich die Gewissheitsgründe nach innen, in die einsichtsvolle, begründungsfähige Subjektivität verlagert."[10]

2.4 *Synkretismus*: Die Bedingung für die Personalitäts- *und* die Systemerhaltung

Welche Konsequenzen hat die gesellschaftliche Bewusstseinslage für das entscheidungs*pflichtig* gewordene Individuum? Bei dem Bemühen um Komplexitätsbewältigung und Konsistenzerfüllung können, so der Theologe Drehsen in Abkehr von einem äußerst verengten theologischen Synkretismus-Verständnis, alle Orientierungsmuster und Handlungsmodelle *synkretistisch* genannt werden, mit denen das Individuum zur Erreichung seiner Lebensbalance eine Relationierung zwischen den mehr oder weniger disparaten Lebensbereichen zu erreichen versuchen muss. Synkretismus ist also eine Strategie, die heute generell zu einer der möglichen Leitkategorien des Orientierens (und Handelns) geworden ist. Wenn nun die Lebenspraxis der Individuen angewiesen ist auf die Suche nach Möglichkeiten einer gelingenden „Zusammenbestehbarkeit des Handelns" (Ernst Troeltsch) in einer desintegriert erscheinenden Welt – letztlich also: auf die Suche nach Möglichkeiten der Integration von *Alltags*erfahrung in ein diese Erfahrungen überbietendes Sinngefüge –, dann kann diese Suche auch in dem Bereich von *Transzendenz* und *Chiffrierung von Kontingenz* nicht völlig anders verlaufen als im Alltagsleben. In diesem Alltagsleben sind nun heute vor allem zwei Weltdeutungsversuche anzutreffen, die oft als einander ausschließend, zumindest als zueinander in Spannung stehend wahrgenommen werden: Es ist zum einen der strikt ‚*naturwissenschaftlich-szientistische*' und zum anderen der *religiös-transzendente* Weltdeutungszugang. Der zweite Zugang ist bei uns in seinen Semantiken und Darstellungsfiguren immer noch mehr oder weniger (kultur-)christlich beeinflusst.

Zugleich richtet sich heute die Aufmerksamkeit von zunehmend mehr Menschen *auch* – aber keineswegs mehrheitlich! – auf Modi und auf Ausdrucksgestalten *jenseits* der bisher im europäischen Christentum kirchlich-monopolistisch tradierten Angebote

---

9   Volker Drehsen, Zwischen Wahlzwang und Fundamentalismusneigung. Die Religiosität Jugendlicher in kritischer Distanz zur Kirchlichkeit, in: ders., Wie religionsfähig ist die Volkskirche? Gütersloh 1994, S. 86.

10 Drehsen ebd.

an Formen, Formulierungen und Deutungsfiguren – und diese Orientierung wird offen und mit dem als selbstverständlich empfundenen Anspruch auf die ‚freie Wahl' artikuliert. Entscheidend ist, dass der gewählte Modus kein rational bzw. technologisch angelegter Modus ist. Das meint: Er soll sehr wohl die Dimension der Transzendenz einbeziehen können – aber nicht müssen.

In welchen Dimensionen (a) der Problemempfindung und (b) der semantischen Fassung dieser Empfindung sich wichtige Orientierungen in der Lebensführung bei den von uns untersuchten Jungen Erwachsenen bewegen, soll im nächsten Schritt an zwei aufschlussreichen Ergebnissen der Untersuchung zu „Lebensorientierungen" von Berufsschülern von 2008 gezeigt werden.

3 Deutungsinhalte der Signalbegriffe „Sünde" und „Gewissen" bei heutigen Jugendlichen

3.1 „Sünde"[11]

Tabelle 1: Verhaltens-/Handlungsassoziationen zum Begriff ‚Sünde', Gesamtstichprobe

(n=7961-8146)	Mit dem Wort 'Sünde' verbinde ich …								
	überhaupt nicht				ja, das trifft es	%	Mittelwert	Standardabweichung	Pos.
… nur an sich selbst denken (Egoismus)	32	24	22	13	10	100	2,45	1,313	v0501
… was im Kaufhaus mal 'mitgehen' zu lassen (CDs, Zigaretten …)	17	13	18	24	27	100	3,29	1,433	v0502
… voll ungesund leben (Fast-Food, Zigaretten, Alkohol, Drogen …)	37	24	21	11	8	100	2,29	1,279	v0503
… Lust auf Rache ausleben	20	16	22	22	20	100	3,06	1,399	v0504
… lügen	12	12	24	26	26	100	3,42	1,310	v0505
… Vertrauen missbrauchen	13	6	16	28	38	100	3,72	1,355	v0506
… sexuelle Beziehungen vor der Ehe	73	10	6	4	8	100	1,64	1,219	v0507
… in der Partnerschaft mal fremdgehen	15	9	16	22	37	100	3,57	1,449	v0508
… schwul / lesbisch sein	61	12	8	5	14	100	1,99	1,466	v0509
… das Kind abtreiben bei ungewollter Schwangerschaft	29	16	25	11	19	100	2,77	1,457	v0510
… gegenüber jemandem Gewalt anwenden	13	9	24	23	30	100	3,47	1,357	v0511

Auch wenn es andernorts noch höhere Zustimmungswerte gibt – z. B. im Bereich der „Erziehungsziele für die eigenen (späteren) Kinder", aus deren Items in der Studie das „Wertefeld" konstruiert wurden: Die Spitzenwerte der Mittelwerte-Rangreihe sind auf der Reaktions-Skala, die von 1 bis 5 reichte, gleichwohl *hoch* angesiedelt. Beim Ver-

---

11 Feige/Gennerich, a. a. O., 47.

trauensmissbrauch finden sich 66% der Reaktionen in den Zustimmungsstufen 4 und 5. Pointiert ausgedrückt zeigt sich: *‚Sünde' – das ist eine ‚Beziehungstat', und zwar eine im sozialen Nahbereich.*

Zugleich wird „Abtreibung bei ungewollter Schwangerschaft" nicht (mehr) zu jenen Ausdrucksgestalten des gesollten/nichtgesollten Handelns gezählt, denen die Mehrheit der Befragten *fraglos* die Qualität der „Sünde" zuweist. Was zeigt diese Haltung?

Fakt ist: Die hier untersuchten 17- bis 25-Jährigen haben Aussicht auf vergleichsweise viele – und vor allem: individuell zu realisierende – Optionen in ihrem Leben. Deshalb ist für sie auch der Schwangerschaftsabbruch keine Entscheidung, die in ihren Augen von der Gesellschaft zu treffen wäre.[12] Die Entscheidung für oder gegen Abtreibung kann man also als Realisation der Sachlage verstehen, dass heute dem Menschen durch Medizin/Biotechnologie ein großes, früher völlig ungeahntes Maß an Handlungsmächtigkeit zugewachsen ist. Dass zu dieser Handlungsmächtigkeit auch Verantwortungspflichtigkeit zählt, ist zwar richtig. Richtig ist aber auch, dass damit – anders als früher – das Ergebnis der Verantwortungsprüfung nicht zugleich festgelegt ist.

In der Antwortverteilung zeigt sich nun aus theologischer Sicht, die ja von der Evidenz der Unterscheidung von „Gesetz und Evangelium" auszugehen pflegt, dass man eine *Anthropozentrierung* des Sündenbegriffs konstatieren müsse. Denn einerseits gilt zwar, dass wenn man in einer intakten Beziehung lebt – deren Voraussetzung *Vertrauen*, *Gewaltlosigkeit* und *Ehrlichkeit* ist, wie uns das andere Ergebnisse der Befragung zeigen –, man dann in einem insoweit ‚paradiesischen', und genau das meint eben: ‚nich sündhaften' Zustand lebt. Insoweit ‚passt' die Semantik der biblischen Sprache zum Selbstverständnis der Befragten. Andererseits verwenden die Befragten die Qualifizierung „Sünde" eher mit der Intention, eine Verfehlung persönlich-individueller Standards zu beschreiben, die es zu vermeiden gilt. Das heißt: Nach Pannenberg ist ihre Verfehlung nicht „fundamental" gedacht, d. h.: die Standards sind eben nicht „von Gott her" definiert.

Das dürfte daran liegen, dass die meisten Befragten den *Begriff* bzw. die *Existenz* Gottes eben nicht selbstverständlich vorgängig und ohne Verstehensprobleme denken und akzeptieren können. Aber daraus dürfte nicht zwingend auf die Nichtexistenz einer Transzendenzempfindung geschlossen werden. Dieser Gesichtspunkt wird noch einmal aufgegriffen werden.

---

12 Wobei zu sagen ist, dass auch die Kollektiventscheidung, die unser Strafrecht darstellt, mit der Dreimonatsfrist schon regelmäßig geltende Ausnahmetatbestände definiert hat.

3.2 „Gewissen"[13]

Tabelle 2: Funktionsrelevanz von ‚Gewissen', Gesamtstichprobe

(n=7708-8179)	Das Gewissen spielt eine wichtige Rolle …					%	Mittel-wert	Standard-abwei-chung	Pos.
	überhaupt nicht				ganz gewiss				
… in der Beziehung/Freundschaft	2	1	8	24	65	100	4,49	,821	v0801
… im Straßenverkehr	7	13	34	27	20	100	3,4	1,134	v0802
… im Betrieb / bei der Arbeit	3	7	27	37	26	100	3,76	1,011	v0803
… unter Politikern/innen	24	23	27	14	12	100	2,68	1,309	v0804
… beim christlichen Glauben	21	16	25	18	20	100	3,01	1,411	v0805
… in der Clique	5	7	27	35	26	100	3,71	1,079	v0806
… bei der Art und Weise, sein Geld zu verdienen	6	9	26	31	29	100	3,67	1,155	v0807
… im Geschäftsleben	7	14	34	26	19	100	3,36	1,156	v0808
… in der Familie	2	2	8	23	65	100	4,47	,873	v0809
… im kirchlich-religiösen Leben/in der Kirche	25	18	26	15	16	100	2,79	1,383	v0810a
… im religiösen Leben der Moschee/Gemeinde	36	16	22	12	14	100	2,53	1,428	v0810b

Die Tabelle zeigt ganz klar: Auch „Gewissen" wird vorrangig begriffen als eine wesentliche Steuerungskraft in den privaten ‚face-to-face'-Beziehungen: Es geht um die möglichst enttäuschungssichere Gestaltung von Interaktionen, d. h.: Tun, Dulden und Unterlassen. Und es geht um die Formulierung von gegenseitig Erwartbarem in der Interaktion zwischen einander nahe stehenden Personen. Schlagwortartig: *‚Gewissen' ist eine Kohäsionskraft-Ressource in der beschützend-privaten Lebenswelt.*[14]

Dabei hat die Zuordnung dieser Begriffe zum religiösen Raum eine Zustimmungsquote hervorgebracht, die im Blick auf den „christlichen Glauben" (V0805) mit einem Mittelwert von knapp über 3,0 keineswegs von einer Wahrnehmungsminderheit sprechen lassen darf. Was die Befragten an Vorstellungen über den „christlichen Glauben" näherhin verbinden, musste offen bleiben. Aber immerhin: Man weiß eine Adresse zu nennen.

Die Reaktionen auf unsere Fokussierung auf den Ort des Gewissens zeigen: In dem von den Jugendlichen/jungen Erwachsenen grundsätzlich außerordentlich hoch geschätzten sozialen Nahbereich geht es um Sinnressourcen. Die müssen durch klare Normen abgesichert werden. Es geht um Anerkennungsmomente, die man in den großen Systemen der Gesellschaft nicht haben kann. Deshalb ist „Gewissen" noch genauer zu charakterisieren: Es ist eine wichtige Steuerungs- und Korrekturressource für das ‚Ich' im privaten ‚Wir'". Dabei wird dieser Signalbegriff nur von wenigen explizit mit der Kategorie „Gott" (als dem in der Religionssemantik etablierten Ausdruck der „*un*bedingten Transzendenz") verknüpft.

---

13 Feige/Gennerich a. a. O., 43.

14 Vgl. auch Andreas Feige, Soziale Geltungsorte des Gewissensbegriffs. Ein sozialwissenschaftlich-empirischer Beitrag zur Phänomenerkundung, in: Stephan Schaede, Thorsten Moos, (Hg.) Das Gewissen, Tübingen 2015, 395–416.

Außerdem, so kann man aus weiteren Befunden der Jugendstudie schließen, wird die benachbarte Kategorie der „Schuld" in der Wahrnehmung der Berufsschüler weit überwiegend nicht als Kategorie einer transzendent begründeten Verpflichtung erlebt, die semantisch herkömmlich als ‚christlich-religiös' beschrieben wird. Entsprechend, so eine Hypothese, haben zugleich auch Kategorien wie „Gnade", „Vergebung" und „Erlösung" ihre frühere Selbstverständlichkeitsbedeutung verloren, die möglicherweise über die allein semantische Präsenzebene hinausgeht.

In der Tat: Die weit verbreitete Bewusstseinsdistanz zwischen „Schuld" und „Vergebung" lässt sich sehr anschaulich in unserem alltäglichen Sprachverhalten beobachten: Auch nach schweren, schuldhaften Verletzungen wird (nicht selten mit sehr selbstbewusst-forderndem Unterton) die Formulierung benutzt: „*Ich* entschuldige *mich* (doch) dafür!", statt zur Formulierung zu greifen: „Ich bitte um Verzeihung".[15]

3.3 Zur Position von „Sünde" und „Gewissen" in den vorab skizzierten gesellschaftlichen Bewusstseinskomplexen

Nachfolgend sei eine Verknüpfung der Ergebnisse mit der eingangs skizzierten Signatur unserer Gegenwartsgesellschaft hergestellt. Dabei sind die folgenden Überlegungen als *Hypothesen* zu verstehen, denen auf theoretischer und auf phänomenologisch-empirischer Ebene noch genauer nachzugehen wäre.

1. Die unbestreitbare Erfahrung, dass sich die Grenzen unseres Könnens in atemberaubender Geschwindigkeit hinausschieben, beeinflusst auch den Umgang mit dem Thema, ‚wem' bzw. welchem ‚Grund' man sich in seiner Existenz verdankt und entsprechend Verantwortung schuldet – oder eben nicht ‚schuldet'. Das heißt: Das Wissen um die *Vorausgesetztheit* meiner Existenz – mit der Folge eines eben *transzendent* zu formulierenden Raums der Legitimierung meiner Existenz – ist zumindest nicht (mehr) im Alltag präsent. Und der damit zusammenhängende Begriff der Schuld hat seine transzendente – oder gar seine christlich-*soteriologische* – Konnotation verloren, denn er ist dem Lebensgefühl gestaltungssouveräner Selbstmächtigkeit einverleibt – so wie ein durch Zahlung tilgbarer Negativ-Saldo in einer kaufmännischen Bilanz.
2. Christlich-institutionell formulierte, allumfassende Weltdeutungselemente werden nicht (mehr) fraglos und komplett übernommen, sondern sie werden je auf ihre Einzelfall-Plausibilität überprüft. Dabei folgt aus einer Überprüfung zwar keineswegs zwingend ihre Ablehnung. Die Frage ist aber: Mit welchen Argumentations-*Dimensionen* und mit welchen Argumentations-*Semantiken* wird das Abwägen zwischen unterschiedlichen Weltdeutungen (allererst von Seiten der „kirchlichen Verkündigung") in den Diskurs eingebracht? Oder wird gar für die eine oder andere Deutung ein ‚*apriori*' beansprucht – womit der Diskurs dann keiner mehr wäre?

---

15 Ähnlich ist die Situation auch im englischen Sprachraum: „I beg your pardon" verschwindet fast völlig hinter einem (oft nur flüchtig gemurmelten) „I'm sorry".

Das trifft zuallererst die Semantik und Grammatik der *Chiffrierung*: Alle die (religiösen) Chiffren und Formeln für Kontingenzbewältigungsversuche, die im Indikativ stehen, können heute, angesichts des permanenten Relationierungszwangs, in dem die Individuen stehen, im öffentlichen Diskurs nicht mehr – zumindest nicht mehr *fraglos* – mit selbstverständlicher Akzeptanz rechnen: Eben nur für eine Minderheit sind „Gewissen" und „Sünde" erschließbar *nur* durch christlich-biblisch gründendes Weltverstehen. Für die Mehrheit dagegen indizieren beide Begriffe das Bewusstsein für die Existenz von zwischenmenschlich unverzichtbaren Verhaltensweisen, die, sozial-zweckrational eingesetzt, die Stabilität des Sozialsystems garantieren können. Der Fall des ‚Scheiterns' ist zwar faktisch unstrittig, gehört aber – darin sehr systembewusstseinskonform – zur Evidenzerfahrung der „Vorläufigkeit unserer Ordnungsmuster" (F.X. Kaufmann).

3. Aber zugleich gilt doch auch dieses: Eben *weil* das reflexe, moderne Bewusstsein mit der Vorläufigkeit seiner Ordnungsmuster rechnen muss, bekommt die *Sozial-Ressource ‚Vertrauen'* – und nicht etwa z. B. der Ordnungsgehorsam – einen so hohen Stellenwert zugewiesen. Man könnte vielleicht sogar sagen: Durch die Akzeptanz der Sündensemantik für die Charakterisierung des Vertrauens*missbrauchs* wird diese ‚Sozialressource Vertrauen' elementar-anthropozentrisch *sacrifiziert*. Wie wäre das zu denken?

„Vertrauen" macht deutlich, dass die ‚Beziehung zum Anderen' genau nicht komplett der eigenen Gestaltungssouveränität unterliegt; vielmehr macht sie deutlich, dass das, *in* das man Vertrauen setzt, einem *voraus*gesetzt ist. Noch schärfer formuliert: in das man Vertrauen setzen *muss, weil* es einem vorausgesetzt ist. Und genau darin liegt die menschlich-*erfühlbare* Transzendierung des eigenen Ich *und* die des anderen in die Synthese zu dem (Luckmannschen) „Heiligen privaten Kosmos" des ‚Wir'.

Diese Erfahrung könnte nun u. a. vielleicht auch dies bedeuten: Mit Berufsschülern „Vertrauen" vor dem Horizont seines Missbrauchens zu erörtern, bietet die Chance, die kommunikative Sensibilität für eine Semantik zu aktivieren, die nun explizit *als ‚religiös'* (auch) dadurch auszuweisen wäre, dass sie die in der offenkundigen Anthropozentrierung liegende Selbstbezüglichkeits-Engführung freilegt. Das meint: Die Potenz der als eben darin als *religiös* zu verstehenden Rede müsste sich darin erweisen, dass sie das freihändig-alltagssprachlich ja so schwer Sagbare überhaupt erst bzw. überzeugender formulierbar macht. Das dürfte freilich nur dann gelingen, wenn die Semantik nicht *gegen* die Ästhetik durchgesetzt wird, die bei den am Diskurs Beteiligten gilt. Soviel man diesbezüglich von den bekannten Taizé-Formaten lernen kann: Vom Format Taizé z. B. an handwerklichen Berufskollegs ist nachvollziehbarerweise bisher noch nichts zu hören gewesen. Grundsätzlich aber fragt man sich: Würden durch das phänomensensible Philosophieren über solche elementaren Lebenserfahrungen wie „Vertrauen und dessen Missbrauch" dann vielleicht auch die Kategorien Gnade, Vergebung und Erlösung – und das heißt auch: die *Voraussetzungen* ihrer Denkbarkeit – besser *erkennbar* werden darin, was *auch sie* für die religionssemantische Beschreibung und Erfühlung des sonst so schwer Fassbaren zum Stichwort „Vertrauen" zu leisten vermögen?

4 Zur konzeptionellen Reaktion der Religionspädagogik auf die gesellschaftlichen Gegebenheiten

Wenn man als Religionssoziologe auf der Suche nach gesellschaftlichen Orten ist, an denen die Spannung zwischen unterschiedlichen Weltdeutungszugängen implizit oder explizit behandelt werden, dann rückt unstreitig die Institution Schule in den Analysefokus. Die damit befassten Diskurse finden nicht nur im Unterrichtsbereich „Werte und Normen" statt. Vielmehr und vor allem tun sie es in dem inzwischen von engen konfessionalistischen Kirchlichkeitsvorgaben freien Religionsunterricht. Damit geraten auch die *Wirklichkeitsauffassungen* der Konzeptionen in den Blick der Religionssoziologie, die in diesem Kommunikationsraum zur Anwendung kommen bzw. kommen sollen.

Bernhard Dressler betont in seiner Analyse der Professionalisierungsprozesse in der Religionspädagogik: Diese verstehe sich in ihrem Profil bewusst nicht als eine direkte Ableitung aus Kommunikationsintentionen und Bedingungen des ‚Sakralraums Kirche', sondern sie suche ihre Gestalt als *Bildungsreligion*. Das geschehe im Kontext einer gesellschaftlichen Entwicklung, in der sich die Schule in der Moderne „aus der ursprünglichen Einheit von Leben und Lernen ausdifferenziert und in der Distanz zum ‚Leben' eine eigenartige, für reflexive Lernprozesse konstitutive Künstlichkeit ausgebildet" habe.[16] Zugleich – so Dressler weiter, der sich dafür auf Baumert[17] bezieht – sei heute „für schulisch-reflexive Bildungsprozesse konstitutiv, dass sie unterschiedliche Weltzugänge, unterschiedliche Horizonte des Weltverstehens eröffnen, die weder wechselseitig substituierbar noch nach Geltungshierarchien zu ordnen sind". (ebd. S. 2) Deshalb messe sie in ihrem Bildungsbegriff einer den Schülern zu vermittelnde Deutungskompetenz eine wesentliche Stellung zu. So spiegele die Schule „die Unhintergehbarkeit der moderngesellschaftlichen Ausdifferenzierung in funktionale Teilsysteme und deren unterschiedliche Rationalitätsformen". Entsprechend sei es dann erforderlich, den Schülern einsichtig und nachvollziehbar zu machen, dass und wie „die Welt im Lichte dieser unterschiedlichen Zugangsweisen jeweils modelliert" werde. Damit sei auch die Frage gestellt, was denn „die Propria und Grenzen dieser Modi sind und wie mit ihrer Gleichzeitigkeit umzugehen" sei. Denn Bildung wurzele nicht mehr in einer einheitswissenschaftlichen Weltsicht und könne daher nicht auf eine solche Weltsicht abzielen.[18] Deshalb gehe es im RU um die Befähigung zur Religionskritik und Urteilsfähigkeit im Blick auf das Recht auf freie Religionsausübung

---

16 Bernhard Dressler, Beobachtungen zur Professionalität von Religionslehrkräften, unveröffentlichtes Manuskript 2013 (Kursivierung vom Autor).

17 J. Baumert, Deutschland im internationalen Bildungsvergleich. In: Kilius, N. u.a (Hg.), Die Zukunft der Bildung, Frankfurt /M, 2002. S. 100–150.

18 So jeweils Dressler ebd.

wie auch auf die Entscheidung für eine nichtreligiöse Lebensführung. Er ziele damit auf die Fähigkeit ab, sich sachgerecht über religiöse Themen äußern zu können, statt sich nur auf bloße Gesinnung zu stützen. Dazu ist aus religionssoziologischer Sicht festzustellen, dass eine solche konzeptionelle Selbstwahrnehmung des Faches sich auf der Höhe der soziologischen Diagnosen gesellschaftlicher Bewusstseinskomplexe bewegt, die im Alltag unsere Lebensabläufe steuern.

5 Zur Positionierung der Studie „BRU in NRW" im gesellschaftlichen und religionspädagogischen Kontext

5.1 Klientel

Es sei einmal zugespitzt formuliert: Man könnte ja auf die Idee kommen, zu sagen, dass durch die im November 2014 in ersten Umrissen vorgestellte Studie der Kollegen Lück, Kutz und Rothgangel[19] die Arbeit als ‚eigentlich schon getan' betrachtet werden kann – zumindest für das Rheinland.

Ein Blick in die Sozialstatistik der Umfrage von Lück, Kutz und Rothgangel zeigt freilich, dass das Allgemeinbildende Schulwesen – Primar- und Sekundarstufen – fast 90% der Stichprobe von rund 1.100 Lehrenden ausmacht. Das mindert nicht etwa die Ergebnisse dieser Studie. Aber in der hier vorgetragenen Gesellschaftsdiagnose sind Phänomene und Problemperspektiven als dringlich benannt worden, die eher nicht in der Primarstufe oder in der Sek I, also in Kindheit und früher Jugend ‚beheimatet' sind. Es sind vielmehr solche, die sich erst in der darauffolgenden Lebensphase, oft individuell-konfliktuös, zur Geltung bringen – bei denen also, die in der Ausbildung stehen und im Berufskolleg unterrichtet werden. Erst in dieser Altersphase entfaltet bzw. verfestigt sich der Habitus eines Individuums. Und es ist der Habitus, der langfristig und nachhaltig die Einschätzung und Formulierung des Potentials von Weltdeutungen prägt, nämlich: als Modus der Kontingenz*bewältigung* taugen – oder eben nicht taugen zu können. Und es ist diese Klientel und ihre Lebenslage, die Gesprächspartner der befragten Religionslehrenden des BRU ist. Deswegen sind ihre Perspektiven und Intentionen deutlich wichtiger, als etwa eine Fragebogenfrage, die auch unter Insidern inhaltlich-systematisch kaum fixierbar ist, nämlich die, ob Lehrer in ihrer dritten Klasse der Primarstufe „die Theologie ihrer Kinder fördern".

Es sei daran erinnert: Anton Bucher konnte 1996 für Österreich sehr überzeugend einen Trend in der Biographiedynamik empirisch belegen. Bei dem, so Bucher, sei nicht zu übersehen, wie mit steigendem Alter die in den Primarstufen noch „positiv

---

19 Christhard Lück, Die rheinische Religionslehrer/innen/befragung 2013. Auswertung der quantitativen Teilstudie, unveröffentlichtes Manuskript des Verfassers (die Ergebnisstudie der EKiR-Umfrage aus dem Frühjahr 2014 erscheint voraussichtlich im April 2016 im Kohlhammer Verlag).

auffallende religiöse Selbsteinschätzung zurückgeht" und wie bei den älter werdenden Schülern „die Akzeptanz christlicher Glaubensinhalte *förmlich zerrinnt*".[20]

Die Formulierung von Dressler ist für das schulische Bildungssystem als Ganzes sicherlich zutreffend: Die Schule in der Moderne hat sich „aus der ursprünglichen Einheit von Leben und Lernen ausdifferenziert und in der Distanz zum ‚Leben' eine eigenartige, für reflexive Lernprozesse konstitutive Künstlichkeit ausgebildet". Aber richtig ist auch die Feststellung, dass das Duale Berufsausbildungssystem in Deutschland bewusst diese Ausdifferenzierung und Künstlichkeit zwar zurückfährt – aber eben genau nicht vollends aufgibt! Dadurch eröffnen sich Chancen für die Förderung der *gesellschaftlich-öffentlichen* Kommunikation des Religiösen dadurch, dass für die entscheidend andere Biographiephase i. V. m. mit einer für die Schüler strukturdynamisch massiv veränderten Lebenswelt bei gleichzeitiger Habitus-Verfestigung ein ‚*Raum*' im doppelten Wortsinne bereit gestellt wird. Es ist ja ein religiös anmutungsfreier Diskurs-Raum, den es sonst in unserer Gesellschaft außerhalb der Schule so nicht gibt: Nicht einmal eine maximal diskursbereite Kirchengemeinde könnte davon absehen, dass der ‚Sakralraum Kirche' kaum ohne jede Verbindlichkeitsanmutung betretbar erscheint – es sei denn als Tourist, mit oder ohne Eintrittsgebühr. Insofern wäre es aus religionssoziologischer Sicht alles andere als realitätsangemessen, festzustellen, dass eine Schüler- und Lehrendenbefragung „natürlich *auch* im Berufskolleg" stattfinden müsse. Umgekehrt wird ‚ein Schuh draus': *Hier* ‚spielt die Musik', wenn Religionssoziologie, Theologie und Kirche wirklich an ungeschönter und realistischer Situationswahrnehmung interessiert sind. Allein das schon macht die wirklich besondere Bedeutung der Studie „*BRU* in NRW" aus.

5.2 Der durch die Fragen aufgespannte Horizont

Unabhängig von statistischen Auswertungsergebnissen kann zur Einschätzung der Fragen der Studie aus soziologischer Sicht folgendes angemerkt werden. Die Studie „BRU in NRW" weist vier Komplexe auf. Die zielen im Kern auf die *Wahrnehmung* des gesellschaftlichen Kontextes der Schüler seitens der Lehrenden ab. Deren indirekten Realitätswahrnehmungen sind aufzufinden (1.) in den unterrichtlichen Zielvorstellungen, (2.) in den Fortbildungsbedürfnissen und -interessen, (3.) in den von den Lehrenden bevorzugten Personentypen und Verhaltensprofilen in der Schülerschaft, und (4.) in dem sehr kreativ zu nennenden Versuch einer fast narrativen, *indirekt* auf seine Intentionen abzielenden Befragung des Lehrenden darüber, an welche Kernbotschaft seines Unterrichts sich – seinem Wunsche nach – die Schüler sollten positiv erinnern und sie auf den Begriff bringen können.

Zusammengenommen ermöglichen die Reaktionen auf diese Item-Angebote, zu erkennen, was die Lehrenden gern durch ihren Unterricht realisiert sähen und indirekt, aber genauso wichtig: wie sie die Schülersituation wahrnehmen bzw. einschätzen.

---

20 Anton Bucher, Religionsunterricht: Besser als sein Ruf?, Innsbruck/Wien 1996, S. 113.

Auch die Übereinstimmung mit Basiserfordernissen der Umsetzung des Konzepts „Bildungsreligion" kann gut gemessen werden.

Auf einen besonders interessanten Punkt sei abschließend kurz einzugehen. Es findet sich das Ergebnis, dass 64% der Stichprobenmenge von unterrichtenden *Pfarrern* gestellt wird. Angesichts dessen erscheinen die folgenden Unterschiede in den Zustimmungsausmaßen besonders bemerkenswert (siehe hierzu in der Dokumentation die graphische Darstellung der Ergebnisse mit Abb. 14):

(1) Der Anteil der „*sehr* starken" Zustimmung der Pfarrer zum Erinnerungsprofil „... haben wir gelernt, wie man sein Leben von der Bibel und von Gott her deuten kann" ist mit unter 5% vernachlässigbar. Zusammen mit der nächstschwächeren Ausprägung „starke Zustimmung" sehen sich auch nur insgesamt 1/4 der unterrichtenden Pfarrerschaft angemessen getroffen.
(2) Dem steht ein anderes Ergebnis gegenüber: Das Erinnerungsprofil „... dass Religion vor allem darin zum Ausdruck kommt, wie man sich selbst, die anderen und die Welt versteht", bekommt zusammen 71,5% „sehr starke" und „starke Zustimmung" – das sind fast 3/4 der Pfarrerschaft, die im BRU tätig sind.
(3) Ähnlich hoch fällt die Zustimmung zur ethischen Orientierungsdimension der Religion aus.

Wie kann man das verstehen? Sollte man nicht annehmen dürfen, dass gerade Pfarrer es begrüßen, wenn ihre Schüler später sagen würden, sie hätten bei ihm gelernt „wie man sein Leben *von der Bibel* und *von Gott* her *deuten* kann"? Warum sähen sich stattdessen fast 75% von ihnen treffend(er) beschrieben, wenn von dem, was sie zu vermitteln versucht haben, bei ihren Schülern hängen bliebe, man habe vermittelt bekommen, „... dass *Religion* vor allem *darin zum Ausdruck kommt, wie man sich selbst, die anderen und die Welt versteht*"?

Anders gefragt: Was führt die befragten „BRU-Lehrenden, die im Hauptamt *Pfarrer* sind", dazu, das Angebot des direkten Bibel- und Gottesbezugs sozusagen auszuschlagen und sich gleichsam zufrieden geben zu wollen, wenn ihre Schüler signalisieren würden, begriffen zu haben, dass man *Religion* als *Sensibilisierungsraum für die Lebensdienlichkeit der Sinnfrage* begreifen und womöglich auch nutzen kann? Ist vielleicht diese prominente Positionierung gar ein Zeichen der Resignation, dass man mit der Benennung von ‚Quellen' („von der Bibel und von Gott her") bei den meisten Schülern ohnehin ‚keinen Blumentopf gewinnen' könnte?

Ausgeschlossen ist das nicht. Allerdings: Es dürfte nicht unwahrscheinlich sein, dass in einer Gruppendiskussion über die Sinnfälligkeit der angebotenen Item-Formulierungen die Lehrenden sagen würden, dass sie die nicht bevorzugte Formulierung für sich persönlich zwar präferieren und theologisch ohnehin für angemessen halten würden. Aber, so könnten sie fortfahren, wenn man die nicht selten dysfunktional-negativ wirkende, bestenfalls nichtssagende Konnotation der Worte „Bibel" und „Gott" prophylaktisch berücksichtige, indem man da sehr zurückhaltend agiert, dann wäre die Freude darüber, Sensibilität für die ‚*auch* religiöse' Dimension der Sinnfrage – möglicherweise gar für die ‚*allererst* religiöse' Dimension der Sinnfrage – geweckt zu haben, doch gut verstehbar. Zudem könnten sie sich damit in prominenter philosophischer und theologischer Gesellschaft sehen, wenn man z. B. liest, wie der Berliner Philosoph Volker Gerhardt sein jüngstes Buch betitelt hat, in dem er die Umrisse einer, wie er sie selber in Anführungsstriche setzt, „rationalen Theologie" zu begründen versucht.[21]

Für Antworten auf diese hiermit geöffnete Frage wird, zumindest derzeit noch, der Raum der Spekulation betreten. Dazu vielleicht ein Beitrag durch Wiederholung von vorstehend bereits Gesagtem: Mit Berufsschülern „Vertrauen" vor dem Horizont seines Missbrauchens zu erörtern, bietet die Chance, die kommunikative und emotionale Sensibilität für eine Semantik zu aktivieren, die explizit als eine ‚religiöse' (auch) dadurch auszuweisen wäre, dass sie die in der offenkundigen Anthropozentrierung des Sündenverständnisses aufscheinende Selbstbezüglichkeits-Engführung freilegt. Das meint: Die Potenz der als eben darin als *religiös* zu verstehenden Rede müsste sich darin erweisen, dass sie das freihändig-alltagssprachlich ja so schwer Sagbare überhaupt erst bzw. überzeugender formulierbar macht. Das dürfte freilich nur dann gelingen, wenn die Semantik nicht *gegen* die Ästhetik durchgesetzt wird, die bei den am Diskurs Beteiligten gilt.

Vielleicht haben die Pfarramts-Kollegen des „BRU in NRW" genau diese Erfahrung gemacht: Dass Aufmerksamkeit eher dadurch zu erreichen ist, wenn man mit der Sensibilisierung für das *transzendierende Verstehen* beginnt: „das Verstehen seiner selbst, das der anderen und das der Welt". Was dann kommt, darf man, theologisch gesprochen, ohnehin der Geschichte überlassen, die Gott mit den Menschen vorhat.

---

21 Volker Gerhardt, Der Sinn des Sinns. Versuch über das Göttliche, München, 2015.

Fred Sobiech

Anmerkungen und Einsichten aus Sicht der Evangelischen Kirche von Westfalen (EKvW)

Empirische Untersuchungen sind wichtig. Sie öffnen uns die Tür zur Wirklichkeit. Das gilt auch für die bibor-Umfrage, deren Ergebnisse heute vorgestellt worden sind.

Erste Einsicht

Auch der Berufsschulreligionsunterricht (BRU) ist nicht wirklichkeitsfrei zu haben. Es gibt Rahmenbedingungen: Gesellschaftliche, schulische, rechtliche und kirchliche. Und es gibt Akteure: Schüler, Lehrer, Schulleitungen, Betriebe – um nur einige zu nennen.

Zweite Einsicht

Der empirische Blick kann helfen, Sollbruchstellen zu erkennen und Handlungsbedarfe zu identifizieren. Damit ist das Problem nicht gelöst, aber die Aufgabe gestellt.

Wenn in den kommenden 15 Jahren über 60% der BRU-Lehrkräfte den Schuldienst aus Altersgründen verlassen, dann ergibt sich hieraus ein deutlicher Handlungsbedarf. Dies umso mehr, als über 75% des Evangelischen Religionsunterrichts an Berufskollegs in NRW durch kirchliche Lehrkräfte erteilt werden (Stand Juni 2015: NRW-BK-Lehrkräfte kirchlich 628, staatlich 388, gesamt 1.016).

Der islamische RU und die demographische Entwicklung (rückläufige Schülerzahlen) werden das auf Jahre nicht kompensieren bzw. hier entlastend wirksam werden. Zudem – das zeigen die Berichte der Bezirksbeauftragten – fällt immer noch (zu ca. einem Drittel) BRU aus.

Die Änderung des Lehrerausbildungsgesetzes (LABG), die die Kombination von zwei allgemeinbildenden Unterrichtsfächern für verzichtbar hält, wird den Zugang zum Fach „Religion" bzw. die Wahl des Fachs „Religion" erheblich erschweren.

Und dies vor dem Hintergrund, dass gegenwärtig ca. 75% des BRU durch kirchliche Lehrkräfte erteilt werden, die in der Regel 25,5 Wochenstunden unterrichten. Da staatliche Lehrkräfte evangelische Religion im Umfang von ca. 4 bis 6 Wochenstunden unterrichten, benötigen wir ca. 5–6 staatliche Lehrkräfte, um eine kirchliche Lehrkraft zu ersetzen. Das zeigt die Aufgabe, vor der wir stehen.

Dritte Einsicht

Wir brauchen eine nachhaltige Werbung mit verlässlichen Anstellungsperspektiven. Hier sehe ich primär das *Land in der Pflicht*: Wenn mehr als 72% der BRU-Lehrkräfte einen BRU in multireligiös-pluralen Gruppen präferieren, 95,6 % der Lehrkräfte die „interreligiöse und interkulturelle Dialogfähigkeit" der Schüler fördern wollen, Ziele mit inhaltlichen Intentionen einer positiven Konfessionalität von weniger als 20 % der Lehrkräfte gewollt sind, dann stellt sich die Frage nach dem Verhältnis von Konfessionalität, Ökumenizität und Interreligiosität des BRU und im BRU.

Vierte Einsicht

Wir brauchen in Aufnahme der Impulse der aktuellen EKD-Denkschrift „Religiöse Orientierung gewinnen" plausible pluralitätsfähige Übersetzungen dessen, was Konfessionalität heute meinen kann und meint.

Ich formuliere das als Frage: Warum tun wir uns so schwer, Konfessionalität als konstruktive, freiheitseröffnende Bindung zu verstehen? Als eine Bindung, die nicht primär auf Exklusion („Das geht nicht!") – und/oder Inklusion („Alles ist möglich!") des Divergenten zielt, sondern in differenzierter Positionierung den Dialog sucht und führt?

Und warum sollten am Ende des Dialogs nicht pluralitätsfähige ‚Grundsätze' (der Kirchen und Religionsgemeinschaften) stehen, die das freiheitseröffnende Bindungsmoment (Konfessionalität), die Verantwortung der Lehrenden (Professionalität und Personalität) ebenso berücksichtigen und aufeinander beziehen wie die Lebenssituation der Schüler (Subjektivität und Identität) und den Auftrag der öffentlichen Schule (Bildungsauftrag)?

Die Modellprojekte konfessioneller Kooperation, die es bisher im allgemeinbildenden Schulbereich gibt, zeigen einen Möglichkeitsraum an, der zumindest exemplarisch Wirklichkeit wird. Wichtig erscheint es mir, die hier gewonnenen und zu gewinnenden Einsichten in den Diskurs um den BRU und seine weitere Entwicklung einzubeziehen.

Zwischenbemerkung

Die Realität im Bereich der beruflichen, aber auch in den allgemeinbildenden Schulen entspricht weitgehend nicht mehr dem Recht. Multireligiöse Klassenzusammensetzungen, damit einhergehender Unterricht im Klassenverband, der i. d. R. schulorganisatorisch begründet wird, ergeben nicht „automatisch" einen interreligiösen Religionsunterricht. Hier sehe ich primär die *Kirchen und Religionsgemeinschaften in der Pflicht.*

Vor dem Hintergrund der hier nur angedeuteten Wirklichkeitswahrnehmungen zeigt sich, dass die BRU-Lehrer von morgen deutlicher und nachhaltiger als heute herausgefordert sind – ich nenne nur die Stichworte:

Im Blick auf das Fach

Konfessionalität in der Pluralität: Das ist ja nicht nur eine rechtliche und konzeptionelle, sondern auch und gerade eine didaktische Herausforderung. Im Grunde stehen wir hier vor einer dreifachen Bringschuld:

1. Rechtlich: Die Kirchen müssen verlässliche Rahmenbedingungen schaffen, die den Unterrichtenden das schlechte Gewissen nehmen, wenn sie mit ihren Kolleg/innen der jeweils anderen Konfession eng kooperieren und in einem Bildungsgang z. B. im jährlichen Wechsel unterrichten.
2. Konzeptionell und 3. Didaktisch: Innerhalb der rechtlichen Rahmenbedingungen sollten konzeptionelle und didaktische Modelle entwickelt werden, die den Bildungsplänen, der schulischen Organisation, aber vor allem den Schülern gerecht werden. Lehrer brauchen nicht nur verlässliche Rahmenbedingungen. Sie brauchen auch verlässliche fachliche Unterstützung. Diese sollte durch die religionspädagogischen Institute, das Comenius-Institut (Münster) und die universitären Einrichtungen (bibor, Eibor, Kibor) beider Konfessionen unterstützend eingebracht werden.

Im Blick auf die Schüler

Subjektorientierung in permanenten gesellschaftlichen Veränderungsprozessen gehört – wie die bibor-Umfrage belegt – zum unbedingten Kerngeschäft des BRU. ‚Identitätsbildung‘ und die Stärkung des Selbstbewusstseins der Schüler sind auf den Plätzen drei und vier des Rankings platziert.

Im Blick auf den Beruf

Der Berufsbezug im BRU bleibt eine ständige Herausforderung, gerade in Zeiten weltweiter Vernetzung, der Fragilität von Berufsbiografien sowie konkreter Ungerechtigkeit vor Ort und in globaler Perspektive.

Im Blick auf die eigene Rolle

Professionalität in den diversen Spannungsfeldern und Erwartungshorizonten heißt:

- Als Religions*Lehrer* sollen sie dem Bildungsauftrag des Staates nachkommen (sie werden vom Staat ausgebildet und bezahlt),
- als *Religions*Lehrer sollen sie die Interessen der Kirchen wahren (GG Art. 7.3) und authentische Traditionsgaranten der jüdisch-christlichen Überlieferung sein,
- als *Berufsschul*religionsLehrer sollen sie den Berufsbezug ihrer Unterrichtsvorhaben nicht vernachlässigen und den Schülern ethische Basics, ‚anständiges Benehmen‘ bzw. Soft Skills vermitteln,

- als *Pädagogen* sollen sie die Bedürfnisse und die interreligiöse Vielfalt ihrer Schüler ernstnehmen und differenzsensibel Pluralitätsfähigkeit einüben,
- als *überzeugte Christen*, das belegt ebenfalls die aktuelle bibor-Umfrage, verstehen die meisten der BRU-Lehrer in NRW ihren Unterricht als „Kommunikation des Evangeliums" (stimme voll zu 19,3%, stimme eher zu 24,7%, stimme teilweise zu 26%, insgesamt 70%) und als einen „Erfahrungsraum von Kirche ohne Bezug zur organisierten Kirche" (19,6/37,3/21,8 = 78,7%), die nicht nur einen Job erledigen, sondern zugleich einer Berufung folgen.

Um in diesem Erwartungsdschungel nicht unterzugehen, bedarf es schon eines hochentwickelten und reflektierten Selbstkonzeptes. Hier sehe ich eine *große Herausforderung für die Aus- und Fortbildung.*

- Was sind auf diesem Hintergrund angemessene Qualifizierungsangebote, Formate und Settings?
- Wie nachhaltig können, sollen und müssen diese Angebote sein?
- Welche Rahmenbedingungen braucht es dazu?

Hier könnte ein *‚Runder Tisch' der Ausbildungs- und Fortbildungsakteure* hilfreich sein, der die ‚Landschaft' kartografiert, Vernetzungen prüft und auf Nachhaltigkeit und Zukunftsfähigkeit zielende Vorschläge entwickelt. Folgende Akteure sollten m. E. unbedingt beteiligt sein (operatives Geschäft: Analyse, Konzeptentwicklung):

- Fachleiterinnen an den Zfs in NRWL
- Vertreter der Bezirksbeauftragten
- Pädagogisches Institut Villigst und Pädagogisch-Theologisches-Institut Bad Godesberg
- bibor und Comenius Institut Münster
- Verband evangelischer Religionslehrerinnen und Religionslehrer an Berufskollegs in Westfalen (VRB)

Dann sollten punktuell eingebunden werden:

- Landeskirchenamt, Ministerium für Schule und Weiterbildung NRW (rechtliche Rahmenbedingungen)
- Vertreter von Schulleitungen (schulische, bes. organisatorische Rahmenbedingungen)
- Vertreter der Schulreferenten (Vernetzung mit den Allgemeinbildenden Schulen)
- Eibor und Kibor arbeiten konkret an neuen Organisationsmodellen für den BRU in Baden-Württemberg. Davon könnten auch wir profitieren.

Hier sehe ich *Land und Kirchen gleichermaßen in der Pflicht.*

Rainer Pauschert

Anmerkungen und Einsichten aus Sicht der Evangelischen Kirche im Rheinland (EKiR)

Statistisch-formale Ergebnisse

64% der Unterrichtenden sind Pfarrer. Ich ergänze: drei Viertel des BRU wird von Pfarrern erteilt, 60% der Unterrichtenden sind über 51 Jahre alt. Diese Zahlen berühren a) die Personalplanungsmaßnahmen des Landes NRW und b) die des Landeskirchenamtes Düsseldorf:

a) Die Anzahl der BRU-Unterrichtenden ist viel zu niedrig – sowohl die der grundständig ausgebildeten Lehrer als auch die der kirchlichen Lehrkräfte. Es fällt schon jetzt ca. 1/3 des BRU, der nach Lehrplan erteilt werden könnte, aus. Staatliche Lehrkräfte für evangelischen BRU geben im Durchschnitt vier Wochenstunden, kirchliche Lehrkräfte unterrichten somit etwa sechsmal so viele Stunden wie staatliche Lehrkräfte. Ein Pfarrer ersetzt demnach sechs Lehrkräfte. Wo kommen diese Unterrichtenden zukünftig her? Das neue Landesausbildungsgesetz (LABG) sieht vor, dass nur noch das Lehramt für das Berufskolleg studieren kann, wer ein berufliches Fach mitbringt. Die Kombination aus Evangelischer Theologie und beruflichem Fach gibt es aber kaum, so dass hier durch das Land nachgesteuert werden muss, um mittelfristig den BRU abzudecken. Wir benötigen dringend mehr grundständig ausgebildete Lehrkräfte für den BRU!

b) Das Landeskirchenamt Düsseldorf ist in einem Pfarrstellenplanungsprozess, den die Landessynode 2016 beschließen muss. Angedacht ist zurzeit, dass die Anzahl der Schulpfarrstellen in dem Umfang reduziert werden, in dem auch die übrigen Stellen gekürzt werden. 2030 wird es somit ungefähr noch halb so viele Schulpfarrstellen wie jetzt geben. Die Lage in den anderen Landeskirchen in NRW ist ähnlich. Gespräche mit dem Ministerium für Schule und Weiterbildung NRW (MSW.NRW) haben zum Ziel, andere Berufsgruppen, wie z. B. Gemeindepädagogen, zu qualifizieren, um den Unterricht der scheidenden Pfarrer auffangen zu können. Abgesehen von der zu beantwortenden Qualitätsfrage ist es unsicher, ob dies im nötigen quantitativen Umfang gelingt.
Die evangelischen Kirchen werden bald nicht mehr in dem gewohnten Maß durch Gestellungsverträge Unterrichtsausfall auffangen können. Staat und Kirchen müssen hier dringend zu gemeinsamen Lösungen kommen.

Beheimatung der Unterrichtenden (S. 15)

Die Unterrichtenden verfolgen Ziele aus dem Bereich der Sozialkompetenz. Interessen einer kirchlichen Beheimatung sind hingegen völlig untergeordnet. Dies wird besonders deutlich bei Gestellungskräften (S. 18) und jungen Unterrichtenden. Die Tatsache, dass junge Erwachsene lernen, in ihrer privaten, beruflichen und gesellschaftlichen Umwelt zurechtzukommen, ist erklärtes Ziel beruflicher Bildung in unserer pluralistischen Welt. Dieses Interesse wird auch von der EKiR geteilt. Die neue EKD-Denkschrift „Religiöse Orientierung gewinnen" erklärt Pluralitätsfähigkeit zum Generalziel des Religionsunterrichts und der Schule überhaupt (siehe hierzu in der Dokumentation die graphische Darstellung der Ergebnisse mit Abb. 10–19).

Fortbildung

Die Tatsache, dass die Schulreferate auch als Fortbildungsträger im berufsbildenden Bereich genutzt werden, zeigt, dass BRU-Unterrichtende ihren Fortbildungsbedarf nicht nur im Bereich der Beruflichkeit sehen, sondern auch in dem der allgemeinen Religionspädagogik. Gestellungsvertragskräfte sehen darüber hinaus einen hohen Fortbildungsbedarf zum Thema „Neue Medien" (siehe hierzu in der Dokumentation die graphische Darstellung der Ergebnisse mit Abb. 26). Unsere Fortbildungsträger nehmen diese Ergebnisse mit Interesse zur Kenntnis und werden darauf bedarfsorientiert reagieren.

Zufriedenheit

Es gibt einen hohen Zufriedenheitsgrad bei der Erteilung des BRU. Interessant sind aber die Einschränkungen (siehe hierzu in der Dokumentation die graphische Darstellung der Ergebnisse mit Abb. 27 bis 30):

- Der Unterricht strengt besonders staatliche Lehrkräfte sehr an.
- Pfarrer empfinden ein solches Stressgefühl viel weniger, haben dafür aber verstärkt mit den Vorbehalten der Schulleitungen zu kämpfen.

An dieser Stelle müssten Fortbildung und Supervision greifen.

Konfessionalität

Die Frage konfessioneller Kooperation war bereits ein großes Thema der Untersuchung zum Religionsunterricht des EKiR. Ein Blick auf die verschiedenen Schulformen zeigt, dass das Modell „Evangelischer Lehrplan – evangelische Lehrkraft – evangelische Schüler", also das der katholischen Trias, von evangelischen Lehrkräften mit steigendem Alter ihrer Schüler abgelehnt wird. Hier gilt die Plausibilität des Faktischen: Das jeweils Vorfindliche erhält eine hohe Zustimmung bei den Lehrkräften. Herausragend im Schulvergleich der EKiR-Studie ist das Berufskolleg. Die Ergebnisse der EKiR-Studie sind mit den hier vorliegenden kompatibel. Am Berufskolleg sind die Lehrkräfte mit einem Unterricht im Klassenverband zufrieden, der sich an der Konfession der Lehrkraft orientiert. Komplizierte Modelle konfessioneller Kooperation sind wenig willkommen. Eine Segregation islamischer Schüler zugunsten eines Nachmittagsunterrichts lehnen die Befragten mit großer Mehrheit ab. Am klarsten und deutlichsten in diesem Sinne äußern sich dabei die Schulpfarrer. Eine altersspezifische Betrachtung bringt wenig weitere Erkenntnisse, da die Anzahl der Befragten z. T. zu gering ist.

Diese Sichtweise muss von den Kirchen ernst genommen und in den interkonfessionellen Dialog aufgenommen werden. Den evangelischen Kirchen bereitet dies keine großen Probleme. Die katholische Tradition ist hier mehr von dem Gedanken einer Trias geprägt.

Darüber hinaus muss die Tatsache, dass evangelische Lehrkräfte multireligiöse und weltanschaulich hoch differente Lerngruppe betreuen, didaktisch aufgearbeitet werden:

- Wie kann lernzieldifferenter Unterricht ein Lernen im Gleichschritt ablösen?
- Was heißt es, die gute Nachricht für Menschen zu interpretieren, die in einem beruflichen Kontext stehen und weltanschaulich keine Nähe zu uns haben?
- Was haben wir Menschen, die unsere Grundüberzeugungen nicht teilen, zu sagen, was sie nicht überwältigt, sondern einlädt?
- Wie sieht ein guter Evangelischer Religionsunterricht aus, der Differenzen nicht verwischt, sondern diese didaktisch nutzt, um Schüler pluralitätsfähig zu machen, wie es die aktuelle EKD-Studie zum Religionsunterricht fordert?
- Wie kann der Religionsunterricht solches Gedankengut in die Schulentwicklung einfließen lassen, um eine pluralitätsfähige Schule zu fördern?

Diese Fragen gilt es zeitnah zu beantworten. Wir hoffen an dieser Stelle auf die Vorarbeiten des bibor.

Religiosität am Berufskolleg

Im Vergleich zu Allgemeinbildenden Schulen finden an Berufskollegs weniger religiöse Feiern statt. An 40% der Schulen gibt es überhaupt keine Schulgottesdienste. Am ehesten finden sie am Schuljahresende oder anlassbezogen in Krisensituationen statt. Der Charakter ist weniger mit protestantischem Profil als viel mehr ökumenisch oder seltener multireligiös. Die Initiative zu religiösen Feiern geht, wenn sie denn stattfinden, mit großem Abstand von den BRU-Lehrkräften aus. Aber auch Schulleitungen, das Kollegium oder Schüler geben manchmal Impulse. Als Hauptverantwortliche geben sich eindeutig die BRU-Lehrkräfte zu erkennen. Angesichts einer weitflächig multireligiösen Schülerschaft, die zum großen Teil wenig kirchlich geprägt ist, verwundert das Ergebnis wenig. Wünschenswert wäre aus unserer Sicht aber eine Steigerung der Bedeutung religiöser Feiern auch am Berufskolleg, besonders dort, wo Schulpfarrer tätig sind.

Das Verhältnis von BRU und Kirche

Der BRU wird wenig als Lebens- und Wesensäußerung der verfassten Kirche verstanden. Zum Teil sehen die Unterrichtenden Zusammenhänge zwischen beiden, zu einem großen Teil verstehen sie sich und ihren Unterricht aber als relativ unabhängig von einer verfassten Kirche, die außerhalb des Klassenraums existiert. Darüber kann man nicht einfach hinweg gehen. Es bedarf einer nachhaltigen Gesprächskultur, für die sich die AGs der Bezirksbeauftragten anbieten. Der Verfasser kommt gerne hinzu.

Weiterhin stellt sich die Frage nach dem Gemeindemodell, das sich hier zeigt. Ich verstehe die Äußerungen der hier befragten Religionslehrkräfte als Teil einer Debatte, die wir führen müssen und die klärt, wie sich das Verhältnis von Parochie und Personalgemeinde entwickeln wird.

Erfahrungen mit Gemeinde und Kirche

Besonders bei den Pfarrern, aber auch bei den anderen Unterrichtenden, ist eine deutliche kirchliche Prägung festzustellen. Bei der Frage nach zukünftigen Schwerpunkten kirchlicher Arbeit können diese Zahlen wegweisend sein.

Ergebnisse zum Gedankenexperiment im BRU

Religionsunterricht bleibt in verschiedener Weise bei den Schülern in Erinnerung. Wenn man sich nur die beiden ersten Werte ansieht, so ist das Themengebiet der Ethik das wichtigste der im BRU vermittelten (73,5%). 38,8% der Befragten halten es für falsch, ein solches Fach „Religionslehre" zu nennen. Nur 25,1% der Befragten verstehen die in diesem Fach vermittelte Ethik aber als von der Bibel und von Gott her begründet.

Viele Unterrichtende glauben in ihrem Unterricht ein Selbst- und Weltverständnis vermittelt zu haben (71,3%). 59,1% der Befragten erwarten, dass religionskundliche Aspekte bei ihren Schülern in Erinnerung bleiben.

Mit 23,2% an den Schluss der Nachhaltigkeitserwartungen gedrängt ist die Vorfindlichkeit von Religion in Kirche, Meditation und Kunst. Wie bereits erwähnt hat dezidiert christliche Ethik kaum bessere Nachhaltigkeitswerte. Der von Pfarrern gegebene Unterricht weicht von diesem Bild nicht signifikant ab.

Aus meiner Sicht zeigen die Ergebnisse, dass es eines breiten Dialogs unter den Unterrichtenden und mit den Interessenvertretern des BRU bedarf. Wie kommen die Interessen der Schüler, der potentiellen Arbeitgeber, die des MSW, der Kirchen und die eigenen zusammen? Welche Intentionen verfolgt ein solcher BRU? Formal ist die Frage durch Lehrpläne beantwortet. Realistisch werden Curricula aber nur insoweit umgesetzt, als dass die Lehrkräfte deren Absicht nicht konterkarieren, sondern vertreten. Hier bedarf es, wenn ich die Ergebnisse zum Gedankenexperiment richtig verstehe, noch umfänglicher Gespräche.

Meinfried Jetzschke und Peter Henn

Evangelischer Religionsunterricht an beruflichen Schulen. Realitäten, Wünsche, Ideen

Ein Kommentar aus Sicht der kirchlichen Fortbildungsinstitute der EKvW und EKiR

1 Ergebnisse und Analysen

1.1 Vorbemerkungen

Die Evangelische Kirche im Rheinland (EKiR) ist zahlenmäßig größer (ca. 2.7 Mio. Mitglieder) als die Evangelische Kirche von Westfalen (EKvW; ca. 2.4 Mio. Mitglieder), vor allem aber flächenmäßig anders strukturiert. Die EKvW befindet sich, zusammen mit der Lippischen Kirche, ausschließlich auf dem Gebiet von NRW und nicht, wie die EKiR, auf dem Territorium von vier Bundesländern, mit all den damit verbundenen schwierigen bildungspolitischen Implikationen.

Die Analyse der vorliegenden Daten muss auch berücksichtigen, dass die Fortbildungslandschaft und die entsprechenden Zuständigkeiten traditionell in der EKiR und in der EKvW sehr unterschiedlich organisiert sind. In der EKvW gibt es seit ca. 15 Jahren eine vertraglich abgestimmte Zusammenarbeit zwischen den einzelnen Akteuren, d. h. konkret den Bezirksbeauftragten und dem PI Villigst. Die kirchliche Lehrerfortbildung der EKiR wird von verschiedenen Trägern durchgeführt (PTI Bonn, Bezirksbeauftragte, Schulreferate, Landeskirchenamt), und ist deshalb eher dezentral organisiert. Ein neu eingerichteter Fortbildungsbeirat soll zukünftig die Koordination der Angebote verbessern.

Hinsichtlich der Gewichtung der Aussagen und Perspektiven der Studie ist die Verteilung der Teilnahmequoten zu beachten: Während 69% der Befragten aus dem Gebiet der EKiR kommen, sind es aus der westfälischen Kirche nur 28% (siehe hierzu in der Dokumentation die graphische Darstellung der Ergebnisse mit Abb. 3). Die folgenden Ausführungen beziehen sich hauptsächlich auf den Teil 3, 4 und 7 der Studie („Fortbildungen", „Zufriedenheit mit dem BRU", „Verhältnis des BRU zur Kirche").

1.2 Heterogenität der Zielgruppe

Der größte Teil der Befragten (64%) sind Pfarrer im Gestellungsvertrag (siehe hierzu in der Dokumentation die graphische Darstellung der Ergebnisse mit Abb. 5). Diese Gruppe („theologische Profis") hat zwar ein Schulvikariat absolviert, dennoch sind, vor allem für Neueinsteiger, Kompetenzorientierung, Bildungsgangkonferenzen, Didaktische Jahresplanungen oder das Lernfeldkonzept eher fremde Begrifflichkeiten.

Die Gruppe der staatlichen Lehrer (27%) verfügt aufgrund ihrer Ausbildung über eine spezifische pädagogische Expertise. Zusammen mit den Absolventen von Zertifikatskursen (9%), die im Blick auf Fachwissenschaft und Fachdidaktik eher schmal ausgebildet sind, sind damit 36% von ihrer Ausbildung her als „Schulprofis" zu bezeichnen; wenn wir auf die Gruppe der Jüngeren schauen, sind diese bereits mit den neuen Bildungsplänen und der Kompetenzorientierung aufgewachsen, theologisch und religionspädagogisch aber nicht so breit aufgestellt wie die Pfarrer im Schuldienst.

Der Blick auf die Alterspyramide gleicht, noch stärker als es die demografische Entwicklung schon erwarten lässt, einem Kegel: 87% der Befragten sind älter als 40, nur 13% sind zwischen 25 und 40 Jahren alt (siehe hierzu in der Dokumentation die graphische Darstellung der Ergebnisse mit Abb. 6).

Es stellt sich die Frage, wie sich diese Personengruppen hinsichtlich ihrer Fortbildungswünsche bzw. Fortbildungsbedarfe unterscheiden. Folgende Perspektive könnte sich anbieten: Während die Älteren eher analoge Arbeitstechniken und Sozialformen gewöhnt sind, verstehen sich die Jüngeren als „digital natives" und haben damit eine größere Affinität zu modernen Medien.

1.3   Ethik, Identitätsbildung und Selbstbewusstseinsstärkung

Die Umfrage ermöglichte den Kollegen das Ankreuzen von zwanzig unterschiedlichen Zielen, die sie mit ihrem Unterricht verfolgen wollen. Differenzierungsmöglichkeiten gab es hinsichtlich Geschlecht, Anstellungsträger und Alter. Die Top-Werte sind bei allen Teilgruppen unumstritten: Ethik, Selbstbewusstseinsstärkung und Identitätsbildung stehen für alle Lehrkräfte im Vordergrund. Scheint hierbei auf den ersten Blick ein Konsens zu bestehen, so sind doch Differenzierungen im Detail nötig.

Hundert Prozent der 25–30-Jährigen möchten im Unterricht zum Nachdenken über theologische Fragen anleiten (siehe hierzu in der Dokumentation die graphische Darstellung der Ergebnisse mit Abb. 15), bei den über 60-Jährigen sind es 77,3% (siehe hierzu in der Dokumentation die graphische Darstellung der Ergebnisse mit Abb. 19). Zugleich möchten nur 16,7% der Jüngeren Zugänge zu biblischen Texten eröffnen (s. o.). Wie aber soll das gehen? Wie wollen die jungen Kollegen theologisches Denken einüben, wenn eine biblische Fundierung ausbleibt? Sind die jüngeren Lehrkräfte selbst mit den biblischen Texten nicht mehr vertraut?

Welche Schlussfolgerungen sind daraus zu ziehen? Notwendig erscheinen Unterscheidungen zwischen Wünschen und Bedürfnissen einerseits sowie Anforderungen und Bedarfen andererseits. Und was heißt das für die Fortbildungsarbeit? Die Erfahrungen in den Zertifikatskursen (Ev. Religionslehre für das BK in NRW) zeigen, dass die Arbeit mit historischen Texten bzw. Quellen und der historisch-kritische Umgang mit der Bibel für die meisten völlig fremd ist und dass es eine große Herausforderung darstellt, das notwendige hermeneutische Denken einzuüben.

1.4 Relation BRU – Kirche

Die Ergebnisse zum Verhältnis von BRU und Kirche sind bemerkenswert: Immerhin wollen 45,3% aller Befragten die Urteilfähigkeit über die Kirche als Institution befördern (siehe hierzu in der Dokumentation die graphische Darstellung der Ergebnisse mit Abb. 10; Höchstwert von 48,7% bei Pfarrern, niedrigster Wert bei den 25–40-Jährigen). Bezüge zum kirchlichen Leben wollen insgesamt 43,3% aufzeigen (Höchstwert von 50% bei den 25–40-Jährigen, niedrigster Wert von 36,4% bei den über 60-Jährigen). Die Verkündigung des Evangeliums stellen insgesamt 20,9% als Unterrichtsziel heraus (höchster Wert von 33,3% bei den 25–30-Jährigen, niedrigster Wert von 13,8% bei den Pfarrern). Eine Minderheit möchte die Schüler in der Kirche beheimaten (insgesamt nur 8,9% der Befragten; höchster Wert von 13,8% bei Lehrern, niedrigster Wert von 0,0% bei den 25–30-Jährigen). Nimmt man die insgesamt positiven Voten zusammen, dann sehen 57,8% der Lehrkräfte den BRU als Erfahrungsraum von Kirche (siehe hierzu in der Dokumentation die graphische Darstellung der Ergebnisse mit Abb. 61). Auch hier ist eine gewisse Widersprüchlichkeit zu beobachten und bedarf der näheren Klärung. Wie können Evangelium und kirchliches Leben befürwortet werden bei gleichzeitig großer Distanz zur verfassten Kirche? Geht diese Distanz zur Kirche einher mit einer Zuwendung zu Freikirchen? Werden andere Organisations- und Veranstaltungsformen gesucht, kirchliche Festivals oder eine kirchliche Eventkultur?

Der Kirchenbegriff erscheint zum einen diffus und ungeklärt und scheint zum anderen auch sehr widersprüchlich verwendet zu werden. Nehmen die Lehrkräfte sich selbst in ihrem Anspruch ernst? Oder ist mit dem Einen die Institution Kirche („in der Kirche beheimaten") und mit dem Anderen der lebendige Leib Christi („Kommunikation des Evangeliums") gemeint? Ekklesia visibilis und invisibilis?

1.5 Zufriedenheit – Unzufriedenheit

Keinen BRU mehr zu unterrichten, haben 18,1% der staatlichen und 25% der kirchlichen Lehrkräfte bereits einmal erwogen (siehe hierzu in der Dokumentation die graphische Darstellung der Ergebnisse mit Abb. 27 bis 29). Die Hauptgründe für diese Option liegen bei kirchlichen Lehrkräften in Vorbehalten der Schulleitung (23,5%), Behinderung durch Lehrpläne (17,6%) und Bedenken gegenüber der Konfessionalität des BRU (8,8%); bei staatlichen Lehrkräften sind andere Gründe maßgebend: BRU ist zu anstrengend (66,7 %), Behinderung durch Lehrpläne (40%) und ungenügende Identifikation mit der Kirche (33,3%).

1.6 Fortbildung: Bedarfe und Bedürfnisse

Wenn nun konkret die Ergebnisse der Umfrage zum Thema „Fortbildung" in den Blick genommen werden, muss man noch einmal die Eckdaten der Zielgruppen ins

Gedächtnis rufen: 64% Pfarrer („theologische Profis"), 27% Lehrer („pädagogische Profis") und 9% Absolventen von Zertifikatskursen bilden die BRU-Lehrkräfte – 87% davon sind älter als 40 Jahre, 13% jünger als 40 Jahre.

Die theologischen und religionspädagogischen Kompetenzen sind ungleich verteilt. Diese These lässt sich mit den Erfahrungen der Fachseminare (ZfsL) stützen, wo – im Rahmen der Pädagogischen Einführung – kirchliche und staatliche Lehrkräfte gemeinsam ausgebildet werden.

Welche Fortbildungswünsche artikulieren Lehrer bzw. Pfarrer? (Siehe hierzu in der Dokumentation die graphische Darstellung der Ergebnisse mit Abb. 20, 25 und 26)

Interesse an Fortbildungsthemen	Lehrer und Lehrerinnen	Pfarrer und Pfarrerinnen	Differenz
Seelsorge im BRU	40,2%	**64,3%**	24,1%
Neue Unterrichtsmethoden und Medien	52,4%	**74,1%**	21,7%
Gesprächsführung, Klassenraumpräsenz und Stimmtraining	29,3%	**44,4%**	15,1%
Formen impliziter Religiosität bei Jugendlichen	53,7%	**63,9%**	10,2%
Theologie des Islam	49,4%	**59,4%**	10,0%
Biblische Texte im BRU	**55,4%**	46,5%	8,9%
Allgemeine Hochschulreife/Zentralabitur	30,5%	**39,2%**	8,7%
Religiöse Aspekte der Erziehung	**50,6%**	42,7%	7,9%
BRU in der dualen Berufsausbildung	**57,8%**	50,0%	7,8%
Fortschritte beruflicher Technologie	**39,0%**	31,7%	7,3%
Supervision und kollegiale Fallberatung	36,6%	**42,4%**	5,8%
Theologie des Judentums	**47,0%**	42,0%	5,0%
Religiöse Dimension und Lebens-orientierung Jugendlicher	**75,9%**	71,5 %	4,4%
DQR – aktueller Stand, Einordnung, Konsequenzen	**31,7%**	28,7%	3,0%

Die Tabelle listet die Themen auf, in denen die Differenzen hinsichtlich der Fortbildungswünsche beider Gruppen am deutlichsten sind. Es zeigt sich, dass es sowohl Ambitionen zum „update" der eigenen Profession gibt („Seelsorge", „Religiosität von Jugendlichen" bei kirchlichen Lehrkräften; „BRU in der dualen Berufsausbildung", „DQR" bei staatlichen Lehrkräften), als auch Wünsche zur Kompensation von eigenen Defiziten („Neue Unterrichtsmethoden", „Gesprächsführung", „AHR" bei kirchlichen Lehrkräften, „biblische Texte", „religiöse Aspekte der Erziehung", „Theologie des Judentums" bei staatlichen Lehrkräften).

Aber die Wünsche und die Bedürfnisse der Lehrkräfte entsprechen nicht automatisch den didaktischen Anforderungen und Bedarfen. Aus Sicht der kirchlichen Fortbildungsinstitute sind Tagungen zur Stabilisierung der eigenen Person oft gut besucht („Lehrergesundheit", „eigene Spiritualität"), obwohl sie in der Liste so nicht erscheinen. Andererseits müssen Tagungen aufgrund mangelnder Anmeldezahlen abgesagt werden, obwohl sie den Voten der Umfrage zu entsprechen scheinen. Eine Ausnahme bilden in beiden Fortbildungsinstituten die Veranstaltungen zur Implementierung neuer Bildungspläne, die allerdings mit dem „Segen" der Schulaufsicht versehen sind und dadurch wohl eher einer Dienstpflicht entsprechen.

Was aber hält die Lehrkräfte davon ab, Fortbildungsveranstaltungen zu besuchen, die sowohl der eigenen Professionalisierung dienen, als auch den schulischen und didaktischen Bedarfen entsprechen?

In der Umfrage der EKiR zum RU (2013/2014; noch unveröffentlicht) werden ganz deutlich die Gründe zur Nichtteilnahme an kirchlichen Fortbildungsveranstaltungen genannt. 44,2% der befragten RU-Lehrkräfte geben an, zu wenig Zeit zu haben, weil schulische Verpflichtungen Vorrang haben. Nimmt man die privaten Lebensumstände hinzu, so erscheinen die Fortbildungsangebote oft als eine zusätzlich zu meisternde Belastung, die im Alltag kaum zu integrieren ist. Außerdem unterrichten die staatlichen Lehrkräfte in der Regel ein zweites Unterrichtsfach, das persönlich oft als „Hauptfach" gilt und ebenfalls Fortbildungszeit beansprucht.

Im Schulgesetz ist eine Fortbildungsverpflichtung für Lehrer verankert (§ 57 Abs. 3 SchulG NRW); laut Erlass stehen den Lehrkräften dafür insgesamt zehn Tage Sonderurlaub für kirchliche Fortbildungsveranstaltungen zu (http://www.lehrerfortbildung. schulministerium.nrw.de/Fortbildung/Kirchliche-Fortbildung). Die Erfahrungen zeigen, dass sich die Fortbildungsaktivitäten auf eine begrenzte Anzahl der Kollegen beschränken und die Teilnahme kaum bzw. gar nicht nachgehalten wird.

Die kirchlichen Institute und auch die Bezirksbeauftragten sind als Fortbildungsanbieter zwei „Dienstherren" verpflichtet. Zum einen hat der Staat seinen Fortbildungsauftrag für den BRU an die Kirchen delegiert und refinanziert das auch durch einen entsprechenden Finanzzuschuss. Und damit – das konnte bei der Implementierung der neuen Bildungspläne wahrgenommen werden – werden ganz konkrete Erwartungen verknüpft. Den Hauptteil der Kosten bringt aber nach wie vor die Kirche aus Kirchensteuermitteln auf. Und auch das ist selbstverständlich mit der kirchlichen Erwartung verbunden, dass die Fortbildungen religionspädagogischen und theologischen Qualitätsansprüchen genügen sollen. Staat und Kirche können aber noch so hohe Erwartungen formulieren, letztlich können sie die Teilnahme nicht erzwingen. Bei den Pfarrern könnten die Landeskirchen durch eine entsprechende Dienstanweisung Einfluss nehmen.

Die Umfrage liefert leider keine Fragen und Hinweise zu den gewünschten Veranstaltungsformaten. Die Erfahrung zeigt, dass Veranstaltungen mit Übernachtungen kaum noch von den Teilnehmern angenommen werden. Das betrifft auch Angebote am Wochenende. In der schon erwähnten Studie der EKiR zum Religionsunterricht (s. o.) haben halb- oder eintägige Formate bei den Kollegen die höchsten Akzeptanzwerte. Insgesamt scheint es auch bei den Lehrkräften im Berufskolleg einen Primat der Formate vor den Inhalten zu geben. Die Teilnahme bzw. Nichtteilnahme folgt dabei den schulischen und privaten Rahmenbedingungen und nicht den prinzipiell gewünschten oder notwendigen Fortbildungsinhalten.

2   Herausforderungen und Antagonismen

1   Die Fortbildungsarbeit der Kirchen steht im Widerstreit unterschiedlicher Interessen und Erwartungen:
  * die Teilnehmenden in ihrer Differenziertheit
  * der Fortbildungsauftrag des Staates
  * der Fortbildungsauftrag der Kirche

2   Da es in NRW für staatliche und kirchliche Lehrkräfte zwar eine prinzipielle, aber keine nachgehaltene Fortbildungsverpflichtung gibt, müssen sich die kirchlichen Fortbildungsangebote auf dem ‚freien Markt' behaupten.

3   Die Lehrkräfte brauchen und wünschen sich theologisches Rüstzeug: Theologische Grundlagenarbeit ist notwendig. Wie, wo und von wem kann sie in der Weise geleistet werden, dass sie die Lehrer auch wahrnehmen?

4   Den jüngeren staatlichen Lehrkräften (25–30 Jahre) scheint zum großen Teil eine engere kirchliche Bindung zu fehlen. Sie wollen „verkündigen" – allerdings ohne biblische und ohne kirchliche Basis. Hier ist eine enge Zusammenarbeit und Vernetzung von den kirchlichen Fortbildungsinstituten mit Bezirksbeauftragten und Schulreferaten notwendig. Wie kann es gelingen, die jungen Lehrer mit ihren Fragen und Vorstellungen so ernst zu nehmen, dass sie „Kirche" auch als ihre „Heimat" erkennen?

5   Die Pfarrer brauchen und wünschen sich pädagogisch-didaktisches Know-how sowie Unterstützung bei der Entwicklung einer professionellen Lehrerrolle. Dazu sind personenorientierte Trainings, Videofeedback, Professionelle Lerngruppen etc. notwendig. Wie kann das installiert und nachgehalten werden? Wer stellt die notwendigen Ressourcen zur Verfügung?

6   Die Pfarrer wollen im Bereich der Schulseelsorge unterstützt werden. Der Schulseelsorgebereich ist sowohl in der EKiR als auch in der EKvW im Ausbau begriffen. Eine Ausweitung des Engagements an den beruflichen Schulen erscheint angebracht.

7   Darüber hinaus erwartet der Staat, dass die Kirchen durch die Bezirksbeauftragen und die landeskirchlichen Institute dem staatlichen Fortbildungsauftrag nachkommen, indem sie z. B. die Implementierung der neuen Bildungspläne durch entsprechende Maßnahmen begleiten.

8   Die Lehrer erwarten ihrerseits, den Arbeitsaufwand im Rahmen des Zentralabiturs bzw. der Bildungsgangarbeit durch entsprechende Angebote erleichtert zu bekommen.

9   Das Ministerium für Schule und Weiterbildung NRW (MSW.NRW) präferiert eindeutig systemische schulinterne Fortbildungen. Die Lehrkräfte möchten aber gerne Fachfortbildungen *extra muros scholae* besuchen. Da der gesetzlich garantierte Fortbildungsurlaub von zehn Unterrichtstagen (vgl. Erlasslage: BASS 20–52 Nr. 5) nur ein „Papiertiger" ist, reduziert sich der faktische Fortbildungsaufwand bei den meisten auf ein absolutes Minimum.

10 Dieser faktische Minimalismus führt dazu, dass Nachhaltigkeit in der Fortbildungsarbeit zu einem Fremdwort wird. Denn reale und bleibende Veränderungen
erzielt man ausschließlich durch längere, feedbackgesteuerte Prozesse.

11 Konfessioneller BRU (in getrennten Lerngruppen) wird nur von einer äußerst kleinen Minderheit gewünscht. Dabei ist allerdings beachtenswert: je jünger – desto
mehr! Bei den 25–30-Jährigen wünschen 16,7% nach Konfessionen getrennten
BRU! Der Unterricht im Klassenverband ist aber nicht nur die „graue" Realität,
er wird, angesichts der personellen Voraussetzungen an den Schulen, wohl kaum
durch konfessionell-kooperative Formen ersetzt werden können.

12 Damit sind massive Herausforderungen für die Fortbildungsarbeit verbunden:
Entwicklung kooperativer Curricula, Fortbildungskonzepte und Fortbildungsveranstaltungen.

3   Perspektiven

- Angesichts der großen fachdidaktischen Herausforderungen und einem ungesteu-
erten Teilnahmeverhalten der Lehrkräfte muss über eine Fortbildungsverpflichtung für staatliche und kirchliche Lehrkräfte nachgedacht werden, die auch in der
Praxis nachgehalten wird.

- Der durch Erlass geregelte Fortbildungsurlaub von zehn Tagen muss gewährt werden und darf nicht – konkret in den Schulen – „erbettelt" werden müssen.

- Es müssen Konzepte für kontinuierliche und damit nachhaltige Unterrichtsent-
wicklungsprozesse/Professionalisierungsprozesse (PLG) schulintern und schulex-
tern erarbeitet werden.

- Eine Ausweitung der Pädagogischen Einführung auf alle (!) kirchlichen Lehrkräfte im Berufskolleg ist dringend geboten. Die Kooperation mit den ZfsL in NRW
ist insgesamt zu intensivieren.

- Die Entwicklung eines kooperativen Fortbildungskonzeptes muss durch Landes-
kirchen- und Bistumsgrenzen überschreitende Rahmenbedingungen so vorberei-
tet werden, dass das operative Fortbildungsgeschäft störungsfrei realisierbar ist.
Grundlage müssen gemeinsam erstellte Bildungspläne sein, die eine konstruktive
Bildungsgangdidaktik ermöglichen.

- Die dafür notwendigen Ressourcen können nur durch eine enge Vernetzung und
Zusammenarbeit aller Akteure auf allen Ebenen generiert werden.

- Dieses Netzwerk – bestehend aus ZfsL, Bezirksbeauftragten, kirchlichen Fortbildungsinstituten (und in Zukunft natürlich auch Fortbildungseinrichtungen weiterer
Religionen, die Religion in NRW als ‚ordentliches Lehrfach' unterrichten), bibor,
Lehrerverbänden – sollte ein abgestimmtes und bedarfsgerechtes Fortbildungs-
konzept entwickeln, das validen Qualitätsstandards der Fortbildungsarbeit gerecht
wird.

3.
Herausforderungen und Chancen für den BRU

Monika Marose, Michael Meyer-Blanck und Andreas Obermann

Zukunftsweisende Herausforderungen für den BRU
Thesen zu den Ergebnissen der NRW-Umfrage des bibor[1]

Nachwuchskräfte aquirieren

1 Die Lehrkräfte des Berufsschulreligionsunterrichts (= BRU) sind im Durchschnitt deutlich älter als die übrigen Lehrkräfte an Berufskollegs in NRW insgesamt. Über 60% der BRU-Lehrkräfte werden in den kommenden 15 Jahren den Schuldienst aus Altersgründen verlassen.
2 Referendare mit dem Fach Religion finden bisweilen keine Anstellung in staatlichen Schulen, was die Versorgung der Auszubildenden im BRU und die Motivation zum Studium des BRU schmälert.
3 Eine Anstellung als Lehrkraft im Berufskolleg sollen in Zukunft nur diejenigen erhalten, die die Facultas für mindestens ein berufliches Fach aufweisen können, was die Anzahl der Referendarinnen und Referendare mit allgemeinbildenden Fächern insgesamt schmälern wird, sofern Personen mit zwei allgemeinbildenden Fächern und Seiteneinsteiger aus allgemeinbildenden Schulen ausgeschlossen werden.

- *Die Erteilung des Fachs Evangelische Religion an Berufskollegs ist mittelfristig gefährdet, wenn es nicht gelingt, mehr Abiturient/inn/en für das Studium des BRU zu gewinnen. Hierfür bedarf es konzertierter Bemühungen aller beteiligten Partner (Kirchen in NRW, MSW.NRW, Universitäten).*

Eine konfessionelle Didaktik profilieren

1 Der BRU spielt im Blick auf andere Schulformen hinsichtlich der durchgehend multireligiös heterogenen Lerngruppen und des Unterrichts im Klassenverband eine besondere Rolle.
2 Von allen BRU-Lehrkräften präferieren 72% einen BRU in multireligiös-pluralen Lerngruppen. Entsprechend gestalten evangelische Lehrkräfte die Gottesdienste und religiösen Feiern an Berufskollegs zu über 55% ökumenisch, zu über 18% interreligiös und nur zu 20% evangelisch.
3 In ihrem BRU wollen 95,6% der Lehrkräfte die „interreligiöse und interkulturelle Dialogfähigkeit" der Schüler fördern. Dagegen sind Ziele mit einer Beheimatung der Schüler in der Kirche von weniger als 20% der Lehrkräfte gewollt.

---

[1] Die Thesen wurden formuliert anlässlich der öffentlichen Präsentation der Ergebnisse der bibor-Umfrage am 18. Juni 2015 im Universitätsforum der Universität Bonn.

- *Evangelische Lehrkräfte wollen den BRU mehrheitlich bewusst konfessionell-kooperativ und interreligiös prägen: Dieser Gestaltungswille hat Auswirkungen auf die konfessionelle Prägung des BRU, sofern er in überkonfessionell-interreligiösen Kontexten eine andere theologische Identität erhält – anders auch im Vergleich mit anderen Schulformen. Von daher ist es eine zukunftsweisende Aufgabe, die konfessionelle Ausrichtung des BRU und seine theologische Identität in ökumenischer (und interreligiöser) Perspektive didaktisch neu zu konzipieren.*
- *Der BRU besitzt ein hohes Innovationspotential für die Konzeption einer gesellschaftlich-zukunftsfähigen Religionspädagogik insgesamt: Im Blick auf die didaktische Neukonzeption des Verständnisses von „Konfessionalität in der Schule" kann der BRU für alle für den RU zuständigen und mit ihm befassten Kirchen (ökumenisch), Universitäten und Ministerien als „religionspädagogische Zukunftswerkstatt" dienen.*
- *Zukünftige BRU-Lehrkräfte bedürfen umfangreicher multireligiöser und kultureller Kenntnisse. Sie zeichnen sich aus durch eine hohe Sensibilität und Flexibilität in der Begegnung mit Lernenden unterschiedlicher religiöser, agnostischer oder atheistischer Orientierung. Hierfür bedürfen sie der größtmöglichen Freiheit zur Entfaltung ihrer theologischen Identität in ihrem Unterricht.*

Fortbildungen präzisieren

1 Die Fortbildungswünsche der Lehrkräfte zeigen als Katalog von Bedarfen für den BRU gleichfalls eine Ausrichtung des BRU in ökumenischer und interreligiöser Weite, die nach Meinung der Lehrkräfte als für den BRU konstitutiv zu gelten habe.

2 Die favorisierten Fortbildungsthemen mit über 70% Zustimmung leiten die BRU-Lehrkräfte aus den Sozialisationsbedingungen und Bedürfnissen der Jugendlichen ab. Neben der Orientierung des BRU an den wirtschaftlichen und politischen Realitäten sind auch lebensbiographisch-existentielle Fragen der Auszubildenden ein wesentliches Kriterium von Fortbildungswünschen. Zudem wollen BRU-Lehrkräfte einen professionellen Umgang mit Konfliktpotentialen und Aggressionen der Auszubildenden erwerben.

3 Theologisch geht es den BRU-Lehrkräften um realitätsnahe Lehr-Lern-Prozesse von im weitesten Sinne evangelischen Inhalten im Kontext der gegenwärtigen Anforderungen der unterschiedlichen Berufsfelder (im Sinne eines materialen bzw. kategorialen Berufsbezugs).

- *Für die Konzeption zukünftiger Fortbildungen gilt es besonders die multireligiös-plurale Gesellschaft als Hintergrund des BRU konsequent in den Blick zu nehmen. Gemeinsam verantwortete Fortbildungen in ökumenischen wie auch interreligiösen Dialogprozessen können zukunftsweisende Kompetenzen vermitteln, die für die Schulentwicklung und die berufliche Handlungsfähigkeit unverzichtbar sind.*

- *Didaktisch sollten zukünftige Fortbildungsangebote an der religiösen und beruflichen Sozialisation der Auszubildenden als junge Erwachsene orientiert sein, um den spezifischen Anforderungssituationen der jungen Menschen beim Start in die Berufswelt gerecht zu werden.*
- *Für die didaktische Profilierung der berufsorientierten Religionspädagogik bedarf es bei den beteiligten Hochschulen und religionspädagogischen Instituten einer intensiven Auseinandersetzung mit den aktuellen Herausforderungen der Beruflichkeit und der beruflichen Ausbildungssituationen der Jugendlichen.*

Profilanforderungen an zukünftige BRU-Lehrkräfte

Berufliche, berufspädagogische, gesellschaftliche sowie kirchlich-theologische Entwicklungen bestimmen das zukünftige Anforderungsprofil von BRU-Lehrkräften sowie die von ihnen erwarteten pädagogischen Kernkompetenzen:

- *Zukünftige BRU-Lehrkräfte sollten im Blick auf ihre Schüler zukünftige Entwicklungen in ihrer Vielfalt diagnostizieren, didaktisch und theologisch reflektieren sowie religionspädagogisch operationalisieren können.*
- *Zukünftige BRU-Lehrkräfte sollten dezidiert den – für eine berufsorientierte Religionspädagogik konstitutiven – Berufsbezug der Gegenstände und Themen ihres Religionsunterrichts in ihre operationalisierten Lehr-Lern-Prozesse einbauen können.*
- *Zukünftige BRU-Lehrkräfte sollten auf Veränderungen in beruflicher wie auch gesellschaftlicher Hinsicht (z. B. Industrie 4.0) flexibel reagieren und diese didaktisch in ihren BRU integrieren können.*
- *Zukünftige BRU-Lehrkräfte sollten authentische Äußerungen Jugendlicher mit religiöser Konnotation identifizieren, reflektieren und didaktisch in Beziehung setzen können zu ihrem berufsorientierten RU mit seinen religionspädagogischen Bildungszielen.*

Reinhold Weiß

Kompetent, flexibel und lernbereit
Anforderungen auf dem Arbeitsmarkt der Zukunft

1. Abstimmung zwischen Bildungs- und Beschäftigungssystem

Deutschland zeichnet sich durch eine vergleichsweise gute Passung zwischen Bildungs- und Beschäftigungssystem aus. Hinweise dafür liefert nicht zuletzt die vergleichsweise geringe Arbeitslosigkeit von beruflich wie auch von akademisch qualifizierten Fachkräften (IAB 2015, 2). Ebenso gibt es Hinweise darauf, dass es in Deutschland eine vergleichsweise gute Passung zwischen Bildungsabschluss und beruflicher Positionierung gibt (vgl. Müller/Shavit 1998, 504). Dies dürfte indessen weniger an einer bedarfsorientierten Ausrichtung der Bildungspolitik liegen. Die Bildungsexpansion seit den sechziger Jahren wurde zwar stets auch mit dem Bedarf von Wirtschaft und Gesellschaft im Sinne des Manpower-Ansatzes begründet, aber kaum mit Prognosen des Bedarfs unterlegt. Stattdessen wurde die Bildungsplanung von der Nachfrage nach (höherer) Bildung, ebenso von finanziellen und personellen Restriktionen bestimmt. Die relativ gute Passung dürfte weit mehr eine Folge der großen Bedeutung der dualen Berufsausbildung sein. Die Abstimmung zwischen Bildungs- und Beschäftigungssystem erfolgt hier durch die Berufswahlentscheidungen der jungen Menschen sowie die Bereitstellung von Ausbildungsplätzen durch die Unternehmen.

Analysen und Berechnungen des künftigen Bedarfs waren in der Bildungspolitik schon deshalb obsolet, weil sie dem Recht auf Bildung Grenzen setzen. Hinzu kam, dass Prognosen im Feld der Bildung und des Arbeitsmarktes höchst unsicher sind, denn der Arbeitsmarkt ist durch eine hohe Volatilität und Brüche als Folge unvorhergesehener Einflüsse und veränderter Rahmenbedingungen gekennzeichnet. Hinzu kommt, dass sich Menschen und Institutionen selten erwartungsgemäß verhalten; sie ändern vielmehr Einstellungen und Präferenzen. Selbst in Bereichen mit scheinbar sicheren Datengrundlagen, etwa der Berechnung des künftigen Lehrerbedarfs, waren Prognosen schon nach wenigen Jahren überholt.

Gleichwohl werden immer wieder Prognosen zur künftigen Entwicklung einzelner Segmente des Arbeitsmarktes oder einzelner Absolventengruppen erstellt. Sie dienen zum einen der Information von Entscheidungsträgern, zum anderen sind sie ein Instrument, um Einfluss auf die Öffentlichkeit zu nehmen und das Bildungsverhalten zu beeinflussen. Relevant für Entscheidungsträger wären vor allem Prognosen für einzelne Segmente, Berufe oder Absolventengruppen. Je detaillierter sie aber sind, desto größer ist das Risiko einer Fehlprognose. Je allgemeiner und unspezifischer sie hingegen ausfallen, umso wahrscheinlicher ist das Eintreten der vorausgesagten Entwicklungen. Zugleich werden die Aussagen aber so abstrakt oder banal, dass sie für die Akteure in Wirtschaft und Politik wenig tauglich sind.

Nun ist es indessen nicht so, dass keine Instrumente zur Verfügung stünden, die Rückschlüsse auf künftige Entwicklung zulassen. Es gibt unter anderem Szenarien und Projektionen, statistische Analysen, Panel-Untersuchungen und Expertenbefragungen. Sie geben Entwicklungsverläufe und Einschätzungen wider und sind umso zuverlässiger, je besser die Datenbasis ist, je kürzer der Prognosezeitraum ist und je kontinuierlicher Entwicklungen verlaufen.

2.   Kein Ende der Arbeitsgesellschaft und des Berufs

Immer wieder wurde in der Vergangenheit ein Ende der (kapitalistischen) Arbeitsgesellschaft vorausgesagt. Prominente Vertreter dieser These waren unter anderem Karl Marx, Hannah Arendt oder auch Rolf Dahrendorf. In den neunziger Jahren des letzten Jahrhunderts sorgten die Thesen Jeremy Rifkins (1996, 48) für Diskussionen. Als Folge der Automatisierung von Produktionsprozessen und der Ausbreitung der Informationstechnik käme es, so argumentierte Rifkin, zu einem massiven Rückgang von Arbeitsplätzen in der Industrie, im Handel und traditionellen Dienstleistungen und infolgedessen zu einem massiven Anstieg der Arbeitslosigkeit, vor allem bei gering Qualifizierten. Die kapitalistische Gesellschaft käme dadurch in eine fundamentale Akzeptanz- und Legitimationskrise. Zur Kompensation der Arbeitsplatzverluste sollte im Nonprofit-Bereich mit öffentlicher Unterstützung ein „dritter Sektor", basierend auf Freiwilligenarbeit und gemeinschaftsbezogenen Dienstleistungen, aufgebaut werden.

Aus heutiger Sicht fällt eine Bewertung der Einschätzungen Rifkins differenziert aus. Zwar hat es zum Teil massive Arbeitsplatzverluste in industriellen Sektoren gegeben, auch gibt es nach wie vor erhebliche Probleme mit einer verfestigten Langzeitarbeitslosigkeit. Auf der anderen Seite ist die Erwerbstätigkeit in den vergangenen Jahren deutlich angestiegen. Sie hat inzwischen ein Rekordniveau von mehr als 43 Mio. Erwerbstätigen erreicht (Statistisches Bundesamt 2016). Parallel dazu ist die Arbeitslosigkeit deutlich gesunken.

Eine andere, parallel dazu vertretene These sagte das Ende der Beruflichkeit und der beruflich strukturierten Arbeitsmärkte voraus. Sie wurde vor allem von Vertretern der Industriesoziologie propagiert (vgl. u. a. Baethge/Baethge-Kinsky 1998). Begründet wurde sie mit den veränderten Anforderungen aufgrund der Einführung neuer Modelle der Arbeitsorganisation. Anstelle der beruflichen Spezialisierung, die auf einer dominanten Fachlichkeit und beruflichen Fertigkeiten basiert, würden stärker kognitiv-abstrakte, übergreifende und kommunikative Kompetenzen benötigt. Arbeitsplätze für Facharbeiter würden entweder durch Technik obsolet oder künftig durch Hochschulabsolventen besetzt werden. Ein anderer Argumentationsstrang stellte die Ganzheitlichkeit der Berufsbildung infrage. Da sie keine Basis mehr für eine lebenslange Beschäftigung darstellt, müsse sie stärker auf Berufswechsel, „Patchwork-Karrieren" (Bloemer 2005) und ein lebensbegleitendes Lernen vorbereiten. Anstelle der starren Strukturen und Inhalte seien stärker differenzierte und flexibilisierte Formen der Berufsausbildung erforderlich. Aufgegriffen wurde diese These unter anderem von Euler/Severing (2007). Sie gipfelte in der Forderung, das System der Bildung in und durch Berufe abzulösen durch ein System flexibel kombinierbarer Bausteine zu ersetzen.

Zweifellos gibt es in der Wirtschaft einen Trend in Richtung kognitiv-abstrakter und übergreifender Kompetenzen. Dies hat aber nicht zu einer Ablösung von Berufen und beruflich Bildungsgängen geführt. Im Gegenteil: Berufe bilden nach wie vor ein zentrales Element der Strukturierung von Bildungsgängen wie auch von Arbeitsmärkten. Eine Aufgabe des Berufsprinzips ist weder in der betrieblichen Personalpolitik noch in der Berufsbildungspolitik erkennbar. Anerkannte und bundeseinheitlich geregelte Berufe bilden eine wichtige, ja geradezu unerlässliche Information für Arbeitgeber wie auch für Arbeitnehmer. Sie erleichtern das Matching zwischen Angebot und Nachfrage auf den Arbeitsmärkten. Das zeigt nicht zuletzt die Einführung des sogenannten Anerkennungsgesetzes, um Inhabern ausländischer Abschlüsse den Zugang zum Arbeitsmarkt zu erleichtern. Aus pädagogischer Sicht stellt das Berufsprinzip außerdem eine zentrale Begründung für den Bildungsanspruch der Berufsbildung dar. Denn damit verbindet sich die Zielsetzung, auf eine breite Palette unterschiedlicher Berufstätigkeiten vorzubereiten und individuelle Kompetenzen ganzheitlich zu entwickeln. Aus gewerkschaftlicher Sicht sind der Beruf und eine qualifizierte, in der Regel dreijährige Berufsausbildung schließlich die Basis für eine qualifizierte und letztlich auch angemessen vergütete Arbeit.

Kutscha sieht im Berufsprinzip sogar das zentrale Merkmal des deutschen Berufsbildungssystems. Seines Erachtens ist nicht die „imaginäre Dualität des Systems (…) der harte Kern des sogenannten Dualen Systems, sondern die Verfestigung des Berufsprinzips als Bezugspunkt der Berufsausbildung bei zunehmender Flexibilität der Lernortkonfigurationen und Lernarrangements auf der Ebene der Umsetzung von Ausbildungsordnungen" (Kutscha 1992, 539). Auch Meyer konstatiert eher eine Tendenz zur Aufwertung des Berufsprinzips, zugleich aber auch eine Neudefinition von Beruflichkeit (Meyer 2003, 88 f.).

In der Tat: Ausbildungsberufe, Arbeitsinhalte wie auch die Organisationsformen ändern sich, die Berufelandschaft ist mehr denn je in Bewegung. Schätzungen gehen davon aus, dass es rund 30.000 Erwerbsberufe gibt, die in der Klassifikation der Berufe einen Ordnungsrahmen finden. Berufsbezeichnungen hingegen dürfte es wohl um die 100.000 geben. Anerkannte Ausbildungsberufe erschließen deshalb ein breites Spektrum unterschiedlicher Erwerbsberufe. Insofern ist es vollkommen normal, dass nach einem Berufsabschluss Wechselvorgänge erfolgen. Das spricht nicht gegen, sondern eher für die Gültigkeit des Berufsprinzips. Analysen des BIBB zeigen denn auch, dass bei einem Wechsel des Berufes ein Teil der erworbenen Kompetenzen weiter verwertet werden kann (Hall/Martin 2014). Dies ist ein Indiz für den flexiblen Einsatz von Absolventen einer betrieblichen Berufsausbildung im Beschäftigungssystem.

Der Kritik an der zu starren Strukturierung von Ausbildungsberufen wurde durch eine grundlegende Modernisierung der bestehenden Berufsbilder Rechnung getragen (BIBB 2015, 122 ff.). Ausbildungsberufe wurden zu Berufsgruppen zusammengefasst, alte und schwach besetzte Berufe wurden aufgelöst. Dadurch hat sich die

Zahl der anerkannten Ausbildungsberufe auf 327 (Stand: 2015) vermindert. Zugleich wurde die Flexibilität durch die Einführung von Schwerpunktprofilen, Fachrichtungen und Zusatzqualifikationen erhöht. Außerdem wurden Möglichkeiten geschaffen, Auslandsaufenthalte zu integrieren und berufliche Abschlüsse auf andere, verwandte Abschlüsse anzurechnen. In Zukunft wird es darum gehen, die Durchlässigkeit innerhalb der Berufsbildung sowie zwischen beruflicher und hochschulischer Bildung zu verbessern (vgl. IG Metall 2014).

3. Entwicklungstendenzen am Arbeitsmarkt

Wissensintensität und Höherqualifizierung

Die industrielle Massenfertigung mit einem hohen Anteil von un- oder angelernten Arbeitern war lange Zeit das vorherrschende Modell der industriellen Arbeit. Angesichts des technologischen Fortschritts, des weltweiten Wettbewerbs wie auch der veränderten Anforderungen der Kunden war dieses Produktionsmodell zum Ende des letzten Jahrtausends nicht mehr wettbewerbsfähig. Die Unternehmen haben ihre Strukturen und Prozesse daher grundlegend umgestaltet.

Arbeitsplätze in Bereichen, die nicht als Kernbereich identifiziert worden waren, wurden entweder wegrationalisiert, in das Ausland verlagert oder ausgegliedert bzw. ausgegründet. So entstand ein dynamischer Bereich unternehmensnaher Dienstleistungen. Dazu gehören unter anderem die Bereiche IT, Marketing, Logistik, Rechts- und Unternehmensberatung, Immobilienmanagement sowie teilweise auch die berufliche Aus- und Weiterbildung. Sie wurden einem wachsenden Bereich von Partner- und Zulieferbetrieben übertragen. Parallel dazu erfolgte ein Rückgang von Arbeitsplätzen mit Routineaufgaben und eine Zunahme von Arbeitsplätzen mit wechselnden Aufgaben sowie kognitiv höheren Anforderungen. An diesen Arbeitsplätzen ist abstraktes und Erfahrungswissen erforderlich, sind Kreativität und Kommunikation gefragt, um im Team und in Zusammenarbeit mit den Kunden jeweils neue Lösungen zu entwickeln (Tiemann 2013, 71 ff.). Mit anderen Worten: die Wissensintensität der Arbeit hat zugenommen.

Besonders hoch ist die Wissensintensität in akademischen Berufen, sie ist aber längst nicht darauf beschränkt. Auch Berufe, die aufgrund einer Ausbildung oder Fortbildung ausgeübt werden, weisen zum Teil hohe und tendenziell steigende Anteile wissensintensiver Tätigkeiten aus (Tiemann 2014, 133 ff.). Gerade die Akademisierung von Berufen führt teilweise sogar dazu, dass unterstützende Tätigkeiten ausgelagert bzw. durch beruflich Qualifizierte wahrgenommen werden. Eine Akademisierung muss deshalb nicht zwangsläufig zu einer Verdrängung beruflicher Qualifizierter führen, sondern kann den Anstoß für die Etablierung neuer Berufsbilder auf der Fachkräfteebene geben (siehe auch Troltsch 2007, 112).

Zweifellos hat der sektorale Strukturwandel hin zu Dienstleistungsberufen und zu Berufen mit wissensintensiven Tätigkeiten ganz wesentlich zu einer steigenden Akademikerbeschäftigung beigetragen. Auch die vorliegenden Einkommensdaten weisen einen deutlichen Einkommensvorsprung von Hochschulabsolventen aus (Schmillen/ Stüber 2014). Die zunehmende Akademisierung der Arbeitswelt in der Vergangenheit wird somit durch die Entwicklung des Beschäftigungssystems getragen. Die OECD verbindet dies regelmäßig mit dem Appell an die Politik, die im internationalen Vergleich nach wie vor vergleichsweise geringe Quote an Hochschulabsolventen im Beschäftigungssystem zu erhöhen (OECD 2015).

Offen ist aber, ob sich dieser Trend in Zukunft fortsetzen wird – zumal bei einer Studienanfängerquote von über 50 Prozent (Statistisches Bundesamt 2015). Die Erfahrungen in anderen Ländern mit hohen Quoten von Hochschulabsolventen und erheblichen Passungsproblemen auf dem Arbeitsmarkt sollten zu denken geben. Gefragt sind bei den Arbeitgebern nicht so sehr akademische Abschlüsse und ein theoretisch-abstraktes Wissen. Wichtig ist vor allem die Fähigkeit, erworbenes Wissen anzuwenden, sind Kreativität und Kommunikationsfähigkeit, Teamfähigkeit und Führungskompetenz. Diese Fähigkeiten werden nicht unbedingt oder nur allein in einem Studium erworben. Es handelt sich vielmehr um Kompetenzen, die eher informell im Berufsleben oder anderen Lebensbereichen erworben werden. Dies erklärt, warum gerade duale Studiengänge von den Unternehmen präferiert und traditionellen Studiengängen vorgezogen werden (Kupfer 2013).

Zu berücksichtigen ist auch, dass eine Höherqualifizierung in den vergangenen Jahren nicht nur auf der akademischen Ebene stattgefunden hat. Sie beschreibt vielmehr einen generellen Trend im Beschäftigungssystem. So ist der Anteil der An- und Ungelernten unter den Erwerbstätigen deutlich zurückgegangen; auch tragen sie das höchste Risiko, arbeitslos zu werden (IAB 2015, 2). Anstelle von kurzfristig angelernten Arbeitnehmern bilden beruflich qualifizierte Fachkräfte das qualifikatorische Rückgrat der Wirtschaft. Sie werden oftmals auch auf Arbeitsplätzen eingesetzt, für die eine formale Qualifikation nicht zwingend ist. Unternehmen schaffen sich dadurch ein personelles Flexibilisierungspotenzial, um Produkt- und Prozessinnovationen zu realisieren.

Ein gutes Beispiel für die Höherqualifizierung liefert die Sicherheitsbranche. Sie war früher ein Tätigkeitsfeld für Un- und Angelernte oder (Früh-)Rentner. Heute gibt es anerkannte Ausbildungsberufe und Fortbildungsabschlüsse, weil die Kunden höhere Leistungsanforderungen stellen. Ein anderes Beispiel ist der Beruf des Schornsteinfegers. Er trägt heute zwar noch seine traditionelle schwarze Kluft, das Kaminfegen hat aber nur noch eine symbolische Bedeutung. Im Kern handelt es sich um einen Fachmann für Feuerungs-, Heizungs-, Klima- und Umwelttechnik.

Eine Höherqualifizierung hat es jedoch nicht in allen Branchen und Berufen gegeben. So gibt es durchaus auch Hinweise für eine Dequalifizierung oder eine Polarisierung der Qualifikationsanforderungen. Ein Beispiel ist der Beruf des Bäckers. Die Ausbildung und Beschäftigung in traditionellen Handwerksbetrieben geht immer mehr zurück. An ihre Stelle treten industriell arbeitende Großbäckereien. Sie arbeiten mit vorgefertigten Produkten an weitgehend mechanisierten Arbeitsplätzen. Die Arbeit des Bäckers mutiert einerseits zu einem Nahrungsmitteltechnologen für die Steuerung von Produktionsprozessen, andererseits zu einem Maschinenbediener. Das zeigt, dass es unterschiedlicher Erklärungsmuster bedarf, um Entwicklungen am Arbeitsmarkt hinreichend zu beschreiben.

Segmentierung der Belegschaften

Die Arbeitslandschaft ist äußerst heterogen gestaltet. Die Chancen auf Arbeit, Einkommen, Aus- und Weiterbildung oder betriebliche Sozialleistungen sind darin höchst ungleich verteilt. Mit Hilfe von segmentationstheoretischen Ansätzen wird versucht, diese Heterogenität zu erklären. Lutz und Sengenberger (1974) beispielsweise unterscheiden drei Bereiche: den Jedermannsarbeitsmarkt, bei dem es keine besonderen Qualifikationsanforderungen gibt; einen betriebsinternen Teilarbeitsmarkt, auf dem betriebsspezifische Qualifikationen nachgefragt werden; und einen berufsfachlichen Arbeitsmarkt, der berufsspezifische Fähigkeiten und Fertigkeiten verlangt.

An der Spitze der betrieblichen Hierarchie steht eine relativ kleine Schar von Führungskräften und Spezialisten, die für die Leistungserstellung des Unternehmens oder dessen Leitung unverzichtbar sind. Die hier benötigen Qualifikationen sind rar und kaum gleichwertig zu ersetzen. Arbeitgeber sind bestrebt, diese Gruppe an das Unternehmen zu binden. Sie bieten eine hohe, zum Teil ertragsorientierte Vergütung und umfassende soziale Leistungen, Anerkennung sowie Mitbestimmungs- und Mitgestaltungsmöglichkeiten.

Am unteren Ende der betrieblichen Hierarchie stehen formal gering Qualifizierte. Sie üben überwiegend Tätigkeiten mit einem hohen Routineanteil und geringen fachlichen Anforderungen aus, für die im Allgemeinen eine Einarbeitung ausreicht. Stelleninhaber stellen eine fluide Masse von Mitarbeitern dar, die bei Bedarf rekrutiert und beschäftigt wird, bei sinkendem Bedarf aber ebenso schnell wieder entlassen wird. Die Betriebsbindung der Arbeitnehmer ist gering, ihre soziale Stellung ist ungesichert. Das Unternehmen sieht sich nicht in der Verantwortung, über die gesetzlichen Mindeststandards hinaus soziale Verantwortung zu übernehmen oder in Bildung zu investieren.

Dazwischen angesiedelt ist die mittlere Qualifikationsebene, das heißt die Gruppe der beruflich qualifizierten Fachkräfte. Sie üben teils anspruchsvolle und wissensintensive Tätigkeiten aus, teils werden sie für weniger anspruchsvolle, aber gleichwohl für das Unternehmen essentiellen Tätigkeiten eingesetzt. Das Unternehmen bildet diese Mitarbeiter meist selbst aus, um interne Arbeitsmärkte zu bedienen und den Fachkräftenachwuchs zu sichern. Die Mitarbeiter haben eine breite beruflichfachliche Kompetenz und sind an unterschiedlichen Arbeitsplätzen einsetzbar. Das Unternehmen benötigt sie für die Leistungserstellung und kann sie kurzfristig nicht ersetzen. Mittelfristig bestehen indessen Substitutionspotenziale, zum Beispiel durch Rationalisierung, durch Auslagerungen oder die Nachbesetzung mit Fachfremden.

Eine entscheidende Bedeutung hat in den vergangenen Jahren die Frage erhalten, ob Aufgaben intern und mit eigenen Beschäftigten erbracht werden oder an Zeitarbeitsfirmen oder Zulieferer ausgegliedert werden. Mit dem Outsourcing war die Erwartung verbunden, Leistungen kostengünstiger einzukaufen und die Flexibilität der

Unternehmen bei Auftragsschwankungen zu erhöhen. Im Endeffekt hat dies zu einer Auseinanderentwicklung von Beschäftigten in der Stammbelegschaft mit vergleichsweise gut vergüteten und abgesicherten Arbeitsplätzen und einer fluiden Menge von deutlich schlechter vergüteten und abgesicherten Randbelegschaften geführt (vgl. Buttler/Gerlach/Liepmann 1978, 18).

Für diese Arbeitnehmer gelten die Merkmale des Normarbeitsverhältnisses, das heißt eine unbefristete Beschäftigung und Vollzeitarbeit bei einem Arbeitgeber, nicht mehr. An seine Stelle sind vielfältige Formen „atypischer" Beschäftigung getreten. Gemeint sind befristete Arbeitsverhältnisse, Arbeit in geringfügigen Beschäftigungsverhältnissen, Teilzeit- und Zeitarbeit. Für einen Teil der Arbeitnehmer entspricht dies durchaus den individuellen Vorstellungen. Bei anderen bedeutet es eine Chance zum Einstieg oder zur Rückkehr in den Arbeitsmarkt. Für einen großen Teil ist es indessen Ausdruck einer Prekarisierung, weil das Arbeitseinkommen kaum mehr ausreicht, um einen Mindeststandard zu sichern.

Aber auch die Stammbeschäftigten sehen sich ständigen Herausforderungen und Anpassungsleistungen ausgesetzt. Gefragt ist der qualifizierte, sich ständig anpassende und neu erfindende Mitarbeiter. Voß/Pongratz (1998) haben hierfür den Begriff und Typus des „Arbeitskraftunternehmers" geprägt. Er zeichnet sich dadurch aus, dass der Arbeitende inner- oder überbetrieblich als Auftragnehmer einer Arbeitsleistung handelt, also ständig danach Umschau hält, wie er seine Arbeitskraft weiterentwickeln kann, um für seinen bisherigen oder einen anderen Arbeitgeber attraktiv zu sein. Für manche Arbeitnehmer dürfte die Möglichkeit vorteilhaft sein, die Arbeit und die Arbeitszeiten stärker selbst zu bestimmen; von anderen dürfte es indessen eher als Belastung und weitere Arbeitsverdichtung empfunden und erlebt werden.

Drohende Fachkräftelücke

Die vergangenen Jahre waren durch steigende Übergänge in hochschulische Bildungsgänge gekennzeichnet. Das Potenzial der Bewerber für eine Berufsausbildung ist daher über die demographisch bedingten Rückgänge hinaus weiter geschrumpft. Die spannende Frage für die Zukunft der Berufsbildung wird sein, wie sich die Verteilung auf die unterschiedlichen Absolventengruppen künftig darstellen wird. BIBB und IAB haben dazu eine Modellrechnung bis zum Jahr 2030 erstellt (Helmrich/Zika, 2010; Maier u.a. 2014). Die Projektion basiert auf einem System von Gleichungen, mit dem die Übergänge vom Bildungs- in das Beschäftigungssystem abgebildet werden. Es wird gespeist von den Daten der Vergangenheit; alle zwei Jahre erfolgt eine Fortschreibung aufgrund aktueller Daten.

Die Projektion geht von einem Rückgang der Bevölkerung im erwerbsfähigen Alter von rund 4 Mio. Menschen bis 2030 aus. In dem Maße, wie Zuwanderung erfolgt und zugewanderte Menschen dauerhaft in Deutschland bleiben, kann dieser Rückgang abgeschwächt werden. Die Projektion zeigt, dass die demographischen Verluste bis 2030 gesamtwirtschaftlich durch eine steigende Erwerbsbeteiligung kompensiert werden könnten (Maier u.a. 2014, 3). Ungenutzte Potenziale gibt es vor allem bei der Beschäftigung von Frauen und Älteren sowie der Integration von Arbeitslosen, ebenso durch die Integration von Migranten. Wenn es gelänge, die Erwerbsbeteiligung dieser Gruppen nachhaltig zu erhöhen, müsste in den nächsten Jahren – rein quantitativ betrachtet – kein Mangel an Fachkräften befürchtet werden. Es käme allerdings zu Engpässen in bestimmten Berufen und Branchen sowie Matching-Problemen zwischen dem verfügbaren Angebot und der Nachfrage nach Arbeitsleistungen.

Das Projektionsmodell unterstellt, dass sich der sektorale Strukturwandel fortsetzen wird. Dies führt zu einem Verlust an Arbeitsplätzen in der Landwirtschaft, im Bergbau und in der Industrie. Rückgänge sind ebenso wahrscheinlich im Bereich des Handels – vor allem als Folge des Wachstums im Internethandel. Auch Tätigkeiten im öffentlichen Dienst sind tendenziell von Einbußen betroffen. Das ist auf die Notwendigkeit zur Haushaltskonsolidierung als Folge der Schuldenbremse, aber auch eine weitere Privatisierung öffentlicher Dienstleistungen zurückzuführen. Hinzu kommt, dass als Folge der demographischen Entwicklung ein geringerer Bedarf an öffentlichen Dienstleistungen besteht. Mit einem Beschäftigungswachstum ist hingegen im Dienstleistungsbereich, vor allem in den Bereichen Gesundheitswesen, Kultur und Freizeit, Hotellerie und Gaststätten, IT und Softwareentwicklung, Immobilienmanagement und Beratung zu rechnen. Dies sind zugleich auch jene Bereiche, in denen es auch heute bereits Engpässe auf dem Arbeitsmarkt gibt (BA 2015).

Diese Entwicklung geht einher mit Veränderungen im Qualifikationsbedarf. So wird der Bedarf an formal höher Qualifizierten, d. h. mit akademische Abschlüssen oder beruflichen Fortbildungsabschlüssen, weiter ansteigen. Das Angebot an formal höher Qualifizierten wird als Folge der gestiegenen Studierendenzahlen aber voraussichtlich schneller steigen als der Bedarf. Es ist deshalb mit wachsenden Passungs- und Übergangsproblemen und einem steigenden Anteil unterwertig beschäftigter Hochschulabsolventen zu rechnen. Dies ist umso wahrscheinlicher, als gleichzeitig mit gravierenden Engpässen im mittleren Qualifikationssegment, also bei Absolventen mit einer abgeschlossenen Berufsausbildung, zu rechnen. Denn die nachrückenden Jahrgänge der Jüngeren werden bei weitem nicht ausreichen, um die aus dem Erwerbsleben ausscheidenden Jahrgänge der Älteren zu ersetzen.

Gleichzeitig sind anhaltende Arbeitsmarktprobleme bei gering Qualifizierten ohne formalen Bildungsabschluss zu erwarten. Das Arbeitsangebot wird weiterhin deutlich über dem Bedarf liegen. Umso wichtiger wird es sein, den Anteil der jungen Menschen ohne formalen Bildungsabschluss nachhaltig zu senken. Immer noch liegt der Anteil bei rund 13 Prozent in der Altersgruppe von 20- bis 34-Jährigen (BIBB 2015, 295).

Sicherlich wird es Anpassungsreaktionen der Marktteilnehmer (auf der Angebots- wie auf der Nachfrageseite) geben, denn Betriebe wie Arbeitnehmer werden reagieren und sich auf die veränderte Situation einstellen. In welchem Umfang dies geschehen wird, kann nur schwerlich vorausgesagt werden. Hier können Szenarien helfen, um unterschiedliche Konstellationen durchzuspielen. Fragen in diesem Zusammenhang sind beispielsweise: Inwieweit werden Hochschulabsolventen neue Domänen erobern und in neue Beschäftigungsfelder diffundieren? Werden die Unternehmen ihr

Ausbildungsengagement zugunsten von Einarbeitungsprogrammen für Hochschulabsolventen reduzieren? Werden Bachelor- und Masterabschlüsse den anerkannten Abschlüssen in der beruflichen Fortbildung den Rang ablaufen? Wie wird sich die Lebensarbeitszeit entwickeln bzw. das Interesse von Älteren, länger zu arbeiten? Welchen Einfluss wird die Zuwanderung längerfristig haben und wie wird es gelingen, zugewanderte Menschen dauerhaft in das Arbeitsleben zu integrieren? Neue und fortgeschriebene Projektionen werden darauf Antworten geben, die indessen wiederum nur vorläufig sein werden.

4.   Digitalisierung und die Folgen für Ausbildung und Beschäftigung

Vierte industrielle Revolution

Seit einigen Jahren herrscht in weiten Teilen der Wirtschaft ein regelrechter Hype um die Digitalisierung. Stichworte dafür sind Industrie 4.0, Smart Factories oder das Internet der Dinge. Angekündigt wird eine neue industrielle Revolution, die sich auf Digitalisierung und Automatisierung, auf Vernetzung und flexible Fertigungsabläufe gründet. Produktionsanlagen sind dadurch in der Lage, unterschiedliche Produkte und viele unterschiedliche Produktvarianten auftragsorientiert („built-to-order") und ohne kostenintensive Umrüstzeiten zu fertigen.

Dank IT-gesteuerter Werkzeuge und interaktiver Software tauschen Maschinen und darauf hergestellte Produkte quasi selbständig Informationen und Befehle aus. Die Voraussetzung dafür schaffen „Cyber-physische Systeme", das heißt Maschinen und Geräte, die miteinander weltweit über das Internet vernetzt sind und miteinander kommunizieren oder sich wechselseitig steuern (vgl. BMBF o. J., 4). So steuern sich Produkte mithilfe von Fahrrobotern durch den gesamten Herstellungsprozess. Über das Internet und Funkverbindungen teilen Werkstücke der Maschine mit, wie es bearbeitet werden soll. Jede Maschine und jedes Werkstück in diesem Verbund von mechanischen und elektrischen Komponenten kommuniziert miteinander und ist im System identifizierbar und lokalisierbar. Sollte eine Fertigungsstation ausfallen, wird automatisch die nächste freie Station angesteuert.

Was dies im Endeffekt für den Arbeitsmarkt und die Berufsbildung bedeutet, kann noch nicht verlässlich vorausgesagt werden. Noch wird die Technik erst in relativ wenigen technologisch führenden Unternehmen oder nur in einzelnen Feldern eingesetzt oder erprobt. Wohin die Entwicklung gehen wird und in welchen anderen Bereichen sie noch eingesetzt werden wird, ist schwerlich abzuschätzen. Es ist aber klar, dass die Digitalisierung nicht nur für die Industrie, sondern für weite Bereiche des Dienstleistungssektors wie auch die privaten Haushalte relevant werden wird.

Rationalisierung und Personalabbau

Von der Umsetzung der Digitalisierung wird ein Produktivitätsschub und eine neue Welle der Rationalisierung erwartet (The Boston Consulting Group 2015, 8). Die Vision der Planer – nämlich einer (nahezu) menschenleeren Fabrik – rückt ein gutes Stück weit näher. Die Umsetzung ist in vielen Unternehmen bereits angelaufen. Es gibt Pilotanwendungen und jede Menge Planungen.

Die Umsetzung wird in den betroffenen Bereichen mit einem verringerten Personalbedarf einhergehen. Betroffen werden vor allem die gering Qualifizierten sein, weil ihre Arbeit am einfachsten von Maschinen übernommen werden kann (Hirsch-Kreinsen 2014). Gefährdet sind aber auch Arbeitsplätze von beruflich qualifizierten Fachkräften, denn ein Teil ihrer Aufgaben, etwa bei der Bedienung und Steuerung von Maschinen, wird von Computern übernommen werden. Industrielle Facharbeit verändert sich aus einer noch stark unmittelbar produzierenden Tätigkeit in eine steuernde, überwachende und bei Störungen eingreifende Tätigkeit. Generell dürfte der Bedarf an Facharbeitern in der Industrie, vermutlich aber auch an Meistern und Technikern, zurückgehen. Angesichts der demographischen Entwicklung, vor allem der steigenden Übergänge älterer Beschäftigter aus geburtenstarken Jahrgängen in den Ruhestand, ist dies für die Unternehmen eine durchaus attraktive Konstellation.

Generell zeichnet sich als Folge der Digitalisierung ein Anstieg der formalen Qualifikationsanforderungen sowie eine tendenzielle Zunahme des Bedarfs im Bereich der MINT-Qualifikationen ab. Das Volumen ist indessen schwer zu kalkulieren, zumal es vielfältige Flexibilitätspotenziale sowohl auf der Seite des Arbeitsangebots als auch der Arbeitsnachfrage gibt. Dem entgegen steht die These von Frey/Osborne (2013), wonach eher mit einer Polarisierung und somit einem Druck auf die mittleren Qualifikationssegmente zu rechnen ist. Dies mag für den angloamerikanischen Raum mit seiner anderen Qualifikations-, Sozial- und Wirtschaftsstruktur zutreffend sein. Für Deutschland hingegen mit seinen durch berufliche Qualifikationen gekennzeichneten Arbeitsmärkten ist diese Entwicklung nach bisherigen Erfahrungen wenig wahrscheinlich.

Denn dem Personalabbau in den produzierenden Bereichen steht auf der anderen Seite ein Mehrbedarf in den produktionssteuernden Arbeitseinheiten und im IT-Bereich gegenüber. Das werden vor allem Fachkräfte mit einer technischen, ingenieurwissenschaftlichen oder IT-Qualifikation sein. Dem Wegfall von Arbeitsplätzen in der Industrie werden somit aller Voraussicht nach Beschäftigungsgewinne bei berufsfachlich und formal höher Qualifizierten sowie im Dienstleistungssektor gegenüberstehen. Ein Aufgabenzuwachs ist namentlich bei Unternehmen zu erwarten, die unternehmensnahe Dienstleistungen, zum Beispiel in den Bereichen Softwareentwicklung und IT-Sicherheit, Beratung und Bildung, erbringen. Im Ergebnis rechnen BIBB und IAB aufgrund einer gemeinsamen Analyse damit, dass sich der Strukturwandel hin zu mehr Dienstleistungen beschleunigen wird. Veränderungen sind dabei vor allem in der Bedeutung von Branchen und Berufen zu erwarten. Die hier eintretenden Arbeitskräftebewegungen werden vermutlich weitaus größer sein als die Veränderung der Anzahl der Erwerbstätigen. Sie wird sich – insgesamt gesehen – kaum verändern (vgl. Wolter u. a. 2015, 6).

Absehbar ist, dass Industrie 4.0 Auswirkungen nicht nur für die unmittelbaren Tätigkeiten in der Fertigung, sondern auch in den indirekt wertschöpfenden Bereichen haben wird. Dies betrifft die Konstruktion, die Produktionsplanung und die Logistik. Diese Funktionen verschmelzen teilweise und ergeben neue Tätigkeiten mit komplexeren Anforderungen. Zudem ändern sich die Fachaufgaben durch den Einsatz von Informations- und Kommunikationstechnik. Der Computer wird heute bereits von den meisten Beschäftigten als Arbeitsmittel eingesetzt. Er unterstützt, erleichtert, rationalisiert und beschleunigt die Arbeitsprozesse. Die Anforderungen an den Umgang damit steigen. Wichtig wird ein Verständnis der Logik der Systeme und ihres Zusammenwirkens, um Prozesse zu steuern und bei Fehlern schnell und wirksam eingreifen zu können.

Auch ergibt sich ein wesentlich erhöhter Aufwand im Bereich Informationssicherheit. Es geht um die Sicherheit der Netze und Steuerungsprozesse und ihren Schutz gegen Hacker, Sabotage und Spionage. Die Anfälligkeit gegen derartige Angriffe nimmt zu, die Wirkungen können immens sein und die Produktionsprozesse unter Umständen ganz zum Erliegen bringen.

Die Erfahrung der Vergangenheit lehrt indessen, dass allein aus der technologischen Entwicklung heraus keine zwingenden Konsequenzen für die Arbeitsorganisation oder die Berufsbildung zu ziehen sind. Denn Technik ist gestaltbar, ebenso der Technikeinsatz. Es wird deshalb unterschiedliche Modelle und Lösungen geben. Nicht alles, was technisch möglich ist, wird sich durchsetzen.

Beschleunigte Modernisierung der Berufsbildung

In den vergangenen Jahren ist es in Zusammenarbeit mit den Spitzenorganisationen der Wirtschaftsverbände und Gewerkschaften gelungen, die Berufsbilder fortlaufend zu modernisieren. Das Tempo der Neuordnung hat sich wesentlich erhöht. Die Überarbeitung bestehender Berufe findet innerhalb von 12 Monaten statt, die Entwicklung eines neuen Berufsbildes erfolgt innerhalb von 24 Monaten. Damit liegen für einen Großteil der anerkannten Ausbildungsberufe moderne Ordnungsmittel vor.

Da die Ausbildungsberufe zudem prinzipiell technikoffen sind, bieten sie die Chance, auch den neuen, durch Digitalisierung und Automatisierung gekennzeichneten Produktionsprozessen gerecht zu werden. Dies signalisieren auch die Rückmeldungen aus den ausbildenden Unternehmen. Technische Innovationen sind also möglich, ohne dass immer zugleich die Berufsbilder geändert oder neue Berufe kreiert werden müssen.

Die Erfahrung der Vergangenheit lehrt, dass technische und organisatorische Innovationen zunächst auf Pilotanwender beschränkt sind (Hackel 2015). Der erforderliche Qualifikationsbedarf wird vor allem durch die Rekrutierung von neuen Mitarbeitern, die Zusammenarbeit mit Hochschulen, die interne Weiterbildung oder ein Lernen im Arbeitsprozess sichergestellt. Erst wenn der Einsatz neuer Technologien eine gewisse

Breite erfahren hat, kommen standardisierte Instrumente wie die Berufsausbildung in Betracht. Dies ermöglicht den Unternehmen ein schnelles und flexibles Reagieren. Für die Einbeziehung in die Berufsausbildung gibt es wiederum unterschiedliche Modelle. Die Entwicklung neuer Ausbildungsberufe stellt dabei eine Ausnahme dar. In der Regel vollziehen sich technologische Innovationen in den bestehenden Berufen, die dann entsprechend neugeordnet werden und zum Teil aufgrund der veränderten Aufgaben eine andere Berufsbezeichnung erhalten. Neue Technologien können zudem über Schwerpunktprofile, Fachrichtungen oder Zusatzqualifikationen einbezogen werden. Allerdings werden sich voraussichtlich Verschiebungen in den Gewichtungen der Berufe ergeben, werden die klassischen Metallberufe zugunsten von IT- und Elektroberufen, an Bedeutung verlieren.

Generell gilt, dass es stabile Beschäftigungsverhältnisse in der privaten Wirtschaft immer weniger gibt. Es ändern sich Aufgaben und Organisationen in einer Weise, die ständige Anpassungen und ständiges Neulernen erfordern. Vieles davon wird sich im Prozess der Arbeit vollziehen, ganz einfach durch die Bewältigung neuer und anspruchsvoller Arbeitsaufgaben. Es wird verstärkt begleitet werden müssen durch organisiertes Lernen, sei es in der betrieblichen Weiterbildung, durch den Erwerb anerkannter Fortbildungsabschlüsse oder auch durch ein Aufbaustudium bzw. eine wissenschaftliche Weiterbildung. Hier bleibt noch viel zu tun übrig.

Literatur

Baethge, Martin/Baethge-Kinsky, Volker: Jenseits von Beruf und Beruflichkeit? Neue Formen von Arbeitsorganisation und Beschäftigung und ihre Bedeutung für eine zentrale Kategorie gesellschaftlicher Integration. In: Mitteilungen aus der Arbeitsmarktforschung, 1998, Heft 3, Seite 461–472

BA – Bundesagentur für Arbeit (Hrsg.): Analyse der gemeldeten Arbeitsstellen nach Berufen (Engpassanalyse), Nürnberg Mai 2015 – URL: https://statistik.arbeitsagentur.de/ Statischer-Content/Statistische-Analysen/Analytikreports/Zentrale-Analytikreports/Monatliche-Analytikreports/Generische-Publikationen/Analyse-gemeldetes-Stellenangebot/ Report-Engpassanalyse-KldB-2010–201505.pdf

BIBB – Bundesinstitut für Berufsbildung: Datenreport zum Berufsbildungsbericht 2015. Informationen und Analysen zur Entwicklung der beruflichen Bildung. Bonn 2015

Bloemer, Vera: Patchwork-Karriere. Mit Vielseitigkeit und Strategie zum Berufserfolg. Berlin/ Regensburg 2005

BMBF – Bundesministerium für Bildung und Forschung: Zukunftsbild „Industrie 4.0". Bonn/ Berlin o. J.

The Boston Consulting Group: Industry 4.0. The Future of Productivity and Growth in Manucaturing Industries. April 2015 o. O. – URL: https://www.bcgperspectives.com/Images/ Industry_40_Future_of_Productivity_April_2015_tcm80–185183.pdf; Stand: 25.2.2016.

Buttler, Friedrich/Gerlach, Knut/Liepmann, Peter: Über den Zusammenhang von Arbeitsmarkt und Armut – Das alte an der „Neuen Sozialen Frage". In: Zur neuen sozialen Frage, hrsg. von Hans Peter Widmaier, Berlin 1978, Seite 9–32

Euler, Dieter/Severing, Eckart: Flexible Ausbildungswege in der Berufsbildung: Ziele, Modelle, Maßnahmen. Bielefeld 2007

Frey Carl Benedikt/Osborne Michael A.: The Future of Employment: How susceptible are Jobs to Computerisation? University of Oxford, September 2013 – URL: http://www.oxford-martin.ox.ac.uk/downloads/academic/The_Future_of_Employment.pdf; Stand: 25.2.2016.

Hackel, Monika u. a.: Diffusion neuer Technologien – Veränderungen von Arbeitsaufgaben und Qualifikationsanforderungen im produzierenden Gewerbe. Eine deskriptive Analyse zur Technologiedauerbeobachtung. Berichte zur beruflichen Bildung. Bielefeld 2015

Hall, Anja/Martin, Philipp: Gelernte Fachkräfte im Beruf. Analysen zu ausbildungsadäquater Beschäftigung in 19 Ausbildungsberufen auf Basis der BIBB/BAuA-Erwerbstätigenbefragung 2012. Bonn, 2014 – URL: https://www.bibb.de/dokumente/pdf/a22_etb12_Gelernte_Fachkraefte_im_Beruf.pdf; Stand: 29.2.2016

Helmrich, Robert/Zika, Gerd (Hrsg.): Beruf und Qualifikation in der Zukunft. BIBB-IAB-Modellrechnungen zu den Entwicklungen in Berufsfeldern und Qualifikationen bis 2025. Bielefeld 2010

Hirsch-Kreinsen, Hartmut: Welche Auswirkungen hat „Industrie 4.0" auf die Arbeitswelt? WISO-direkt, hrsg. von der Friedrich-Ebert-Stiftung, Bonn, Dezember 2014

IAB – Institut für Arbeitsmarkt- und Berufsforschung: Qualifikationsspezifische Arbeitslosenquoten. Nürnberg 16. Juni 2015 – URL: http://doku.iab.de/arbeitsmarktdaten/qualo_2013.pdf; Stand: 26.2.2016.

IG Metall Vorstand: Erweiterte moderne Beruflichkeit. Ein gemeinsames Leitbild für die betrieblich-duale und die hochschulische Berufsbildung. Frankfurt am Main, Mai 2014 – URL: https://wap.igmetall.de/docs_TOP%203%20-%20Leitbildtext_Mai%202014_6041a79fffe04da6b8372dc46fb6936721609bc7.pdf; Stand: 29.2.2016

Kupfer, Franziska: Duale Studiengänge aus Sicht der Betriebe – Praxisnahes Erfolgsmodell durch Bestenauslese. In: BWP 42. Jg., Heft 4, 2013, Seite 25–29

Kutscha, Günter: ‚Entberuflichung' und ‚Neue Beruflichkeit'. Thesen und Aspekte zur Modernisierung der Berufsbildung und ihrer Theorie. In: Zeitschrift für Berufs- und Wirtschaftspädagogik, 88. Jg., 1992, Heft 7, Seite 535–548

Lutz, Burkart/Sengenberger, Werner: Arbeitsmarktstrukturen und öffentliche Arbeitsmarktpolitik – Eine kritische Analyse von Zielen und Instrumenten. Schriftenreihe der Kommission für wirtschaftlichen und sozialen Wandel. Göttingen 1974

Maier, Tobias/Zika, Gerd/Wolter, Marc Ingo/Kalinowski, Michael/Helmrich, Robert: Engpässe im mittleren Qualifikationsbereich trotz erhöhter Zuwanderung. BIBB-Report 23/14, Bonn 2014

Meyer, Rita: Bedeutet die Erosion des Fachprinzips das Ende der Berufe? In: Didaktik beruflichen Lehrens und Lernens. Reflexionen, Diskurse und Entwicklungen, hrsg. von Holger Reinisch/Klaus Beck/Manfred Eckert/Tade Tramm, Opladen 2003, Seite 83–94

Müller, Walter/Shavit, Yossi: From School to Work: A Comparative Study of Educational Qualifications and Occupational Destinations. Oxford 1998

OECD – Organisation for Economic Co-operation and Development: Bildung auf einen Blick 2015. Ländernotiz Deutschland. Paris 2015 – URL: http://www.oecd.org/germany/Education-at-a-glance-2015-Germany-in-German.pdf; 1.3.2016

Rifkin, Jeremy: Das Ende der Arbeit und ihre Zukunft. Frankfurt am Main 1996

Schmillen, Achim/Stüber, Heiko: Lebensverdienste nach Qualifikation. Bildung lohnt sich ein Leben lang. IAB-Kurzbericht 1/2014 – URL: http://doku.iab.de/kurzber/2014/kb0114.pdf; Stand: 26.2.2016

Statistisches Bundesamt: Nichtmonetäre hochschulstatistische Kennzahlen. 1980–2014. Reihe Bildung und Kultur, Fachserie 11, Reihe 4.3.1, Wiesbaden 2015 – URL: https://www.de

statis.de/DE/Publikationen/Thematisch/BildungForschungKultur/Hochschulen/Kennzah-
lenNichtmonetaer2110431147004.pdf?__blob=publicationFile; Stand: 29.2.2016

Statistisches Bundesamt: Januar 2016: Erwerbstätigkeit steigt im Vorjahresvergleich weiter.
Pressemitteilung Nr. 068 vom 01.03.2016 – URL: https://www.destatis.de/DE/PresseSer-
vice/Presse/Pressemitteilungen/2016/03/PD16_068_132.html;jsessionid=1D9CA172019
BF2676AC872446D8807E9.cae1; Stand: 1.3.2016

Tiemann, Michael: Wissensintensität von Berufen. In: Akademisierung der Berufswelt, hrsg.
von Eckart Severing und Ulrich Teichler, Berichte zur beruflichen Bildung, Bielefeld 2013,
Seite 63–83

Tiemann, Michael: Homogenität von Berufen. Arbeit und Beruf im Wandel – Ein Blick auf die
gesellschaftliche Differenzierung. Berichte zur beruflichen Bildung, Bielefeld 2014

Troltsch, Klaus: Auswirkungen betrieblicher Qualifikationsstrukturen und am Qualifikationsbedarf orientierte Rekrutierungsstrategien auf das Bildungsangebot im Dienstleistungssektor. In: Qualifikationsentwicklung im Dienstleistungsbereich. Herausforderungen für das
duale System der Berufsbildung. Hrsg. von Günter Walden, Bielefeld 2007, Seite 99–124

Voß, G. Günter/Pongratz, Hans J.: Der Arbeitskraftunternehmer. Eine neue Grundform der
„Ware Arbeitskraft"? In: Kölner Zeitschrift für Soziologie und Sozialpsychologie, 50. Jg.,
1998, Seite 131–158

Wolter, Marc Ingo u. a.: Industrie 4.0 und die Folgen für Arbeitsmarkt und Wirtschaft. Szena-
rio-Rechnungen im Rahmen der BIBB-IAB-Qualifikations- und Berufsfeldprojektionen.
IAB-Forschungsbericht 8/2015, Nürnberg 2015 – URL: http://doku.iab.de/forschungsbe-
richt/2015/fb0815.pdf; Stand: 29.2.2016

Peter Mörbel

Beitrag zur Dokumentation der bibor-Fachtagung „Der Berufsschulunterricht ist anders!" am 18. Juni 2015[1]

Der Arbeitnehmer der Zukunft aus der Sicht des Kirchlichen Dienstes in der Arbeitswelt (KDA) – oder: Warum es dem KDA vorrangig um die Rechtfertigung der Überflüssigen[2] und die Ermutigung der Zweifler in der durchdigitalisierten Welt der Industrie 4.0 gehen muss.

Wer nicht zu den *digital natives* gehört hat Schwierigkeiten, sich im Dschungel neuer Management- und Produktionskonzepte, die der Neuausrichtung beziehungsweise Restrukturierung von Organisationen dienen, zurechtzufinden. Die meisten evangelischen Sozialethiker sind autodidaktisch eingeübte Nutzer von Endgeräten. Doch selbst wenn man es leidlich gelernt hat, sein Smartphone wenigstens als Telefon und als Mailabrufmaschine zu benutzen, fehlen einem die Vorstellungen davon, in welchen digitalen Welten unsere Kinder kommunizieren und ihr Geld verdienen. Verstehen Sie darum meine Anmerkungen nicht als Ausdruck von gesichertem Wissen, sondern als Ergebnis von tastenden Suchbewegungen eines angelernten digitalen Endverbrauchers, der seine theologischen Examina noch auf der Schreibmaschine getippt hat und erst spät im Berufsleben durch den Boykott einer Sekretärin erzwungenermaßen auf den Computer umgestiegen ist.

Wir suchen noch nach einem sachgemäßen Verständnis dessen, was Digitalisierung meint. Wir suchen nach sozialethischer Orientierung in einer Welt, die keine andere ist, als die bisherige, in der sich die Dinge und die Menschen wohl aber mit anderen Geschwindigkeiten und in anderen quantitativen Dimensionen weiterentwickeln. Die Lektüre der Kundgebung der EKD-Synode von 2014 zur „Kommunikation des Evangeliums in der digitalen Gesellschaft"[3] lässt mich angesichts ihres bisweilen befremdlichen Pathos ratlos zurück, weil es wohl kaum darum gehen kann, fromme Absichten in die Welt des Digitalen irgendwie hinüberzuretten oder sie damit „kompatibel" zu machen. Ein besser gelungener Versuch einer Annäherung der Welten ist die kürzlich veröffentlichte EKD-Denkschrift „Solidarität und Selbstbestimmung im Wandel der Arbeitswelt".[4]

---

1 Überarbeitete Fassung einer spontanen Response zum Vortrag „Kompetent, flexibel, lernbereit" von Prof. Dr. Reinhold Weiß, BIBB Bonn.

2 So der Titel des homiletischen Fachbuches von Andreas Bieler und Hans-Martin Gutmann (Gütersloh 2008).

3 http://www.ekd.de/synode2014/schwerpunktthema/beschluss_kundgebung.html.

4 http://www.ekd.de/download/2015_solidaritaet_und_selbstbestimmung.pdf.

Dass wir auch im KDA – von wenigen Ausnahmen z. B. im KDA der Bayerischen Landeskirche abgesehen[5] – erst ganz am Anfang der Frage nach den Auswirkungen der Digitalisierung stehen, ist mir erst bei der Vorbereitung auf den heutigen Nachmittag aufgefallen. Es gibt – auch nach Auskunft aus der Bundesgeschäftsstelle des KDA in Hannover – diese eine und einzige geschlossene Sicht „des" KDA auf „den" Arbeitnehmer der Zukunft noch nicht. Und darum war die Ihnen zugesagte Hausaufgabe nicht lösbar. Ich muss improvisieren und benenne drei Aspekte:

1. Die Herausforderung der Schwachen und Schwächsten vor und in der Ausbildung
2. Das Verhältnis von Roboter und Mensch und
3. Arbeitsethos und moralische Resilienz.

## 1.	Die Herausforderung der Schwachen und Schwächsten vor und in der Ausbildung

Die derzeitigen Bemühungen des KDA, die laufenden Transformationen zu begleiten, stecken im Blick auf die Digitalisierung noch in den Anfängen.[6] Und auch wenn es diese Stellungnahme irgendwann im Verlauf der Diskussion um die veränderten Anforderungen der Industrie 4.0 an den „human factor" in der „digital factory" gibt, dann wird der KDA sie nach alten Mustern beschreiben. Das kann – wenn man mit biblischen Menschenbildern in der modernen Arbeitswelt zugange ist – auch gar nicht viel anders sein.

Der KDA bemüht sich als dolmetschende Einrichtung redlich um geistigen Brückenbau zwischen kirchlicher Botschaft und Wirtschaftswelt und ist darin dem BRU nicht unähnlich. Nur, dass der KDA den erwachsenen Menschen in oder ohne Erwerbsarbeit und die mehr oder weniger menschengerechten Arbeits- und Einkommensbedingungen vor Augen hat. Schüler in der Berufsfindungsphase, den Ausbildung suchenden jungen Menschen, den Ausbildungsabbrecher, die im Übergangssystem zwischen Schule und Ausbildung hängengebliebenen jungen Menschen mit denkbar schlechten Startchancen, die sieht der KDA – von wenigen lobenswerten Ausnahmen abgesehen – nur am Rande seiner arbeitsmarkt- oder sozialpolitischen Bemühungen.[7]

Der KDA hat mit großer Erwartung der Veröffentlichung der EKD-Denkschrift „Solidarität und Selbstbestimmung im Wandel der Arbeitswelt" (2015) entgegengesehen. Darin klingt die Digitalisierung an und so formulieren die Autorinnen und Autoren (S. 32/33 unter Punkt 2.4.1): „Ein der modernen Arbeitswelt entsprechendes

---

5	Ich verdanke wesentlich Anregungen dem Beitrag „Schöne neue Arbeitswelt" von Susanne Ott (KDA-Bayern)	www.kda-bayern.de/fileadmin/user_upload/download/kda/Dokumente/kda_report/kda_report_3.pdf.

6	Vgl. die Dokumentation der bislang ersten bundesweiten Tagung vom 20.–21. März 2015 zum Thema Digitalisierung bzw. Wirtschaft 4.0 in epd-doku 35–2015 „Schöne neue Datenwelt".

7	So hat die Evangelische Kirche im Rheinland sich einige Jahre an dem Qualifizierungsprojekt „Praktikum PLUS" der Deutschen Post beteiligt und dabei im Ansatz ein Gespür für die Komplexität der Problematik entwickelt.

Arbeitsethos kann sich nicht allein an den bisher üblichen traditionellen Berufsbildern mit ihren ständischen Organisationsformen orientieren, sondern muss sich zunehmend an bestimmten Qualifikationen und auch milieuspezifischen Lebensformen ausrichten."

Ein solches gemeinsames Ethos eröffnet eine Deutung der individuellen Arbeitserfahrungen, die über den Tag hinausgeht, wobei die drei Relationen des Selbstbezugs, des Sachbezugs und des mitmenschlichen Bezugs in der Verantwortung vor Gott konstitutiv bleiben. Während der Sachbezug durch das jeweilige Fachwissen, das »Technische« und »Fachliche« der Arbeit sowie durch die nach wie vor notwendigen Tugenden der Disziplin und des Fleißes bestimmt sind, erfordern die heutigen Anforderungen der Arbeitswelt wie auch der aktuelle Bezug auf den Nächsten in hohem Maße neue Elemente einer kommunikativen Arbeitsmoral, zu denen u. a. die Bereitschaft zur Kooperation, eine Verantwortungs- und Entscheidungswilligkeit, die Offenheit für neue Problemkonstellationen sowie die Bereitschaft, kreative Lösungen zu erarbeiten, gehören.

Ein modernes Arbeitsethos hat somit die traditionellen, bereits bei Luther aufweisbaren Anforderungen und in gleicher Weise neue, kommunikative Qualifikationen zu umfassen. Es zielt auf eine ethische Orientierung für die Arbeit, die die eher äußerlichen Motivationen des Lebensunterhalts und Gelderwerbs übersteigt und durch kommunikative Formen der Anerkennung die Identität des Menschen prägt und somit zur Selbstintegration der Person beiträgt. Für die kirchliche Verkündigung bedeutet der Aufweis der individuellen Verantwortung der Einzelnen in ihrem jeweiligen »Beruf« eine besondere Herausforderung.[8]

Wir geben uns Mühe, unsere Kinder und Jugendlichen über gute Ausbildung für eine gute Arbeit zu befähigen und in der Regel klappt das. Aber in einem beeindruckend hohen Umfang scheitern Jugendliche am Ende der Schul- bzw. Ausbildungszeit. Alles nur „gehäuftes Einzelversagen"? Aus der Sicht des KDA sollten wir beharrlich weiter fragen, was aus denen wird, die ihre unter vielen Enttäuschungen und verinnerlichten Vorurteilen vergrabenen Talente erst sehr viel später als andere entdecken. Oder was mit denen ist, deren Fähigkeiten am Arbeitsmarkt unverkäuflich sind. Liegen die Ursachen für multiples Versagen wirklich nur beim Einzelnen und seiner fehlenden *Ability*? Oder liegt es daran, dass unsere Bildungssysteme es im Verlauf der Schulpflicht nicht schaffen, *capabailities* aus einem *eruditus* herauszudestillieren?

Eigentlich sind wir ja längst angetreten, die Schule besser zu machen und die Förderung der Spätentwickler, der schwach Begabten, der schwer Vermittelbaren zu optimieren – um auch dem letzten noch eine Chance zu geben. Dazu haben wir uns in Kooperation mit dem bibor und unter Hinzuziehung des BIBB mehrfach im Rahmen von Akademietagungen Gedanken gemacht. Was muss geschehen, wenn diese Jugendlichen a) auch die x-te Chance nicht für sich verwandeln können? Und b) wenn es immer mehr werden, die vordergründig aus der Sicht der Betriebe für nichts zu gebrauchen sind? Doch ob diese Sicht der „Versager" angemessen ist – genau das ist die Frage. Die Schlüsselfrage nämlich. Denn: Wenn die sozialethische These rich-

---

8   Vgl.: http://www.ekd.de/download/2015_solidaritaet_und_selbstbestimmung.pdf.

tig ist, dass die Humanität einer Gesellschaft daran zu messen sei, wie sie mit ihren schwächsten Gliedern umgeht, dann wäre die Fragen, was aus den Schulversagern und gescheiteren Azubis wird, nicht nur eine Frage am Rand, sondern die Schlüsselfrage sowohl für den KDA wie auch für den BRU. Sie stellt sich im Blick auf die Dynamiken der Digitalisierung verschärft.

2.   Das Verhältnis von Roboter und Mensch

Wir sind in der Sozialethik gewöhnt, Arbeit (1.) mit Blick auf den Menschen als kooperatives Geschehen zu beschreiben und (2.) die Mittel, die dem Mensch für die Erledigung seiner Arbeit dienen, als Werkzeug oder Instrument oder als Arbeitsplatzbedingung nach dem Grad der Unterstützung oder der Erleichterung zu bewerten. Ziel der sozialethischen Reflexion ist, eine auskömmliche Relation zwischen dem menschlichen Tun, dem Mittelaufwand und dem Endergebnis zu beschreiben. Dabei gehen wir von der Voraussetzung aus, dass jede Arbeit – ob bezahlt oder nicht – in einem ganz elementaren Sinn notwendig ist, also einem Mangel abhilft und am Ende einen Zustand der Zufriedenheit ermöglicht.

Was für eine Rolle wird menschliche Arbeitskraft in Ganzheitlichen Produktionssystemen (GPS)[9] spielen? Diese Produktionssysteme sollen unterschiedliche Reorganisationsvorhaben eines Betriebs in ein einheitliches, prozessorientiertes Produktionssystem integrieren. Dabei sollen vor- und nachgelagerte Prozesse der Produktion systematisch und übergreifend standardisiert und flexibilisiert werden. Teilziele sind Prozessoptimierung, Verbesserung der Kundenbeziehungen, Koordinierung der Zulieferkette und die Neuorganisation von Produktion und Entwicklung. Was fällt da noch an menschlichem Zutun an? Wie sehen bei so viel maschineller Autonomie die Mitgestaltungsmöglichkeiten für Beschäftigte aus?

Können wir darauf hoffen, dass die menschlichen Begleiter robotischer Systeme so überlegen bleiben, wie Lokführer oder Piloten, die noch eben rechtzeitig merken, wenn ihre Maschine spinnt und die dann noch die Kenntnis haben, einzugreifen, wenn sich eine Katastrophe anbahnt?

Man erwischt sich bei dem Gedanken, dass in Zukunft nicht nur Gott als Lückenbüßer in den immer umfassender erklärlichen Weltprozessen abgedankt haben wird, sondern auch der Mensch.

Was muss man können, um mit autonomen Maschinen so kommunizieren zu können, dass die tun was der Mensch will, und nicht umgekehrt? Oder wird Kollege Roboter demnächst nicht mehr nur ein mehr oder weniger absturzgefährdeter Schreibtischhelfer sein, begabt mit der Untugend, dass er mit seinen Zicken oft genug die Arbeitszeit vernichtet, die einzusparen oder effizienter zu nutzen der Herstellerprospekt versprochen hatte? Muss der integrierte Fabrikrechner künftig als Kollege „auf Augenhöhe" ernstgenommen werden? Und das, obwohl ihm Solidarität komplett an der Schnittstelle zum human factor vorbeigeht? Geht mit einer völligen Standar-

---

9   Ursprünglich: Toyota-Produktionssystem (TPS).

disierung von rechnergesteuerten Betriebsabläufen womöglich eine Dequalifizierung einher, die die Mitarbeitenden zu Platinentauschern degradiert, bis auch diese Tätigkeit selbstverständlich ermüdungs- und streikfrei von Robotern übernommen werden kann?

3. Arbeitsethos und moralische Resilienz

Wir bilden unseren Nachwuchs nach einem ganzheitlichen Verständnis vom Menschen aus, nach wie vor auch mit dem Ziel, die jungen Leute für die verantwortungsbewußte Erledigung komplexer Arbeitsabläufe fit zu machen. Ist das noch mit den Anforderungen in der Fabrik der Zukunft kompatibel? Wie bleiben junge Leute moralisch resilient, wenn ihnen schon in der Ausbildungszeit durch den Anpassungsdruck des Normalbetriebs eingebläut wird, dass im Gegensatz zu technischer Genauigkeit die Beachtung von moralischen Regeln nicht der Güter höchstes ist? Das lernt der angehende Bankkaufmann genau so wie die angehende Industriekauffrau und im Handwerk dürfte es kaum anderes sein. Nicht hinter jedem Preis steckt eine qualitativ hochwertige Leistung. Und auch mit digitalen Arbeitsmitteln wird nicht nur der Kreativität auf der Sonnenseite Vorschub geleistet – im Gegenteil: Auszubildende bekommen schnell mit, dass die Produktivität im Bereich der wirtschaftlichen Grauzonen bis hin zur Cyberkriminalität schneller und stärker zunimmt als im konstruktiven Bereich. Der Eindruck drängt sich auf, dass der Ehrliche doch zuletzt immer der Dumme sei. Darum werden Compliance-Probleme auch im IT-Zeitalter vom Grundsatz her kaum andere sein als die im Dekalog angesprochenen Probleme im Umgang mit Menschenwürde, Wahrhaftigkeit und dem Respekt vor fremdem Eigentum. Der BRU verdient hohen Respekt für alle beharrlichen Versuche, Junge Leute sensibel zu machen für die Notwendigkeit von Ethik im Betrieb wie im Privatleben. Auch wird der BRU weiterhin einer der seltenen Orte sein, wo Auszubildende sich darüber verständigen können, was „sauber" ist und was nicht und wie sie mit den ethischen Konflikten umgehen können, ohne daran zu zerbrechen.

Lehrkräfte im BRU werden gerade darin eine Doppelrolle haben als Schul- und als Betriebsseelsorger, wenn sie den „Versagern" ein Ohr leihen und ebenso den Erfolgreichen, die unter der Paradoxie zwischen moralischem SOLL und allzu pragmatischem IST leiden. Was immer wir vom KDA unterstützend dazu beitragen und aus dem interdisziplinären Gespräch für unsere Auseinandersetzung mit Arbeitsweltlichen Fragen lernen können – wir sind gern bereit zum Gedanken- und Erfahrungsaustausch mit Ihnen und allen im BRU engagierten Lehrkräften.

4.
Dokumentation

Der Fragebogen

Evangelischer Religionsunterricht an beruflichen Schulen (BRU) – Realitäten, Wünsche, Ideen

Eine Befragung des bibor

Sehr geehrte Damen und Herren,
liebe Kolleginnen und Kollegen im Berufsschulreligionsunterricht (BRU)!

Das „Bonner evangelische Institut für berufsorientierte Religionspädagogik" (bibor) bittet Sie um Ihre Mitarbeit. Unser Institut wurde gegründet, um Grundlagen für die Didaktik des BRU zu erarbeiten und zur Verbesserung der Situation des BRU beizutragen. Wir möchten möglichst adressatenorientiert arbeiten und zudem den verschiedenen Bildungsgängen im Berufskolleg unterschiedliche Impulse anbieten; deshalb sind wir auf Ihre Angaben angewiesen. Ihre Antworten werden durch das Zentrum für Evaluation und Methoden (ZEM) der Universität Bonn erhoben und bleiben selbstverständlich anonym. Uns ist lediglich möglich, die sachlichen Ergebnisse zu verarbeiten, nicht aber die antwortenden Personen den Antworten zuzuordnen. Es werden – über die öffentlich zugängliche Publikation hinaus – keine Ergebnisse an Dritte weitergegeben. Die Ergebnisse unserer Umfrage stehen auch Ihnen nach der Auswertung auf unserer Homepage www.bibor.uni-bonn.de zur Verfügung.

Für die Bearbeitung des Fragebogens werden Sie etwa 20 bis 25 Minuten benötigen; Sie können die Beantwortung unterbrechen und später an derselben Stelle fortsetzen.

Vielen Dank!

Ihre
Monika Marose
Michael Meyer-Blanck
Andreas Obermann
Jan Völkel

Bitte beschreiben Sie zunächst die Rahmenbedingungen für Ihren BRU.

q01 Ich unterrichte derzeit in einem oder mehreren der folgenden Bereiche des Berufskollegs: (Mehrfachnennungen möglich)	
Agrarwirtschaft	O
Gestaltung	O
Ernährung/Hauswirtschaft	O
Gesundheit/Soziales	O
Informatik	O
Technik/Naturwissenschaft	O
Wirtschaft und Verwaltung	O

q02 Ich unterrichte derzeit überwiegend in folgendem Bereich des Berufskollegs:	
Agrarwirtschaft	O
Gestaltung	O
Ernährung/Hauswirtschaft	O
Gesundheit/Soziales	O
Informatik	O
Technik/Naturwissenschaft	O
Wirtschaft und Verwaltung	O

q02_a Ich unterrichte derzeit überwiegend in folgendem Bildungsgang des Berufskollegs:	
Fachklassen des dualen Systems	O
Klassen der vollzeitschulischen Berufsausbildung	O
BOJ/BGJ/Übergangsbereich	O
Vollzeitklassen, die zum Fachabitur führen	O
Berufliches Gymnasium	O
Ich kann zur Zeit keinen Schwerpunkt benennen.	O

q03 Ich bin Mitglied ...	
der Evangelischen Kirche im Rheinland.	O
der Evangelischen Kirche von Westfalen.	O
der Lippischen Landeskirche.	O
der Evangelisch-Reformierten Kirche.	O
der Selbständigen Evangelisch-Lutherischen Kirche.	O
einer anderen Kirche.	O

q04 Meine Schule liegt ...	
in Nordrhein-Westfalen.	O
in Rheinland-Pfalz.	O
in Hessen.	O
im Saarland.	O

q05 Ich bin berechtigt, Religionsunterricht zu erteilen ...	
als grundständig ausgebildete Lehrkraft.	O
als grundständig ausgebildete Lehrkraft mit Zertifikatskurs.	O
als Pfarrerin oder Pfarrer im Schuldienst.	O
mit anderer Qualifikation.	O

Wie gestaltet sich die Zusammenarbeit mit Ihren Kollegen?

q06 Wie viele Lehrkräfte insgesamt – Sie eingeschlossen – erteilen an Ihrer Schule Evangelische Religionslehre?
____

q07 Wie viele Lehrkräfte erteilen an Ihrer Schule Katholische Religionslehre?
____

q08 Wie viele Lehrkräfte erteilen an Ihrer Schule Religionsunterricht anderer Religionsgemeinschaften?
____

q09 Welche anderen Religionsgemeinschaften sind das?
____

q09a Im Rahmen von Projekten kooperiere ich mit Kolleginnen und Kollegen anderer Fächer.	
immer	O
oft	O
manchmal	O
selten	O
nie	O

q09b Das Fach Evangelische Relogionslehre spielt in den Bildungsgangkonferenzen eine gleichberechtigte Rolle.

immer	O
oft	O
manchmal	O
selten	O
nie	O

q10 Als Religionslehrerinnen und Religionslehrer haben Sie die Möglichkeit, eine regelmäßig tagende Fachkonferenz einzurichten. Welche der nachfolgenden Situationen kommt der Situation in Ihrer Schule am nächsten?

Es gibt eine Fachkonferenz nur für Evangelische Religionslehre.	O
Es gibt eine gemeinsame Fachkonferenz für Evangelische und Katholische Religionslehre.	O
Es gibt eine gemeinsame Fachkonferenz für Evangelische Religionslehre und (oder) Katholische Religionslehre und Praktische Philosophie/Ethik.	O
Es gibt keine Fachkonferenzen, aber eine lockere Zusammenarbeit verschiedener Kollegen und Kolleginnen.	O

Welche Ziele verfolgen Sie im BRU?

q11 Inwiefern stimmen Sie den folgenden Aussagen in Bezug auf Ihren BRU zu?

„Es ist Ziel meines BRU, …	stimme voll zu	stimme überwiegend zu	teils – teils	stimme eher nicht zu	stimme überhaupt nicht zu
den Leistungsdruck in Arbeitswelt und Schule abzumildern."	O	O	O	O	O
meinen Schülerinnen und Schülern zu einem stärkeren Selbstbewusstsein zu verhelfen."	O	O	O	O	O
Perspektiven christlicher Ethik im Kontext beruflicher Herausforderungen zu vermitteln."	O	O	O	O	O
Zugänge zu biblischen Texten zu eröffnen."	O	O	O	O	O
mit meinen Schülerinnen und Schülern die Relevanz der Religion für ihre berufliche Handlungsfähigkeit zu entdecken."	O	O	O	O	O
zum Nachdenken über theologische Fragen anzuleiten."	O	O	O	O	O
meinen Schülerinnen und Schülern zu ermöglichen, ihre Erfahrungen als Auszubildende wahrzunehmen und auszudrücken."	O	O	O	O	O

q11 Inwiefern stimmen Sie den folgenden Aussagen in Bezug auf Ihren BRU zu?

„Es ist Ziel meines BRU, …	stimme voll zu	stimme überwiegend zu	teils – teils	stimme eher nicht zu	stimme überhaupt nicht zu
meinen Schülerinnen und Schülern Orientierungen für ihre Identitätsbildung im Beruf zu ermöglichen."	O	O	O	O	O
zu kritischem Umgang mit religiösen Zeichen und Symbolen anzuleiten."	O	O	O	O	O
meinen Schülerinnen und Schülern Gelegenheiten zum Gestalten von religiösen Feiern zu bieten."	O	O	O	O	O
Bezüge zum kirchlichen Leben aufzuzeigen."	O	O	O	O	O
meine Schülerinnen und Schüler für Transzendenzerfahrungen zu sensibilisieren."	O	O	O	O	O
meinen Schülerinnen und Schülern die evangelische Sicht von Beruf verständlich zu machen."	O	O	O	O	O
die interreligiöse und interkulturelle Dialogfähigkeit meiner Schülerinnen und Schüler in beruflichen Anforderungssituationen zu fördern."	O	O	O	O	O
die Urteilsfähigkeit über die evangelische Kirche als Institution auszubilden."	O	O	O	O	O
die Wahrnehmung Andersgläubiger als berufliche Handlungsfähigkeit zu fördern."	O	O	O	O	O
durch die Verkündigung des Evangeliums zur persönlichen Glaubensentscheidung zu führen."	O	O	O	O	O
meinen Schülerinnen und Schülern die sozialpolitische Dimension des Glaubens deutlich zu machen."	O	O	O	O	O
mit meinen Schülerinnen und Schülern Ansichten über Partnerschaft und Familie zu reflektieren."	O	O	O	O	O
meine Schülerinnen und Schüler in der Kirche zu beheimaten."	O	O	O	O	O

q12 Welche weiteren Ziele verfolgen Sie in Ihrem BRU über die oben genannten hinaus?

____

____

Die religiöse Zusammensetzung Ihrer Lerngruppen

q16 In meinen Lerngruppen beträgt der Anteil der muslimischen Schülerinnen und Schüler	
weniger als ein Viertel der Lernenden.	O
bis zur Hälfte der Lernenden.	O
mehr als die Hälfte der Lernenden.	O
Ich kann keine Aussage zum Anteil muslimischer Schülerinnen und Schüler in meinen Lerngruppen machen.	O

q17 In meinen Lerngruppen beträgt der Anteil der konfessionslosen Schülerinnen und Schüler	
weniger als ein Viertel der Lernenden.	O
bis zur Hälfte der Lernenden.	O
mehr als die Hälfte der Lernenden.	O
Ich kann keine Aussage zum Anteil konfessionsloser Schülerinnen und Schüler in meinen Lerngruppen machen.	O

BRU und religiöse Vielfalt: Zukunftsmodelle

Wie sollte der BRU zukünftig organisiert werden? Bitte äußern Sie sich zu nachfolgenden Modellen unabhängig von gegenwärtigen Rechtslagen und schulorganisatorischen Möglichkeiten.

q18 Inwieweit stimmen Sie folgenden Aussagen zu Kooperationsmodellen *ohne* den Islamischen RU zu?	stimme voll zu	stimme teilweise zu	könnte ich mir vorstellen	finde ich nicht gut	lehne ich völlig ab
Evangelische, katholische, muslimische und konfessionslose Schülerinnen und Schüler sollten gemeinsam im Klassenverband unterrichtet werden: Es gibt einen gemeinsamen RU für alle nach der Konfession der jeweiligen Lehrkraft.	O	O	O	O	O
Der BRU sollte *konfessionell getrennt* evangelisch/katholisch mit einem Ersatzfach Praktische Philosophie/Ethik erteilt werden.	O	O	O	O	O
Die christlichen Schülerinnen und Schüler sollten in einem *rechtlich anerkannten ökumenischen BRU* von einer evangelischen oder katholischen Lehrkraft unterrichtet werden; daneben gibt es Praktische Philosophie/Ethik.	O	O	O	O	O

q18 Inwieweit stimmen Sie folgenden Aussagen zu Kooperationsmodellen *ohne* den Islamischen RU zu?

	stimme voll zu	stimme teilweise zu	könnte ich mir vorstellen	finde ich nicht gut	lehne ich völlig ab
Evangelische, katholische, muslimische und konfessionslose Schülerinnen und Schüler sollen gemeinsam unterrichtet werden. Die evangelischen und katholischen Fachkräfte wechseln sich ab. Für vom RU freigestellte Schüler(innen) gibt es ein Ersatzfach Praktische Philosophie/Ethik.	O	O	O	O	O
Alle Schülerinnen und Schüler beruflich verwandter Lerngruppen werden in einem *vernetzten Fächerverbund* (evangelische und katholische BRU/Praktischer Philosophie/Ethik) von allen Lehrkräften der Fächer *kooperierend* und *differenziert* (team-teaching usw.) unterrichtet.	O	O	O	O	O

q19 Inwieweit stimmen Sie folgenden Aussagen zu Kooperationsmodellen *mit* dem Islamischen RU zu?

	stimme voll zu	stimme teilweise zu	könnte ich mir vorstellen	finde ich nicht gut	lehne ich völlig ab
Der BRU sollte insgesamt *nach Religionen und Konfessionen getrennt* erteilt werden.	O	O	O	O	O
Alle Schülerinnen und Schüler sollten gemeinsam von einer Lehrkraft unterrichtet werden. Es gibt einen gemeinsamen RU für alle nach der Konfession/Religion der jeweiligen Lehrkraft.	O	O	O	O	O
Die christlichen Schülerinnen und Schüler sollten in einem *rechtlich anerkannten ökumenischen BRU* von einer evangelischen oder katholischen Lehrkraft unterrichtet werden; daneben gibt es den Islamischen RU und Praktische Philosophie/Ethik.	O	O	O	O	O
Der Islamische RU sollte außerhalb des Stundenplanes (z.B. nachmittags) erteilt werden – für den bisherigen BRU (und Praktische Philosophie/Ethik) ändert sich dadurch nichts.	O	O	O	O	O

q19 Inwieweit stimmen Sie folgenden Aussagen zu Kooperationsmodellen *mit* dem Islamischen RU zu?

	stimme voll zu	stimme teilweise zu	könnte ich mir vorstellen	finde ich nicht gut	lehne ich völlig ab
Alle Schülerinnen und Schüler beruflich verwandter Lerngruppen werden in einem *vernetzten Fächerverbund* (Evangelischer und Katholischer BRU/Islamischen RU/ Praktischer Philosophie/Ethik) von allen Lehrkräften der Fächer *kooperierend* und *differenziert* (team-teaching usw.) unterrichtet.	O	O	O	O	O

Religiöse Feiern am Berufskolleg

q20 Finden an Ihrem Berufskolleg religiöse Feiern/Gottesdienste statt?

Ja	O
Nein	O

q21 Zu welchen Anlässen gibt es an Ihrem Berufskolleg religiöse Feiern/Gottesdienste?

	immer	oft	manch- mal	selten	nie
anlässlich christlicher Feste (Weihnachten, Ostern)	O	O	O	O	O
anlässlich muslimischer Feste (Fastenbrechen, Opferfest)	O	O	O	O	O
bei Einschulungen und Schuljahresbeginn	O	O	O	O	O
am Schuljahresende und zur Zeugnisübergabe	O	O	O	O	O
bei Unfällen, Todesfällen in der Schule	O	O	O	O	O
anlässlich anderer Krisen und Katastrophen (z. B. Kriegen; Naturkatastrophen)	O	O	O	O	O

q22 Die Prägung der Gottesdienste/religiösen Feiern ist

	immer	oft	manch- mal	selten	nie
evangelisch.	O	O	O	O	O
katholisch.	O	O	O	O	O
ökumenisch.	O	O	O	O	O
interreligiös (z. B. Religionsgemeinschaften beten gemeinsam).	O	O	O	O	O
multireligiös (z. B. Religionsgemeinschaften beten je ihre Gebete).	O	O	O	O	O

q23 Die Initiative zur Durchführung von Gottesdiensten und/oder anderen Formen religiöser Feiern geht in der Regel aus von …

	immer	oft	manch-mal	selten	nie
den Lehrkräften für Religion.	O	O	O	O	O
den Schülerinnen und Schülern.	O	O	O	O	O
einzelnen Lehrkräften anderer Fächer oder dem ganzen Kollegium.	O	O	O	O	O
der Schulleitung.	O	O	O	O	O

q24 Dass es bei Ihnen keine Schulgottesdienste und/oder andere Formen religiöser Feiern gibt, liegt Ihrer Vermutung nach daran, dass …

	sehr wichtiger Grund	wichtiger Grund	etwas wichtig	eher un-wichtiger Grund	unwich-tiger Grund
die Schülerinnen und Schüler daran nicht teilnehmen.	O	O	O	O	O
die Schulleitung Schulgottesdienste und/oder andere Formen religiöser Feiern ablehnt.	O	O	O	O	O
die organisatorischen Rahmenbedingungen (Kirche, Aula, Gottesdienstzeit u. ä.) ungünstig sind.	O	O	O	O	O
den RU-Kolleginnen und Kollegen die Vorbereitung und Durchführung religiöser Feiern zu arbeitsreich ist.	O	O	O	O	O

q25 Weitere Gründe:

____

____

q26 Gibt es an Ihrer Schule einen Andachtsraum, Raum der Stille oder ähnliches?

Ja	O
Nein	O

Fortbildungen – Meine Ziele und Interessen

q27 Ich besuche religionspädagogische Fortbildungen, um …

	trifft voll zu	rifft eher zu	trifft zum Teil zu	trifft eher nicht zu	trifft über- haupt nicht zu
mein Fachwissen zu erweitern.	O	O	O	O	O
meine Unterrichtsmethodik zu verbessern.	O	O	O	O	O
mein religiöses Selbstverständnis zu vertiefen.	O	O	O	O	O
Kontakte zu pflegen und Fachgespräche zu führen.	O	O	O	O	O
Distanz zum Schulalltag zu gewinnen.	O	O	O	O	O

q28 Wie ausgeprägt ist Ihr Interesse an folgenden Fortbildungsthemen?

	sehr groß	groß	mittel- mäßig	gering	kein Inte- resse
Biblische Texte im BRU	O	O	O	O	O
Theologie des Islam	O	O	O	O	O
Theologie des Judentums	O	O	O	O	O
Grundlagen asiatischer Religionen/Philosophien	O	O	O	O	O
Wirtschaftsethische Fragen	O	O	O	O	O
Fortschritte beruflicher Technologie	O	O	O	O	O
Gestalterische Ansätze und Kunst im BRU	O	O	O	O	O
Religiöse Aspekte der Erziehung	O	O	O	O	O
Sterben, Tod und Trauer	O	O	O	O	O
Die religiöse Dimension aktueller politischer Fragen (z. B. Nahostkonflikt)	O	O	O	O	O
Atheismus und Kirchenkritik im Jugendalter	O	O	O	O	O
BRU in der Berufsvorbereitung des Übergangs- bereichs	O	O	O	O	O
BRU in der dualen Berufsausbildung	O	O	O	O	O
Seelsorge im BRU	O	O	O	O	O
Werteorientierung Jugendlicher	O	O	O	O	O
Religiöse Dimension und Lebensorientierung Jugendlicher	O	O	O	O	O
Supervision und kollegiale Fallberatung	O	O	O	O	O
Gesprächsführung, Klassenraumpräsenz und Stimmtraining	O	O	O	O	O
Neue Unterrichtsmethoden und Medien	O	O	O	O	O
Formen impliziter Religiosität bei Jugendlichen	O	O	O	O	O
Neue kompetenzorientierte Bildungspläne	O	O	O	O	O

q28 Wie ausgeprägt ist Ihr Interesse an folgenden Fortbildungsthemen?

	sehr groß	groß	mittel-mäßig	gering	kein Inte-resse
Deutscher Qualifikationsrahmen (DQR) – aktueller Stand, Einordnung und Konsequenzen	O	O	O	O	O
Allgemeine Hochschulreife/Zentralabitur	O	O	O	O	O

q29 Haben Sie darüber hinaus weitere Themenwünsche?

____

____

q30 In welchem Maß nutzen Sie die Fortbildungsangebote der folgenden Institutionen?

	immer	oft	manch-mal	selten	nie	kenne ich nicht
Zentrale Lehrerfortbildungen (PI Villigst, PTI Bonn)	O	O	O	O	O	O
Religionspädagogische AGs der Bezirksbeauftragten	O	O	O	O	O	O
Schulreferate	O	O	O	O	O	O

q31 Andere Angebote:

____

____

Mögliche Distanz zum BRU

q32 Haben Sie schon einmal daran gedacht, vorübergehend oder dauerhaft keinen BRU mehr zu unterrichten?

Ja	O
Nein	O

q33 Gründe dafür, die Erteilung von Religionsunterricht abzulehnen, waren bzw. könnten für mich ggf. sein: (Mehrfachnennungen möglich)

Das Erteilen von Religionsunterricht strengt mich mehr an als der Unterricht in anderen Fächern.	O
Ich möchte den BRU nicht immer wieder gegenüber den Vorbehalten der Schulleitung und/oder des Kollegiums rechtfertigen müssen.	O
Ich unterrichte nur so wenige Stunden Religion, dass sich der Aufwand nicht lohnt.	O
Ich habe Bedenken gegen den konfessionell gebundenen Religionsunterricht.	O
Ich kann im RU thematisch nicht die Akzente setzen, die ich für richtig halte, z. B. wegen der Lehrpläne.	O

q33 Gründe dafür, die Erteilung von Religionsunterricht abzulehnen, waren bzw. könnten für mich ggf. sein: (Mehrfachnennungen möglich)

Eigentlich würde ich lieber das Fach Praktische Philosophie/Ethik unterrichten. O

Ich identifiziere mich nicht genügend mit der Kirche als Institution. O

Meine innere Distanz zum christlichen Glauben ist zu groß geworden. O

Andere Gründe:

____

____

q34 Vorausgesetzt, dies wäre schulorganisatorisch möglich: Hätten Sie Interesse daran, weitere BRU-Stunden zu übernehmen?

Nein. O

Ja, aber höchstens zwei oder drei. O

Ja, durchaus auch mehr. O

q35 Unter der Voraussetzung, dass in Ihren anderen Fächern bzw. in Ihrem anderen Fach Unterrichtsausfall zu erwarten ist: Würden Sie auf die Erteilung von BRU verzichten?

Nein. O

Ja, aber nicht in meiner eigenen Klasse (als Klassenlehrer(in)). O

Ja. O

q36 Mussten Sie schon mal auf die Erteilung von Religionsunterricht verzichten?

Nein. O

Ja, zur Vermeidung von Unterrichtsausfall in anderen Fächern. O

Ja, weil eine zusätzliche kirchliche Lehrkraft mit voller Stunden-
zahl an der Schule eingesetzt wurde. O

q37 Wie lange mussten Sie in diesem Fall auf die Erteilung von BRU verzichten?

1 bis 2 Schulhalbjahre O

3–4 Schulhalbjahre O

5 Schulhalbjahre oder mehr O

Was bleibt von meinem BRU? – Ein Gedankenspiel

Versuchen Sie, sich in die Perspektive einiger Schülerinnen und Schüler zu versetzen, die Sie in den letzten Jahren etwas besser kennen gelernt haben.

q38 Wie sehr könnten folgende Aussagen über Ihren Unterricht aus Sicht Ihrer Schüler(innen) zutreffen?	sehr stark	stark	zum Teil	weniger stark	gar nicht
„Bei Frau X/bei Herrn X haben wir gelernt, dass Religion in der Alltagskultur (in der Werbung, im Kino, in Videoclips und in der Popmusik) eine Rolle spielt."	O	O	O	O	O
„Bei Frau X/bei Herrn X haben wir etwas über das Judentum und über andere Religionen (Islam, Buddhismus, Hinduismus) gelernt."	O	O	O	O	O
„Bei Frau X/bei Herrn X haben wir gelernt, dass Religion vor allem darin zum Ausdruck kommt, wie man sich selbst, die anderen und die Welt versteht."	O	O	O	O	O
„Bei Frau X/bei Herrn X haben wir gelernt, dass Religion einem zeigt, wie man sich verantwortungsvoll im Beruf und im Privatleben verhalten kann."	O	O	O	O	O
„Bei Frau X/bei Herrn X haben wir gelernt, wie man sein Leben von der Bibel und von Gott her deuten kann."	O	O	O	O	O
„Bei Frau X/bei Herrn X haben wir gelernt, dass man Religion an besonderen Orten (Kirchen), in besonderen Lebensformen (Stille, Meditation, Gebet) und in der Kunst und Musik erlebt."	O	O	O	O	O
„Bei Frau X/bei Herrn X war „Religionslehre" zwar der Name des Faches, aber im Grunde ging es viel mehr darum, wie man aufmerksam und sinnvoll miteinander umgehen kann."	O	O	O	O	O

In welchem Verhältnis steht Ihr BRU zur Kirche?

q39 Inwiefern stimmen Sie den folgenden Aussagen bezogen auf Ihren BRU zu?	stimme voll zu	stimme eher zu	stimme teilweise zu	stimme eher nicht zu	stimme gar nicht zu
Ich und mein BRU repräsentieren für die Schüler(innen) die Institution Kirche.	O	O	O	O	O
Ich trete in meinem BRU als Vertreterin oder Vertreter der Kirche auf.	O	O	O	O	O

q39 Inwiefern stimmen Sie den folgenden Aussagen bezogen auf Ihren BRU zu?	stimme voll zu	stimme eher zu	stimme teilweise zu	stimme eher nicht zu	stimme gar nicht zu
Mein BRU ist für die Schülerinnen und Schüler ein Erfahrungsraum von Kirche ohne Bezug zur organisierten Kirche.	O	O	O	O	O
Jugendgemäße Angebote der Kirche unterstützen meine religionspädagogische Arbeit im BRU.	O	O	O	O	O
Als Kommunikation des Evangeliums ist mein BRU auch Kirche.	O	O	O	O	O
Die Erfahrung einer spirituell geprägten Gemeinschaft ist ein Element meines BRU.	O	O	O	O	O

Erfahrungen mit Gemeinde und Kirche

q40 Ich war/bin aktiv …	als Kind	in meiner Jugend	als erwachsener Mensch
in einer Gruppe/einem Kreis einer evangelischen Kirchengemeinde.	O	O	O
im CVJM/EC/einer anderen missionarischen Gruppe.	O	O	O
in einer freikirchlichen Gemeinde.	O	O	O
in der offenen Jugendarbeit (z. B. Jugendzentrum, Treffpunkt, Teestube).	O	O	O
in der Evangelischen Schülerarbeit.	O	O	O
bei Fahrten zu Kirchentagen.	O	O	O
in einem Bibelkreis, Hauskreis (o. ä.).	O	O	O
in einem Chor/einer Musikgruppe.	O	O	O
im diakonisch-sozialen Engagement.	O	O	O
in Projektgruppen in der Gemeinde (z. B. Eine Welt, Friedensarbeit, Ökologie).	O	O	O
in der Kindergottesdienstarbeit.	O	O	O
in der Gottesdienstvorbereitung.	O	O	O

q41 In anderen Bereichen, und zwar:

q42 Haben oder hatten Sie in Ihrer Kirchengemeinde ein Ehrenamt inne? (Mehrfachnennungen möglich)

Ja, ich war/bin Mitglied im Presbyterium.	O
Ja, ich war/bin Mitglied der Kreissynode.	O
Ja, ich war/bin Mitglied in der Landessynode.	O
Ja, ich war/bin im Presbyterium.	O
Ja, ich war/bin (ev.) Lektorin/Lektor/Prädikantin/Prädikant	O
Anderes kirchliches Engagement:	

q43 Ich war als Pfarrerin oder Pfarrer ehrenamtlich in der Gemeinde tätig als:

Angaben zu Ihrer Person

q44 Ich bin ...	weiblich.	O
	männlich.	O

q45 Ich bin ...	25–30 Jahre alt.	O
	31–40 Jahre alt.	O
	41–50 Jahre alt.	O
	51–60 Jahre alt.	O
	über 60 Jahre alt.	O

Sie und Ihre Schule

q46 Ich unterrichte ausschließlich oder überwiegend an einer ...

staatlichen Schule.	O
Schule in kirchlicher Trägerschaft.	O
anderen freien Schule.	O

q47 Ich erteile Religionsunterricht über einen Zeitraum von insgesamt

ein bis zwei Jahren.	O
drei bis fünf Jahre.	O
sechs bis zehn Jahren.	O
elf bis zwanzig Jahren.	O
21 bis 30 Jahren.	O

q47 Ich erteile Religionsunterricht über einen Zeitraum von insgesamt

mehr als 30 Jahren.	O
Ich befinde mich im Referendariat.	O

q48 Im aktuellen Schulhalbjahr unterrichte ich BRU jeweils ...

eine Wochenstunde.	O
zwei Wochenstunden.	O
drei bis vier Wochenstunden.	O
fünf bis acht Wochenstunden.	O
neun bis sechzehn Wochenstunden.	O
17 und mehr Wochenstunden.	O

q49 Der Umfang meiner Stelle beträgt

100%.	O
75%.	O
50%.	O
weniger als 50%.	O

q50 Das Kollegium der Schule, an der ich überwiegend unterrichte, besteht aus

weniger als 20 Lehrkräften.	O
20 bis 40 Lehrkräften.	O
41 bis 60 Lehrkräften.	O
61 bis 80 Lehrkräften.	O
81 oder mehr Lehrkräften.	O

q51 Möchten Sie uns noch andere Gedanken zum Thema BRU mitteilen? Hier haben Sie Gelegenheit dazu:

____
____
____
____
____
____
____

Vielen Dank für Ihre Mitarbeit!

Grafiken zu wesentlichen Ergebnissen der NRW-weiten Umfrage des bibor

erstellt von Andreas Obermann

1. Statistisch-formale Ergebnisse
2. Ergebnisse zur Konzeption des BRU
3. Ergebnisse zu Fortbildungen
4. Ergebnisse zur Zufriedenheit mit dem BRU
5. Ergebnisse zu Kooperationsmodellen im BRU
6. Ergebnisse zur Religiosität am Berufskolleg
7. Verhältnis von BRU zur Kirche
8. Erfahrungen mit Gemeinde und Kirche
9. Ergebnisse zum Gedankenexperiment im BRU

1.   Statistisch-formale Ergebnisse

Abb. 1

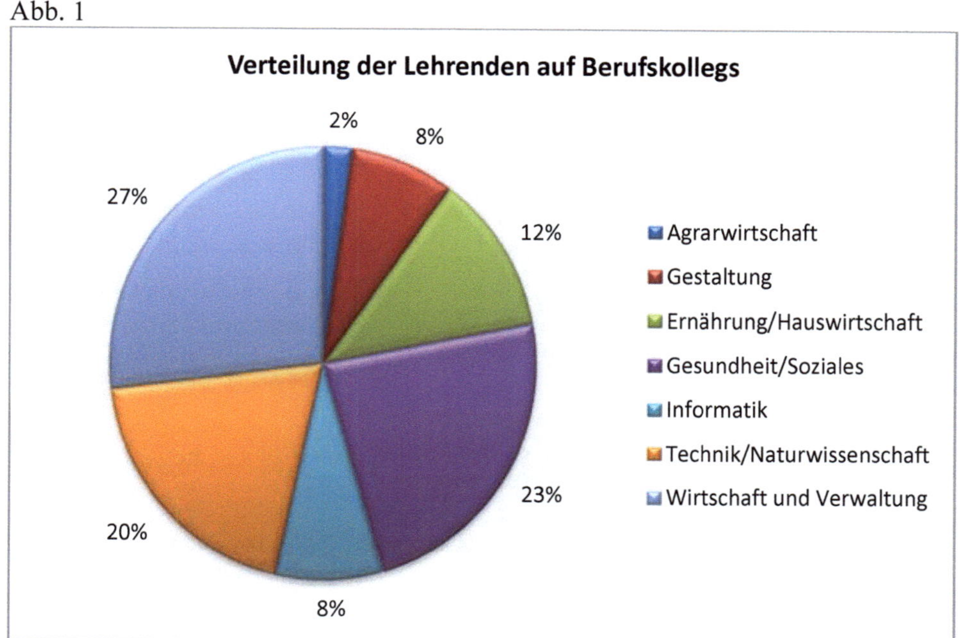

Abb. 2

Ich unterrichte derzeit überwiegend in folgendem Bildungsgang
17%
26%
15%
14%
22%
6%
Fachklassen des dualen Systems
Klassen der vollzeitschulischen Berufsausbildung
BOJ/BGJ/Übergangsbereich
Vollzeitklassen, die zum Fachabitur führen
Berufliches Gymnasium
Ich kann zur Zeit keinen Schwerpunkt benennen.

Abb. 3

Ich bin Mitglied ...
0%
0%
0%
1%
2%
28%
69%
der Evangelischen Kirche im Rheinland
der Evangelischen Kirche von Westfalen.
der Lippischen Landeskirche.
der Evangelisch-Reformierten Kirche.
der Selbständigen Evangelisch-Lutherischen Kirche.
einer anderen Kirche.

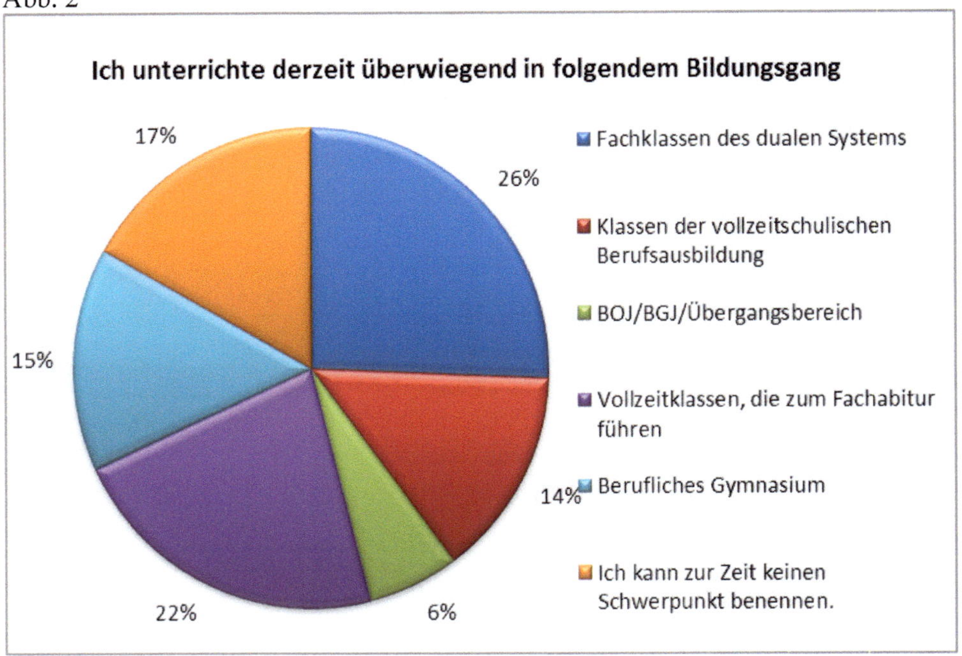

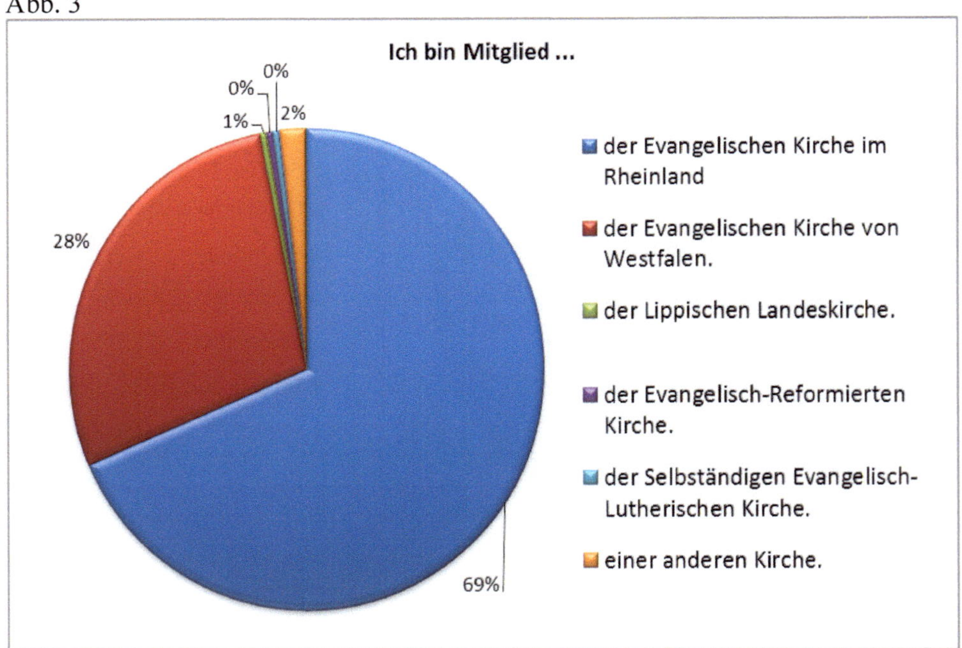

Abb 4

Meine Schule liegt in ....
6%
1%
2%
in Nordrhein-Westfalen.
in Rheinland-Pfalz.
in Hessen.
im Saarland.
91%

Abb.5

Ich bin berechtigt, Religionsunterricht zu erteilen ....
2%
27%
als grundständig ausgebildete Lehrkraft.
als grundständig ausgebildete Lehrkraft mit Zertifikatskurs.
als Pfarrerin oder Pfarrer im Schuldienst.
7%
mit anderer Qualifikation.
64%

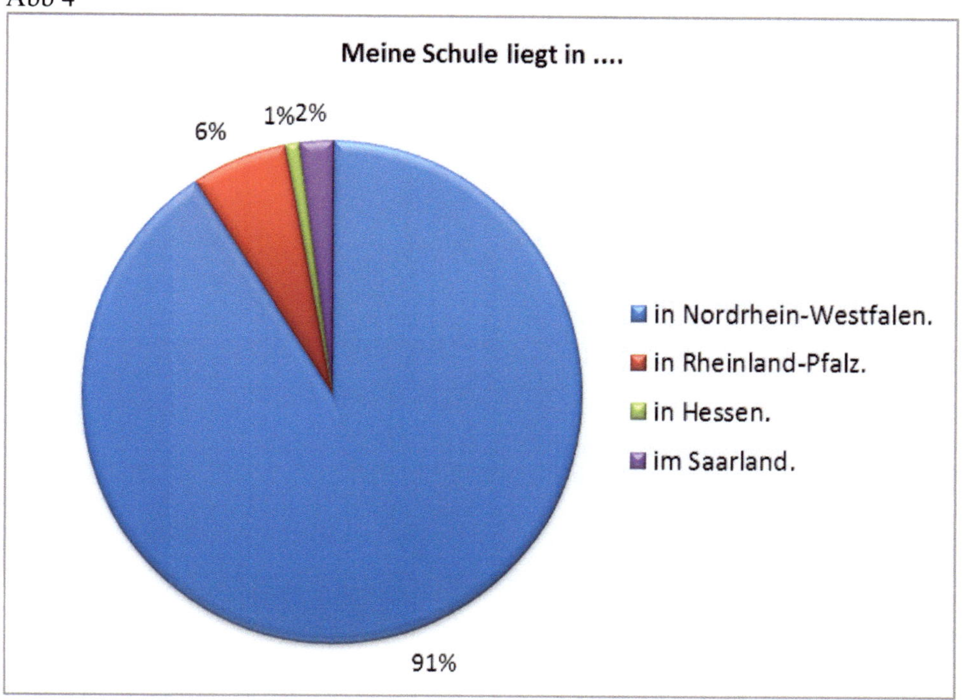

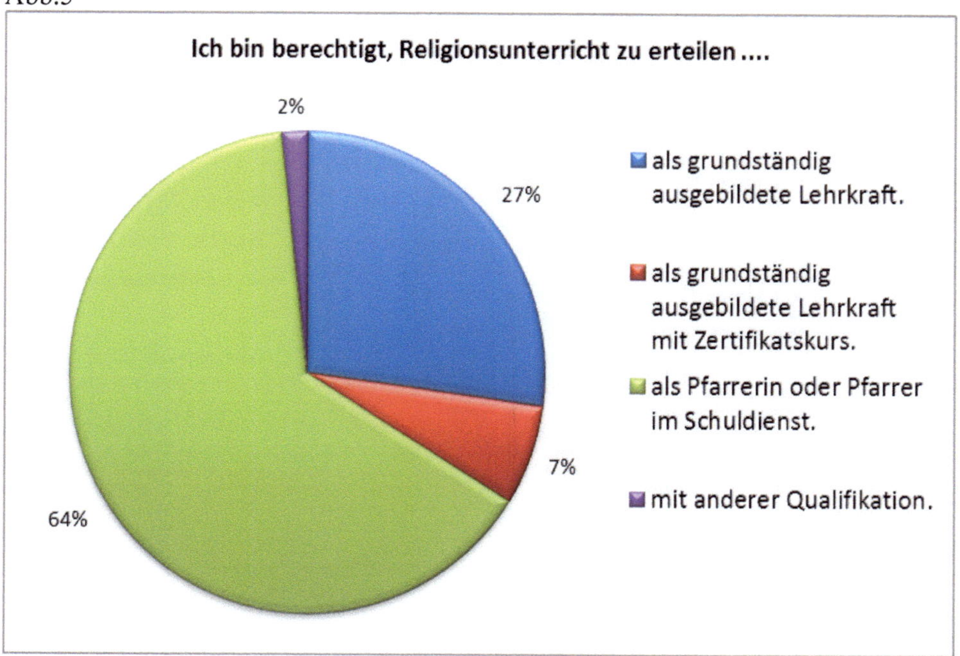

Abb. 6

Ich bin ...
9,4%
2,7%
10,3%
27,2%
50,4%
25 - 30 Jahre alt.
31 - 40 Jahre alt.
41 - 50 Jahre alt.
51 - 60 Jahre alt.
über 60 Jahre alt.

Abb. 7

Alter Pfarrer (N= 144)
8,4%
0,0%
3,5%
32,2%
55,9%
Ich bin 25 - 30 Jahre alt.
Ich bin 31 - 40 Jahre alt.
Ich bin 41 - 50 Jahre alt.
Ich bin 51 - 60 Jahre alt.
Ich bin über 60 Jahre alt.

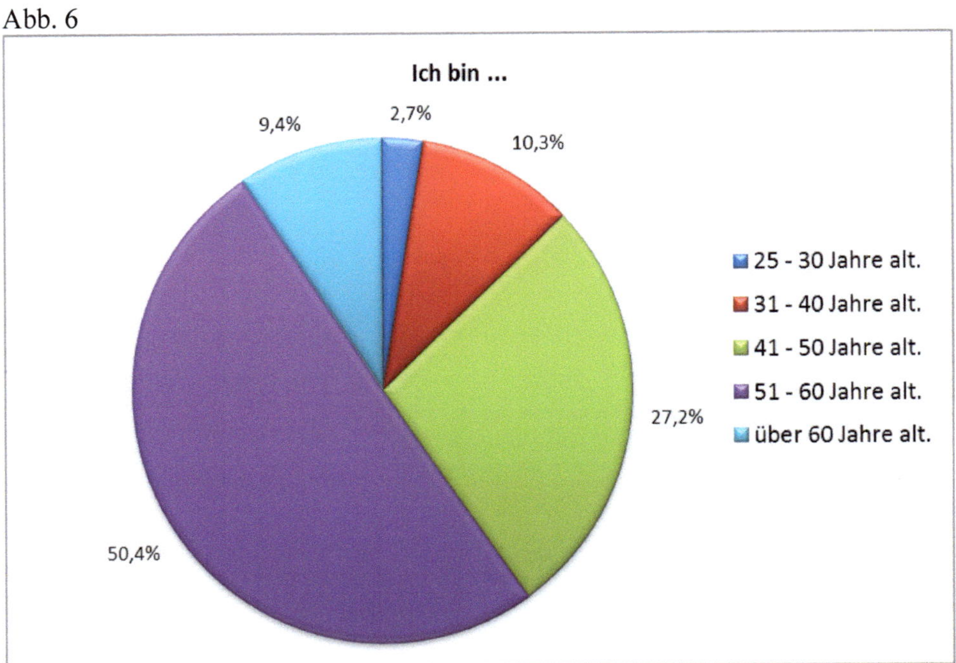

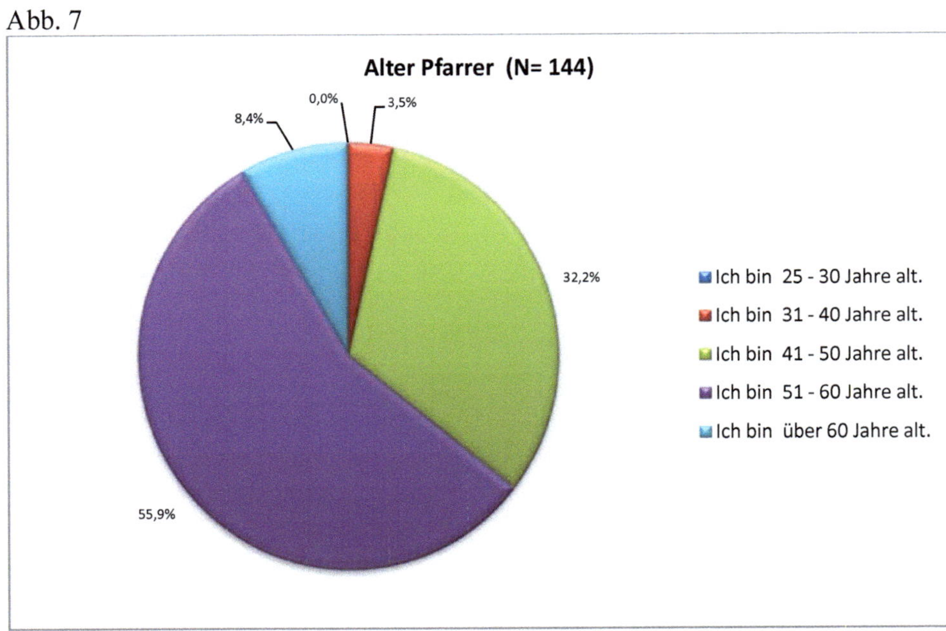

Abb. 8

Altersstruktur Lehrkräfte (N= 83)
12,0%
7,2%
22,9%
39,8%
18,1%
Ich bin 25 - 30 Jahre alt.
Ich bin 31 - 40 Jahre alt.
Ich bin 41 - 50 Jahre alt.
Ich bin 51 - 60 Jahre alt.
Ich bin über 60 Jahre alt.

Abb. 9

Ich unterrichte ausschließlich
oder überwiegend in einer ...
8; 4%
5; 2%
213; 94%
staatlichen Schule.
Schule in kirchlicher Trägerschaft.
anderen freien Schule.

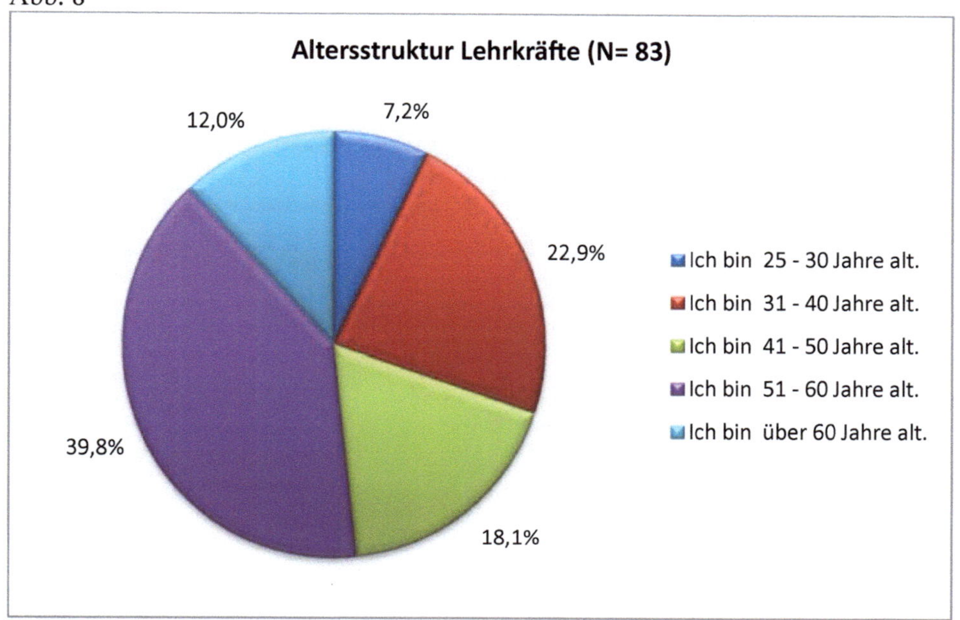

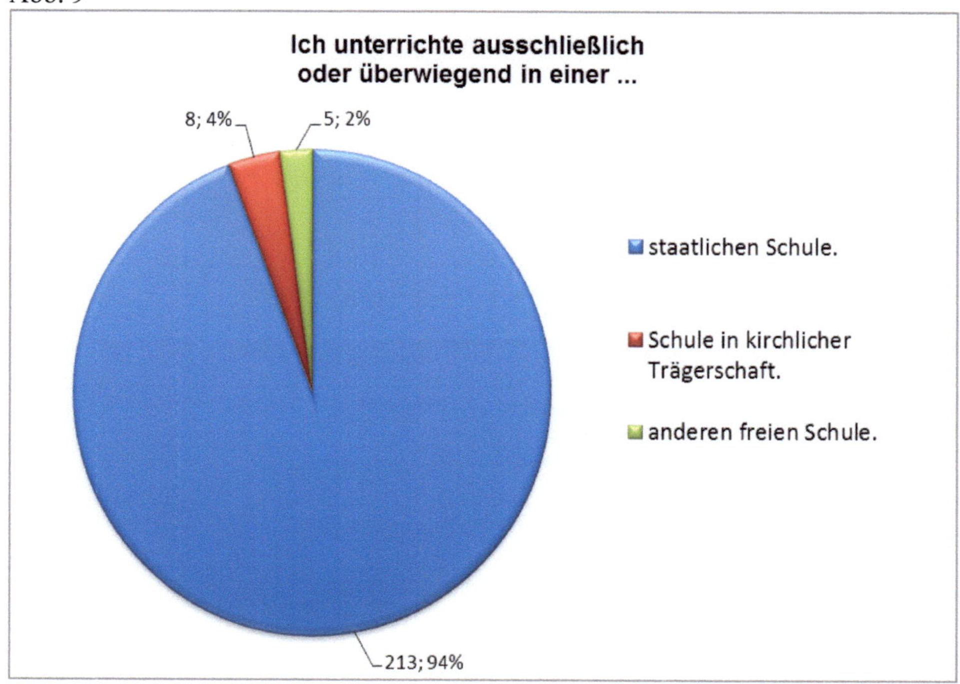

2.   Ergebnisse zur Konzeption des BRU

Abb. 10 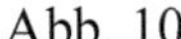

Abb. 11

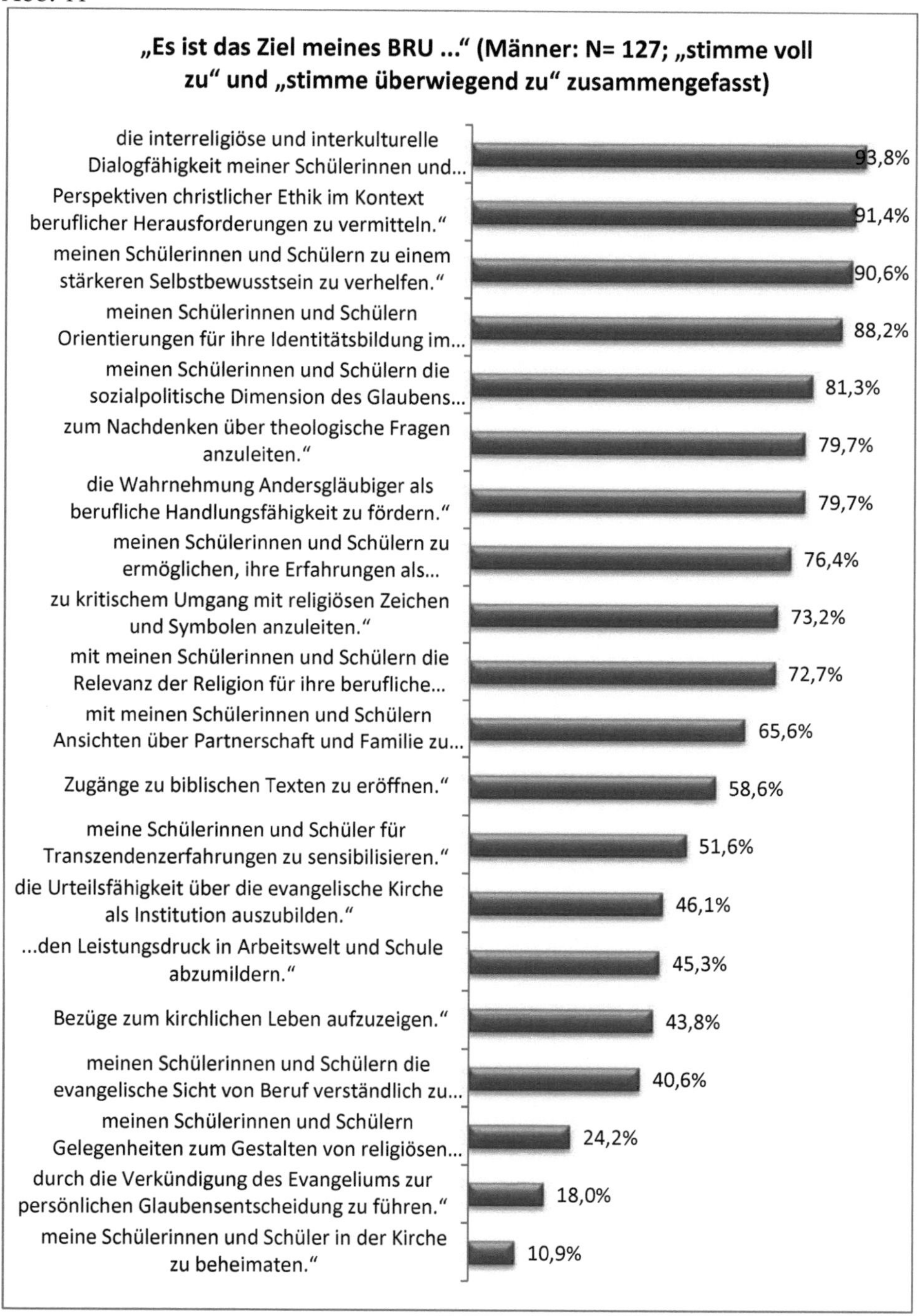

Abb. 12

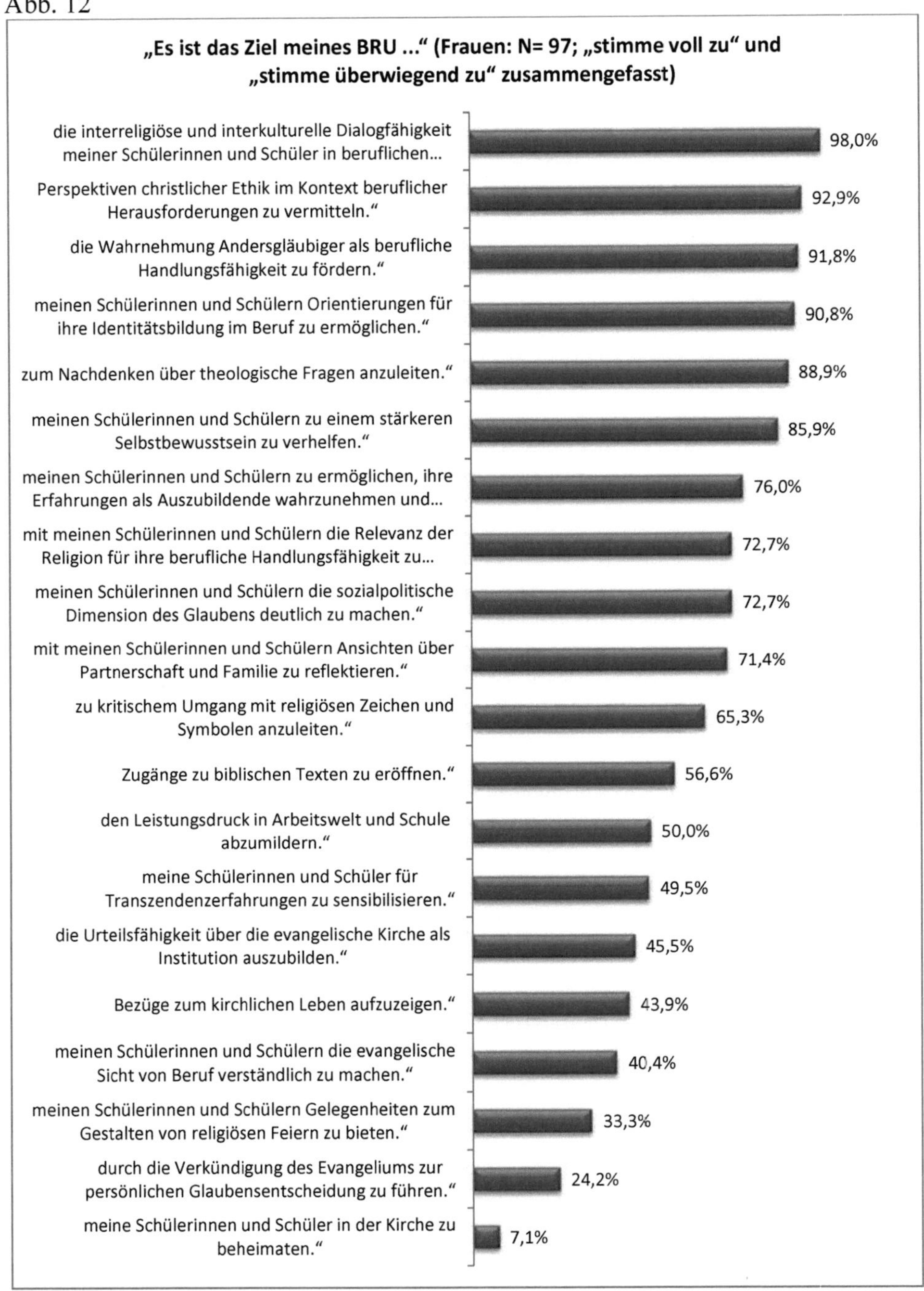

Abb. 13

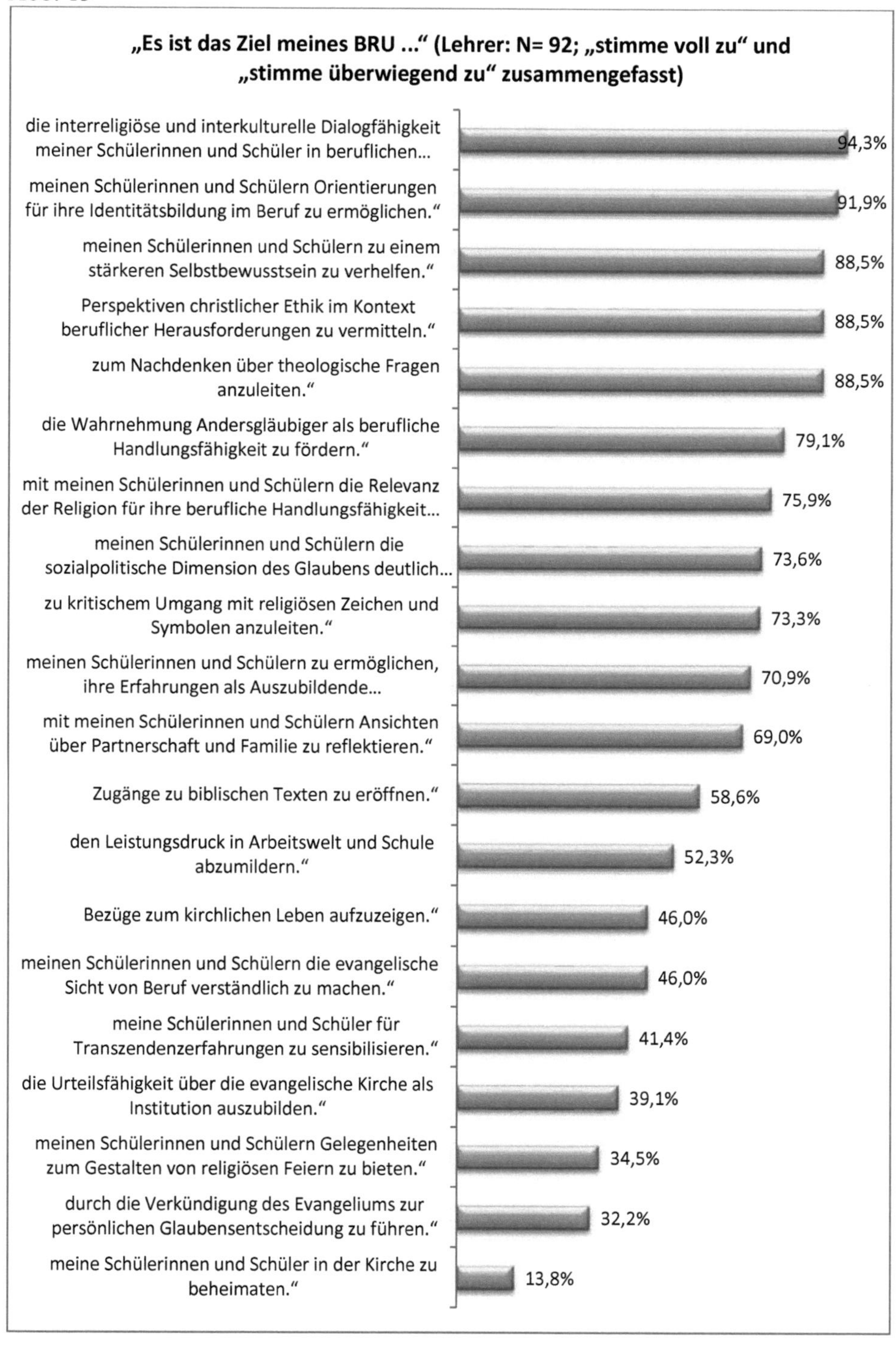

Abb. 14

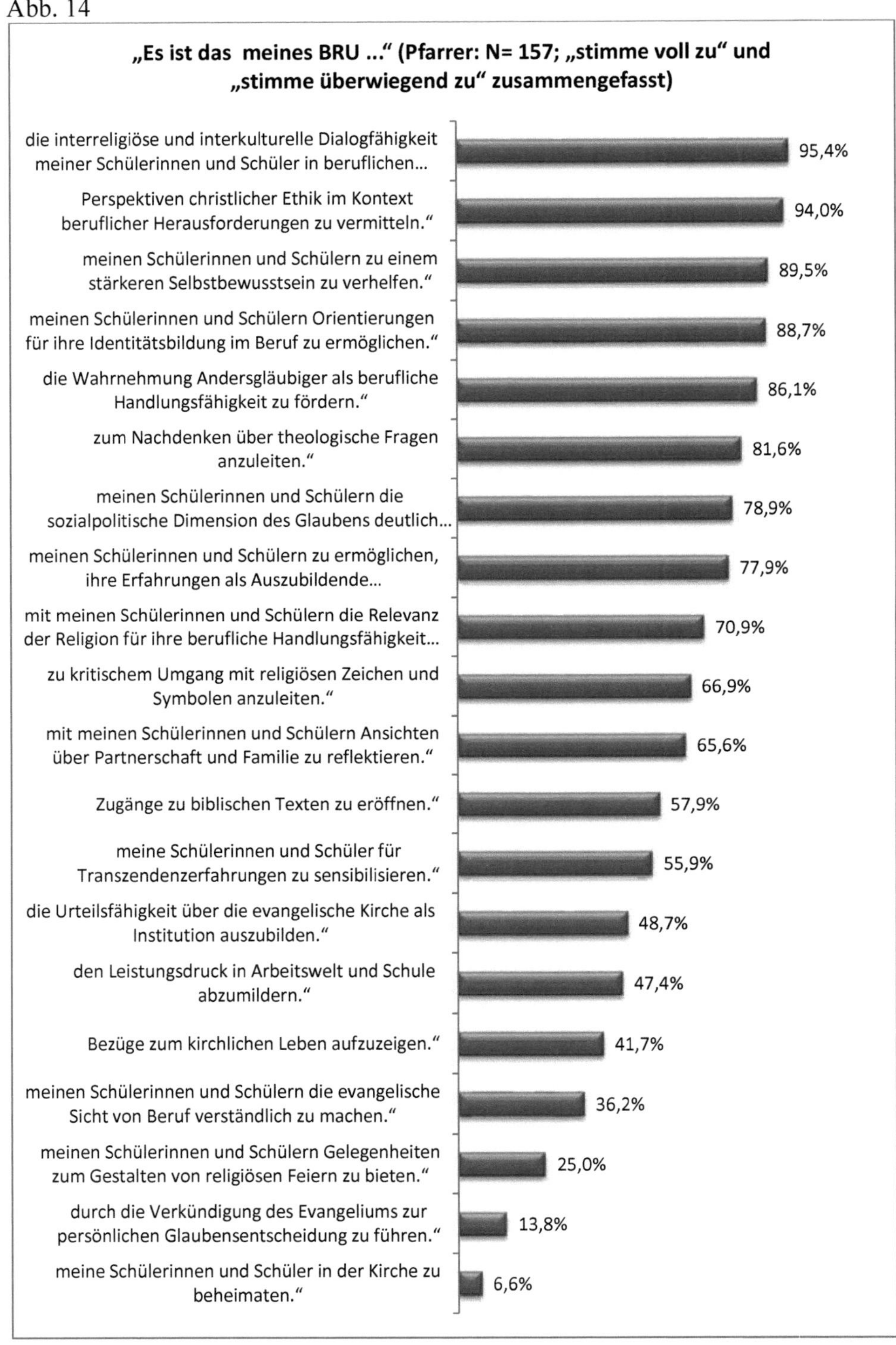

Abb. 15

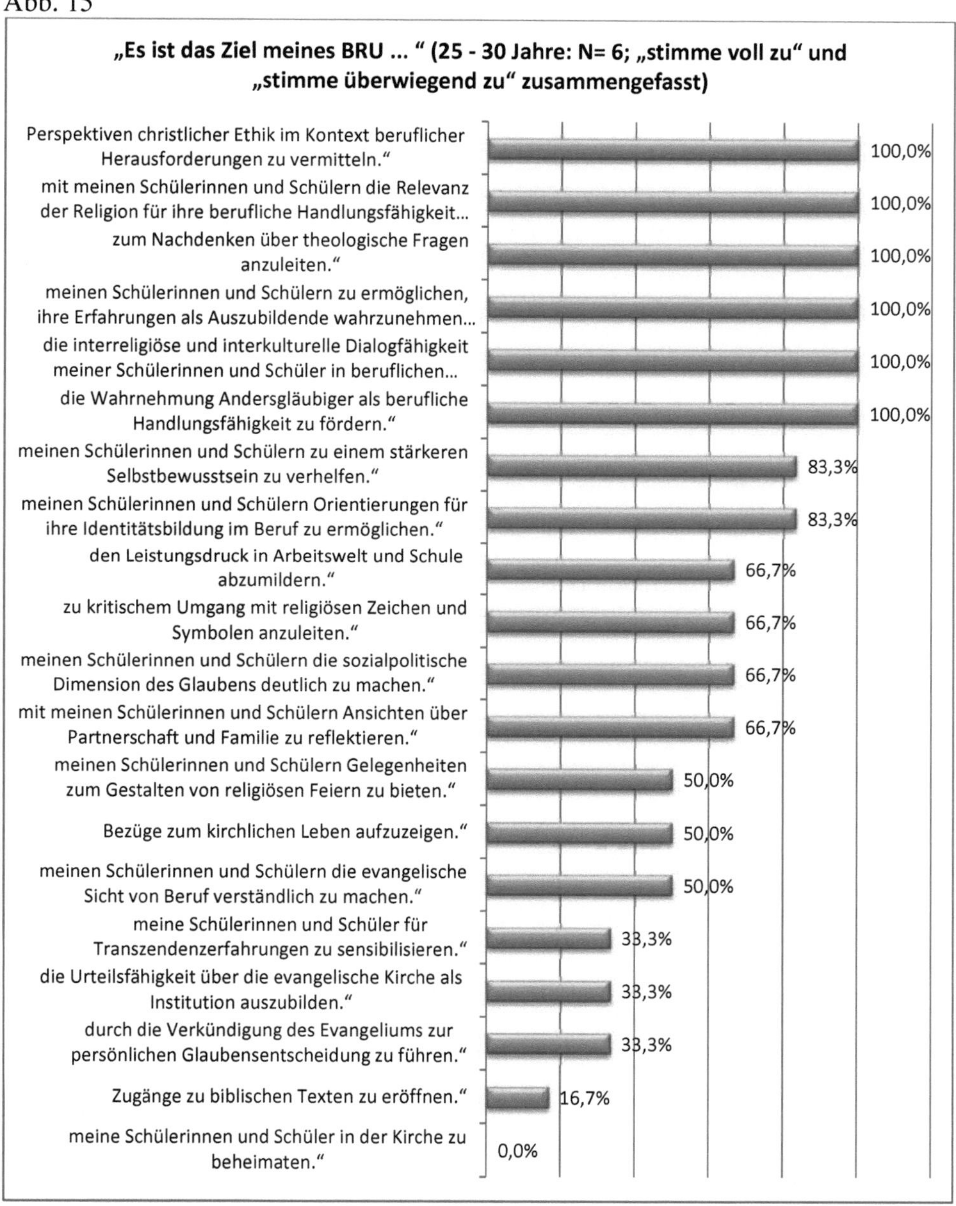

Abb. 16

Abb. 17

Abb. 18

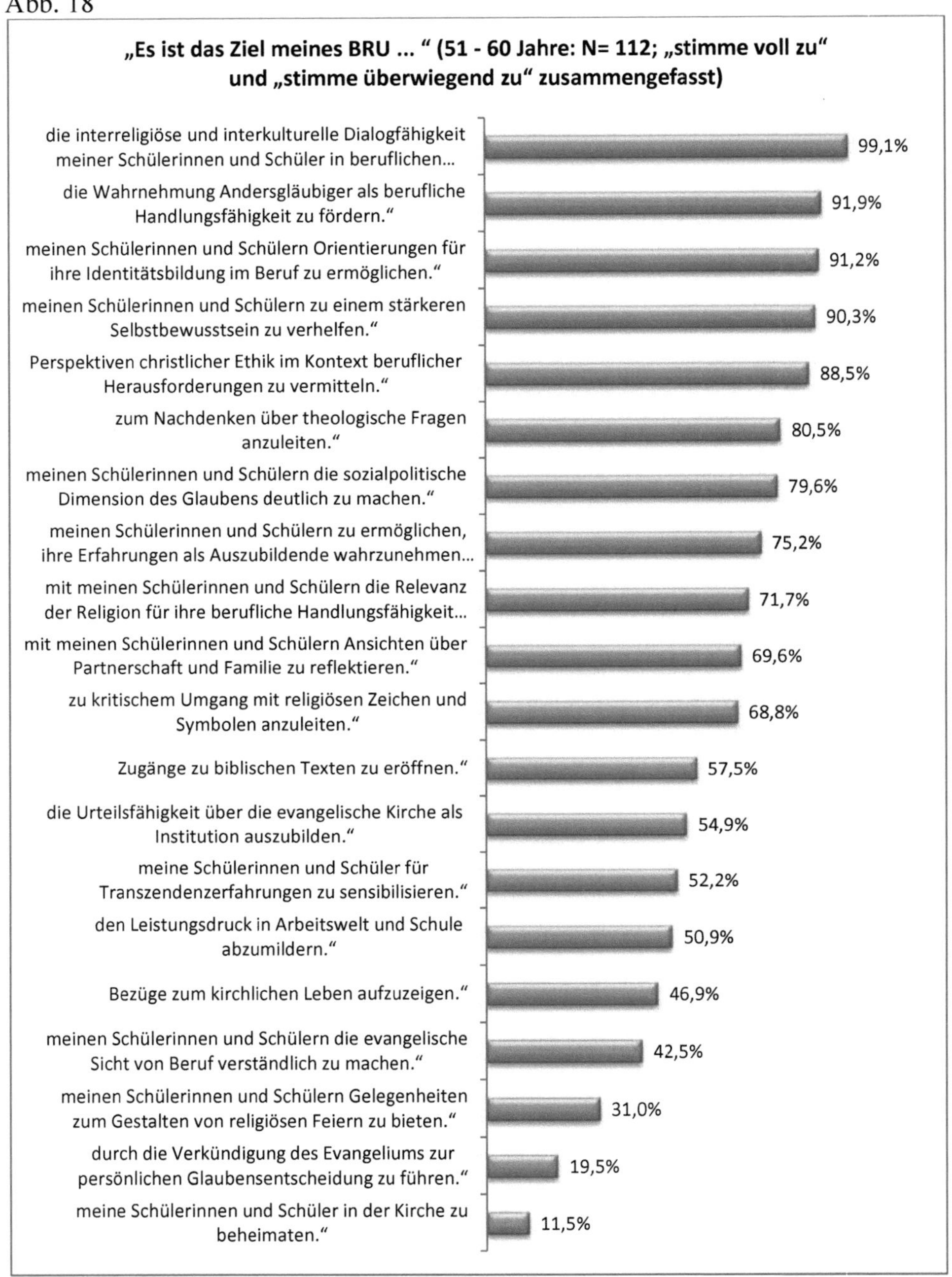

Abb. 19

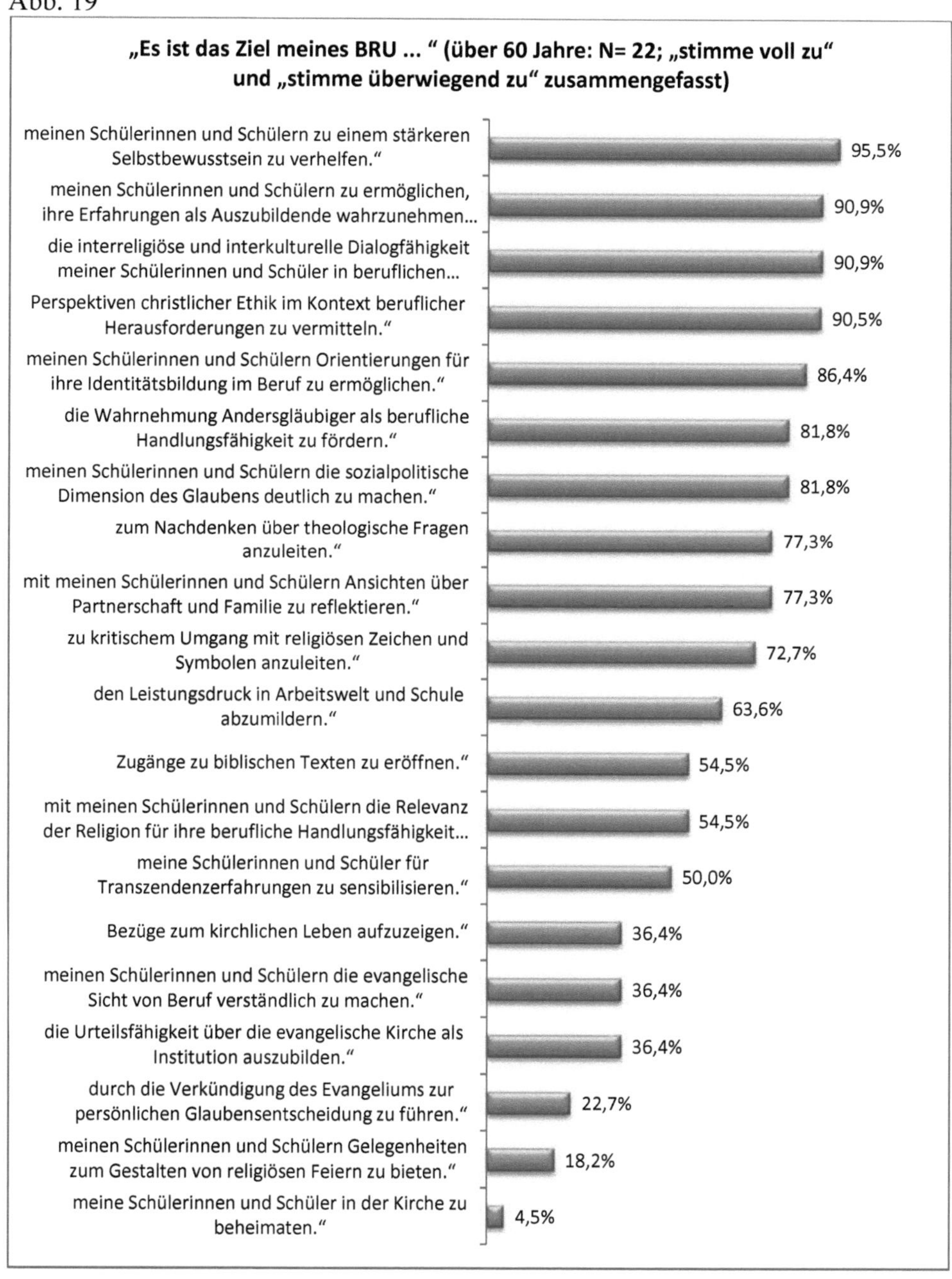

3.   Ergebnisse zu Fortbildungen

Abb. 20

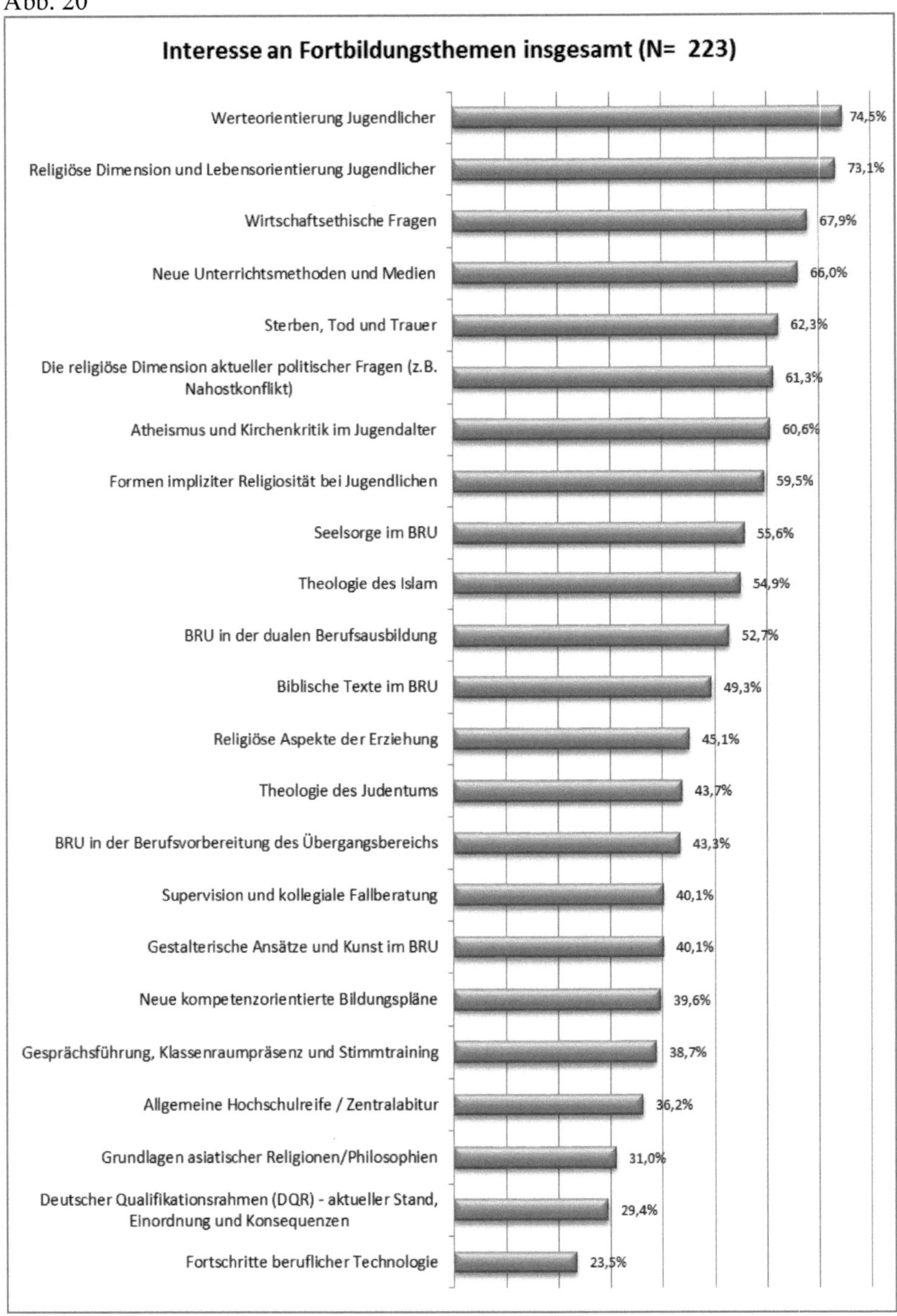

In welchem Maß nutzen Sie die Fortbildungsangebote der folgenden Institutionen?
-- Ranking, zusammengefasst: „immer" – „oft"

Abb. 21

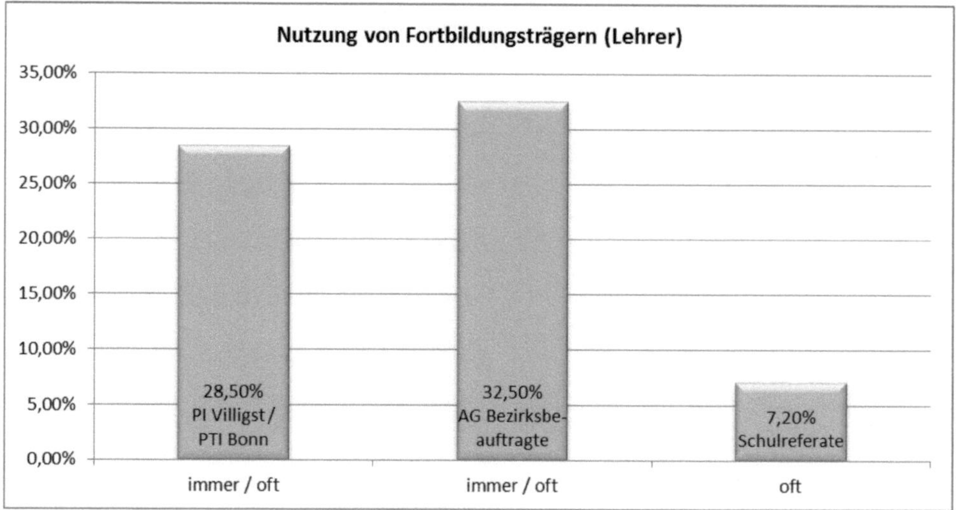

Abb. 22

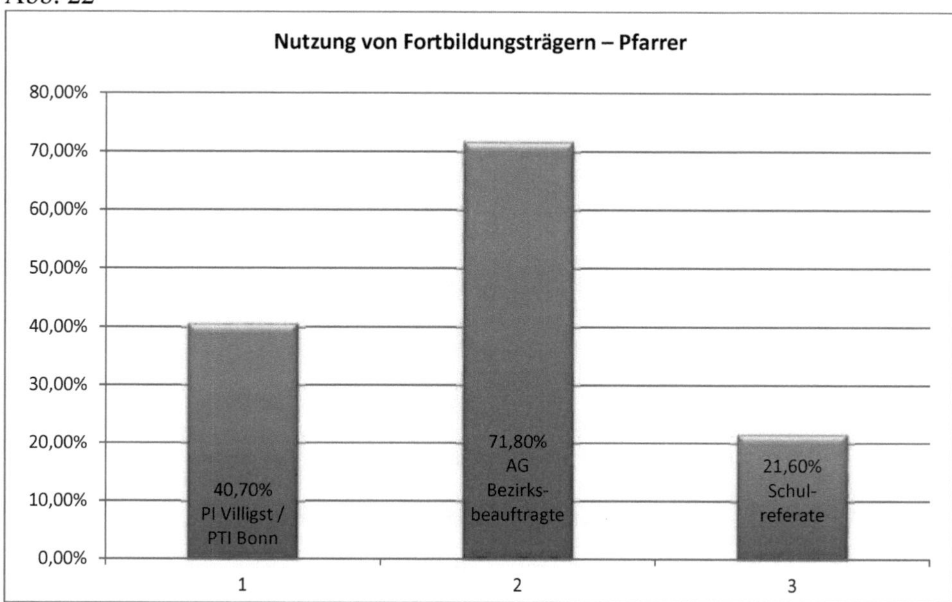

Abb. 23

Interesse an Fortbildungsthemen - Männer
Religiöse Dimension und Lebensorientierung Jugendlicher   71,9%
Werteorientierung Jugendlicher   70,3%
Wirtschaftsethische Fragen   68,8%
Neue Unterrichtsmethoden und Medien   66,9%
Formen impliziter Religiosität bei Jugendlichen   59,8%
Sterben, Tod und Trauer   59,4%
Die religiöse Dimension aktueller politischer Fragen (z.B. Nahostkonflikt)   59,1%
Atheismus und Kirchenkritik im Jugendalter   56,3%
Seelsorge im BRU   52,0%
Theologie des Islam   51,2%
Biblische Texte im BRU   49,2%
BRU in der dualen Berufsausbildung   48,8%
Religiöse Aspekte der Erziehung   44,9%
Theologie des Judentums   42,5%
BRU in der Berufsvorbereitung des Übergangsbereichs   42,5%
Gesprächsführung, Klassenraumpräsenz und Stimmtraining   41,4%
Gestalterische Ansätze und Kunst im BRU   40,2%
Fortschritte beruflicher Technologie   39,7%
Supervision und kollegiale Fallberatung   39,1%
Neue kompetenzorientierte Bildungspläne   37,5%
Allgemeine Hochschulreife / Zentralabitur   31,3%
Grundlagen asiatischer Religionen/Philosophien   28,1%
Deutscher Qualifikationsrahmen (DQR) - aktueller Stand, Einordnung und Konsequenzen   27,6%

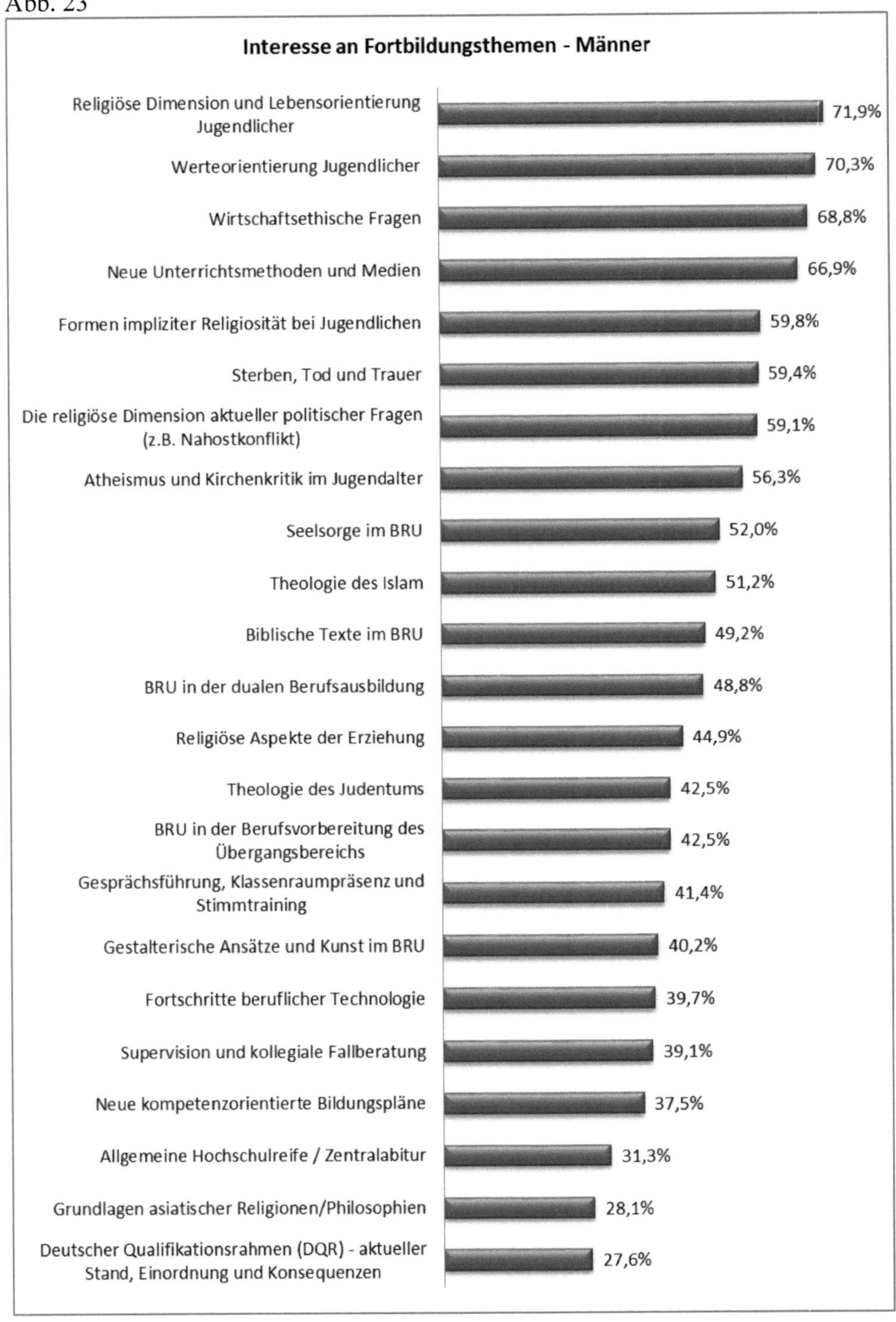

Abb. 24

Interesse an Fortbildungsthemen - Frauen
Werteorientierung Jugendlicher
79,4%
Religiöse Dimension und Lebensorientierung Jugendlicher
74,2%
Wirtschaftsethische Fragen
66,3%
Sterben, Tod und Trauer
66,0%
Atheismus und Kirchenkritik im Jugendalter
66,0%
Neue Unterrichtsmethoden und Medien
65,6%
Die religiöse Dimension aktueller politischer Fragen (z.B. Nahostkonflikt)
62,9%
Theologie des Islam
60,8%
Formen impliziter Religiosität bei Jugendlichen
59,8%
Seelsorge im BRU
59,4%
BRU in der dualen Berufsausbildung
58,8%
Biblische Texte im BRU
50,5%
BRU in der Berufsvorbereitung des Übergangsbereichs
46,4%
Religiöse Aspekte der Erziehung
45,4%
Theologie des Judentums
44,3%
Supervision und kollegiale Fallberatung
42,7%
Neue kompetenzorientierte Bildungspläne
42,7%
Allgemeine Hochschulreife / Zentralabitur
42,1%
Gestalterische Ansätze und Kunst im BRU
40,2%
Gesprächsführung, Klassenraumpräsenz und Stimmtraining
35,4%
Grundlagen asiatischer Religionen/Philosophien
34,0%
Deutscher Qualifikationsrahmen (DQR) - aktueller Stand, Einordnung und Konsequenzen
33,3%
Fortschritte beruflicher Technologie
27,1%

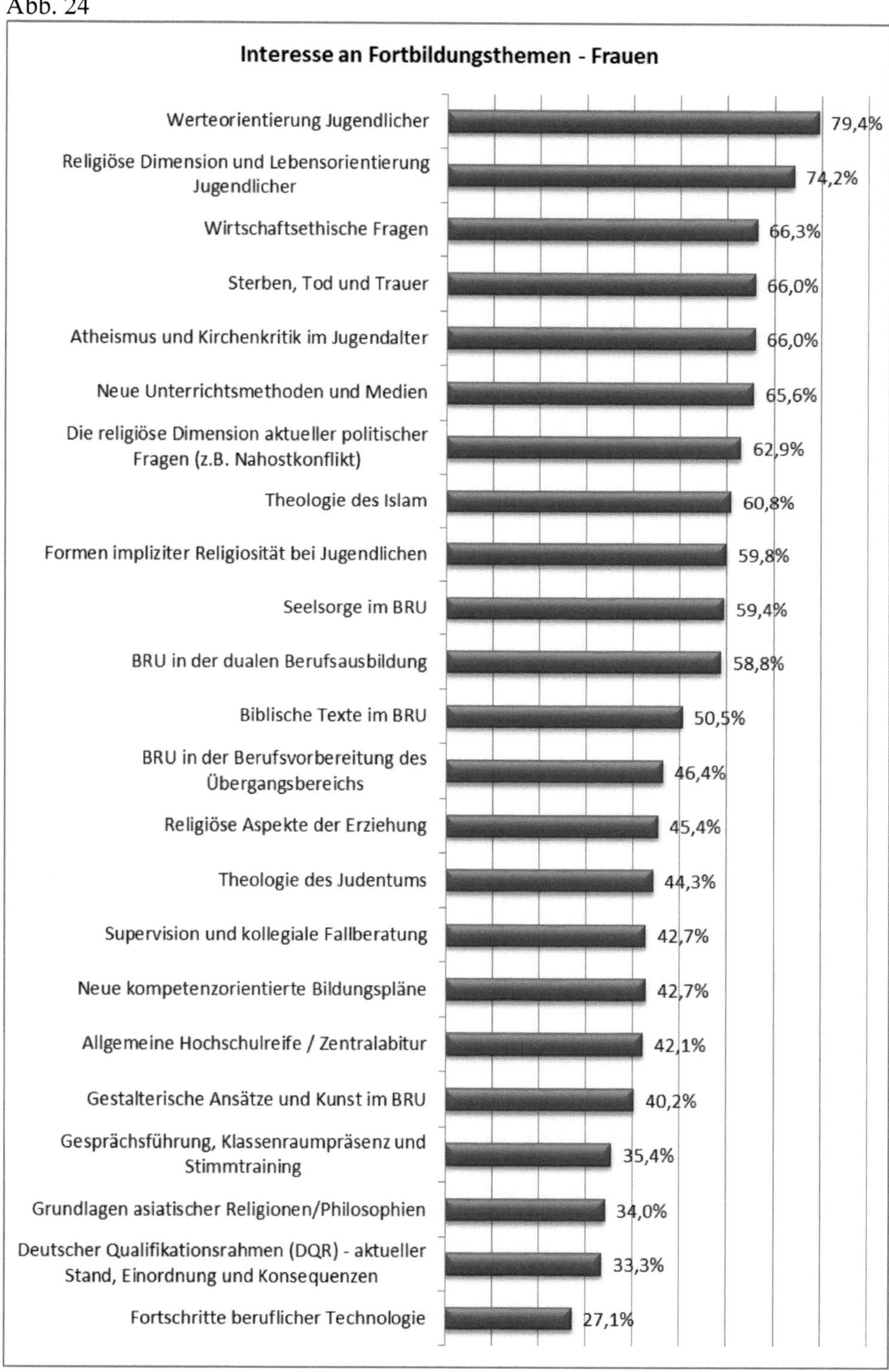

Abb. 25

Interesse an Fortbildungsthemen - Lehrer
Religiöse Dimension und Lebensorientierung Jugendlicher
75,9%
Werteorientierung Jugendlicher
75,0%
Wirtschaftsethische Fragen
66,7%
Sterben, Tod und Trauer
63,9%
Die religiöse Dimension aktueller politischer Fragen (z.B. Nahostkonflikt)
61,4%
Atheismus und Kirchenkritik im Jugendalter
60,2%
BRU in der dualen Berufsausbildung
57,8%
Biblische Texte im BRU
55,4%
Formen impliziter Religiosität bei Jugendlichen
53,7%
Neue Unterrichtsmethoden und Medien
52,4%
Religiöse Aspekte der Erziehung
50,6%
Theologie des Islam
49,4%
Theologie des Judentums
47,0%
BRU in der Berufsvorbereitung des Übergangsbereichs
42,2%
Seelsorge im BRU
40,2%
Fortschritte beruflicher Technologie
39,0%
Gestalterische Ansätze und Kunst im BRU
38,6%
Neue kompetenzorientierte Bildungspläne
37,8%
Supervision und kollegiale Fallberatung
36,6%
Deutscher Qualifikationsrahmen (DQR) - aktueller Stand, Einordnung und Konsequenzen
31,7%
Allgemeine Hochschulreife / Zentralabitur
30,5%
Grundlagen asiatischer Religionen/Philosophien
30,1%
Gesprächsführung, Klassenraumpräsenz und Stimmtraining
29,3%

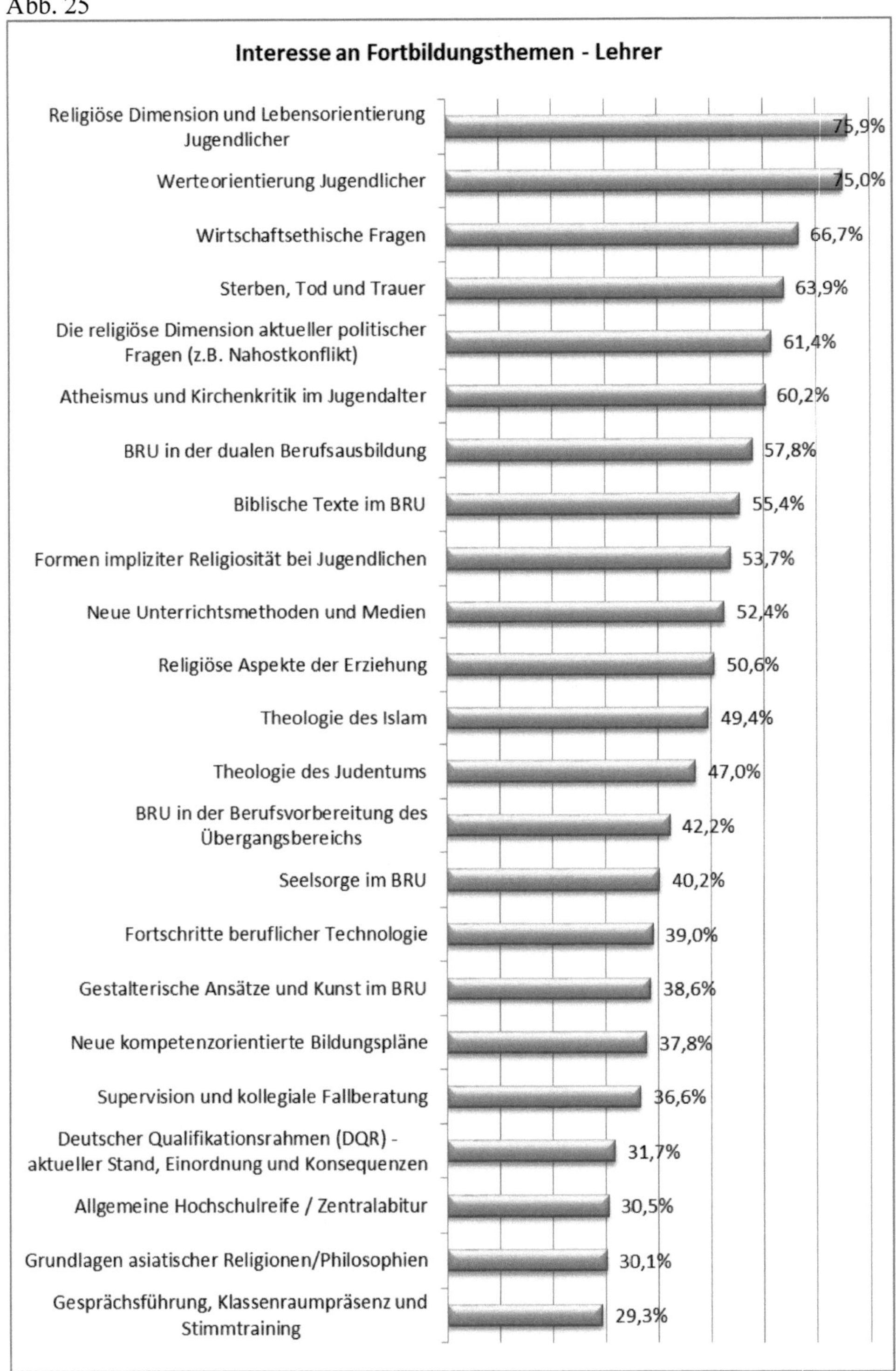

Abb. 26

Interesse an Fortbildungsthemen - Pfarrer
Werteorientierung Jugendlicher 74,1%
Neue Unterrichtsmethoden und Medien 74,1%
Religiöse Dimension und Lebensorientierung Jugendlicher 71,5%
Wirtschaftsethische Fragen 69,2%
Seelsorge im BRU 64,3%
Formen impliziter Religiosität bei Jugendlichen 63,9%
Sterben, Tod und Trauer 61,1%
Atheismus und Kirchenkritik im Jugendalter 61,1%
Die religiöse Dimension aktueller politischer Fragen (z.B. Nahostkonflikt) 60,8%
Theologie des Islam 59,4%
BRU in der dualen Berufsausbildung 50,0%
Biblische Texte im BRU 46,5%
BRU in der Berufsvorbereitung des Übergangsbereichs 44,8%
Gesprächsführung, Klassenraumpräsenz und Stimmtraining 44,4%
Religiöse Aspekte der Erziehung 42,7%
Supervision und kollegiale Fallberatung 42,4%
Theologie des Judentums 42,0%
Gestalterische Ansätze und Kunst im BRU 40,6%
Neue kompetenzorientierte Bildungspläne 39,9%
Allgemeine Hochschulreife / Zentralabitur 39,2%
Fortschritte beruflicher Technologie 31,7%
Grundlagen asiatischer Religionen/Philosophien 31,3%
Deutscher Qualifikationsrahmen (DQR) - aktueller Stand, Einordnung und Konsequenzen 28,7%

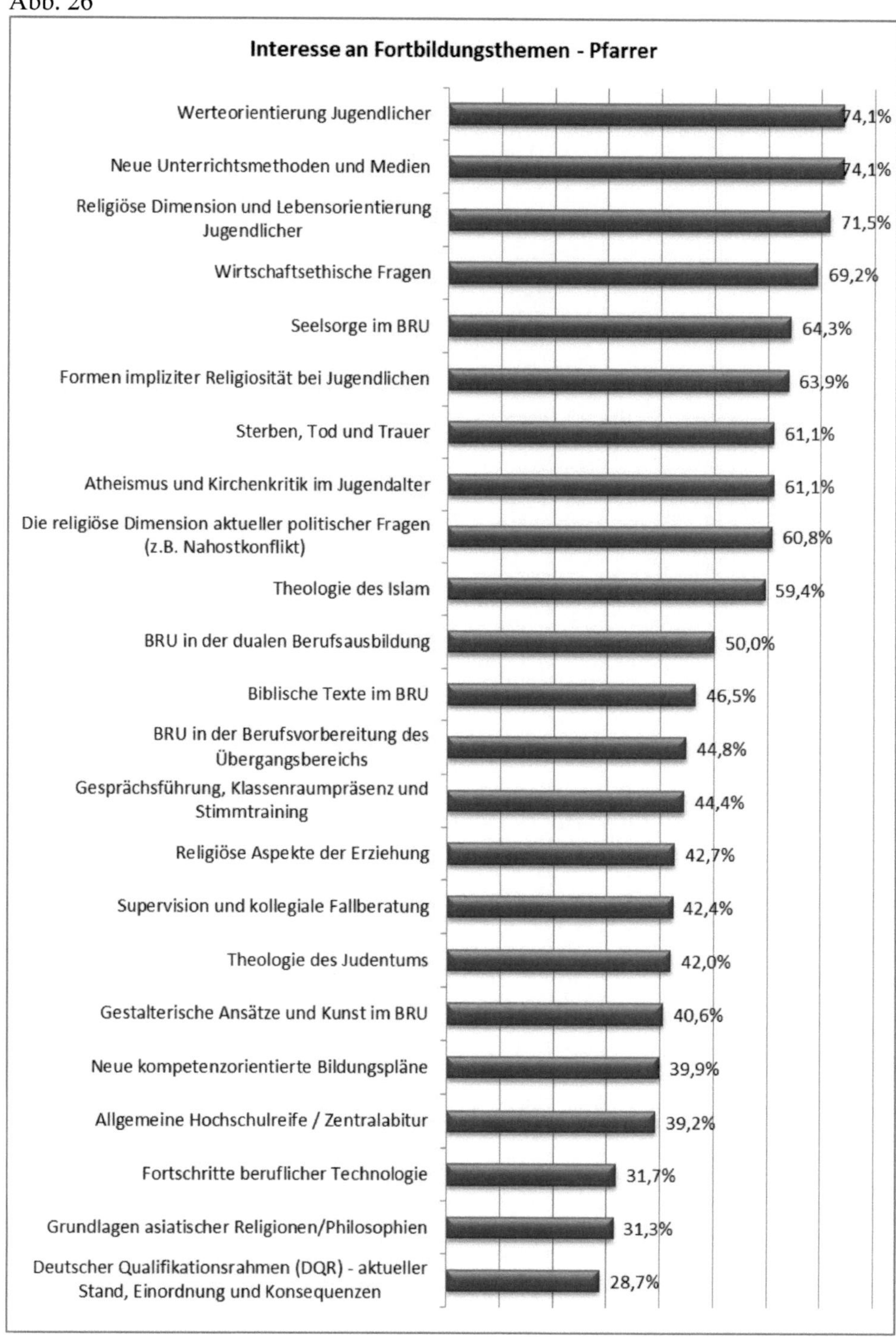

4.   Ergebnisse zur Zufriedenheit mit dem BRU

Abb. 27

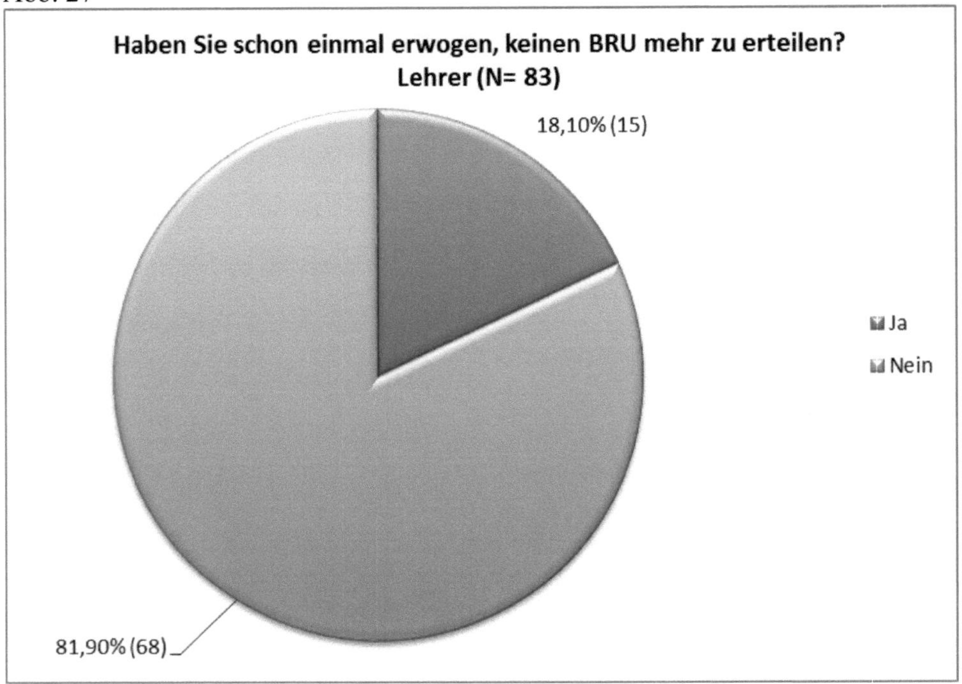

Abb. 28

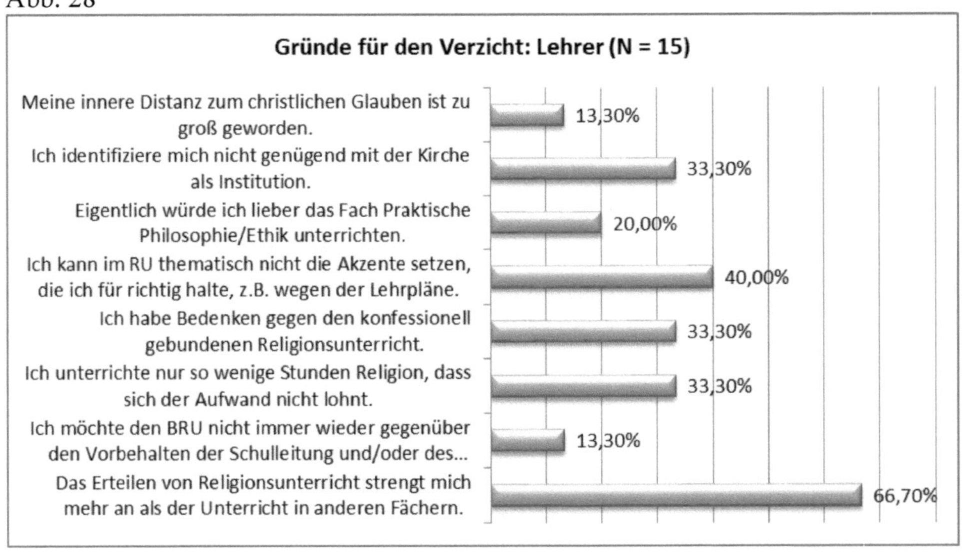

Abb. 29

Haben Sie schon einmal erwogen, keinen BRU mehr zu erteilen?
Pfarrer (N= 145)
25% (36)
75% (109)
Ja
Nein

Abb. 30

Gründe für den Verzicht: Pfarrer (N = 29)
Meine innere Distanz zum christlichen Glauben ist zu groß geworden.
2,90%
Ich identifiziere mich nicht genügend mit der Kirche als Institution.
5,90%
Eigentlich würde ich lieber das Fach Praktische Philosophie/Ethik unterrichten.
5,90%
Ich kann im RU thematisch nicht die Akzente setzen, die ich für richtig halte, z.B. wegen der Lehrpläne.
17,60%
Ich habe Bedenken gegen den konfessionell gebundenen Religionsunterricht.
8,80%
Ich unterrichte nur so wenige Stunden Religion, dass sich der Aufwand nicht lohnt.
5,90%
Ich möchte den BRU nicht immer wieder gegenüber den Vorbehalten der Schulleitung und/oder des...
23,50%
Das Erteilen von Religionsunterricht strengt mich mehr an als der Unterricht in anderen Fächern.
8,80%

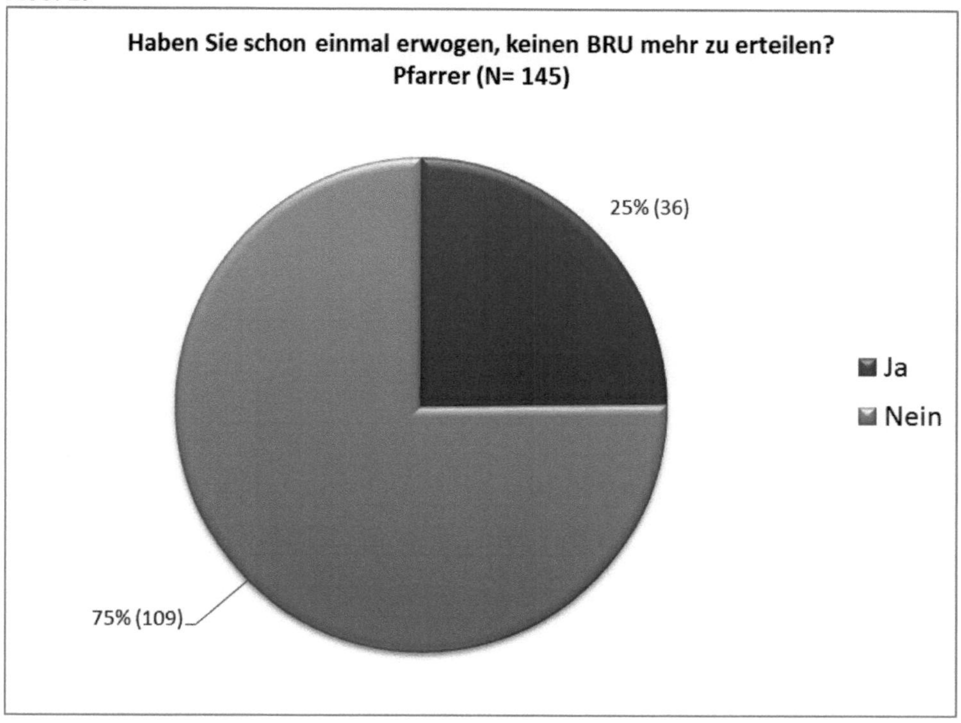

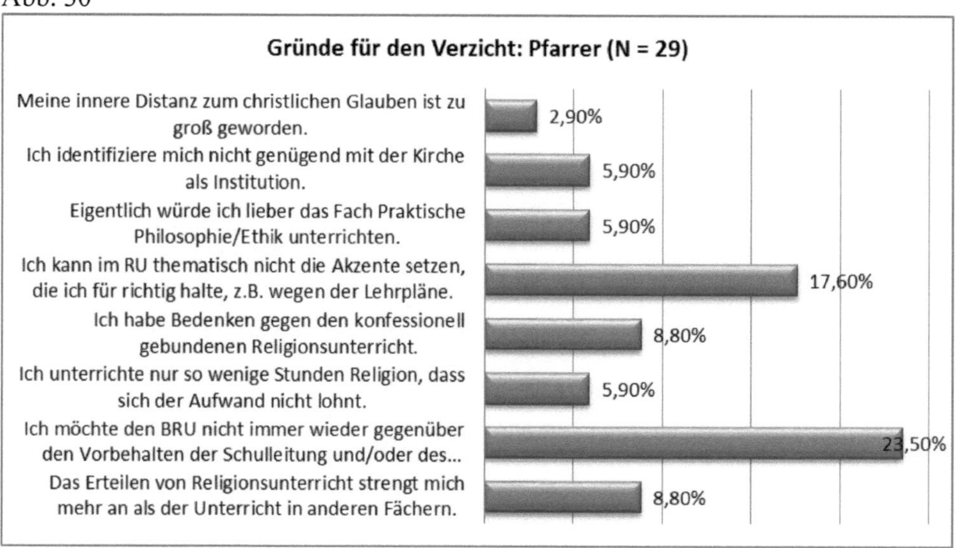

5.   Ergebnisse zur Kooperationsmodellen im BRU

Abb. 31

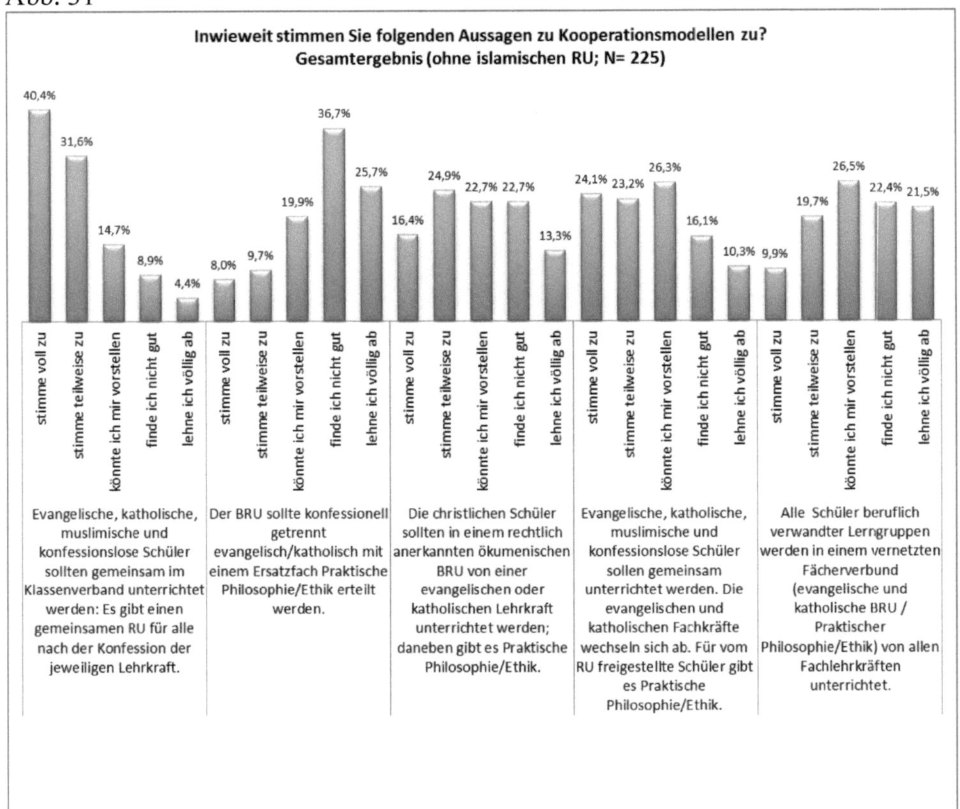

Abb. 32

Inwieweit stimmen Sie folgenden Aussagen zu Kooperastionsmodellen zu?
Gesamtergebnis (mit islam. Religionsunterricht; N = 225)

23,3%
30,9%
20,6%
18,8%
6,3%
5,4%
14,3%
14,3%
42,2%
23,8%
13,6%
18,1%
33,0%
25,3%
10,0%
1,3%
7,6%
9,0%
37,7%
44,4%
13,1%
18,9%
28,8%
18,5%
20,7%

stimme voll zu
stimme teilweise zu
könnte ich mir vorstellen
finde ich nicht gut
lehne ich völlig ab
stimme voll zu
stimme teilweise zu
könnte ich mir vorstellen
finde ich nicht gut
lehne ich völlig ab
stimme voll zu
stimme teilweise zu
könnte ich mir vorstellen
finde ich nicht gut
lehne ich völlig ab
stimme voll zu
stimme teilweise zu
könnte ich mir vorstellen
finde ich nicht gut
lehne ich völlig ab
stimme voll zu
stimme teilweise zu
könnte ich mir vorstellen
finde ich nicht gut
lehne ich völlig ab

Alle Schüler sollten gemeinsam von einer Lehrkraft unterrichtet werden. Es gibt einen gemeinsamen RU für alle nach der Konfession / Religion der jeweiligen Lehrkraft.

Der BRU sollte insgesamt nach Religionen und Konfessionen getrennt erteilt werden.

Die christlichen Schüler sollten in einem rechtlich anerkannten ökumenischen BRU von einer evangelischen oder katholischen Lehrkraft unterrichtet werden; daneben gibt es den Islamischen RU und Praktische Philosophie/Ethik.

Der Islamische RU sollte außerhalb des Stundenplanes (z.B. nachmittags) erteilt werden – für den bisherigen BRU (und Praktische Philosophie/Ethik) ändert sich dadurch nichts.

Alle Schüler beruflich verwandter Lerngruppen werden in einem vernetzten Fächerverbund (Evangelischer und Katholischer BRU / Islamischen RU / Praktischer Philosophie/Ethik) von allen Fachlehrkräften unterrichtet.

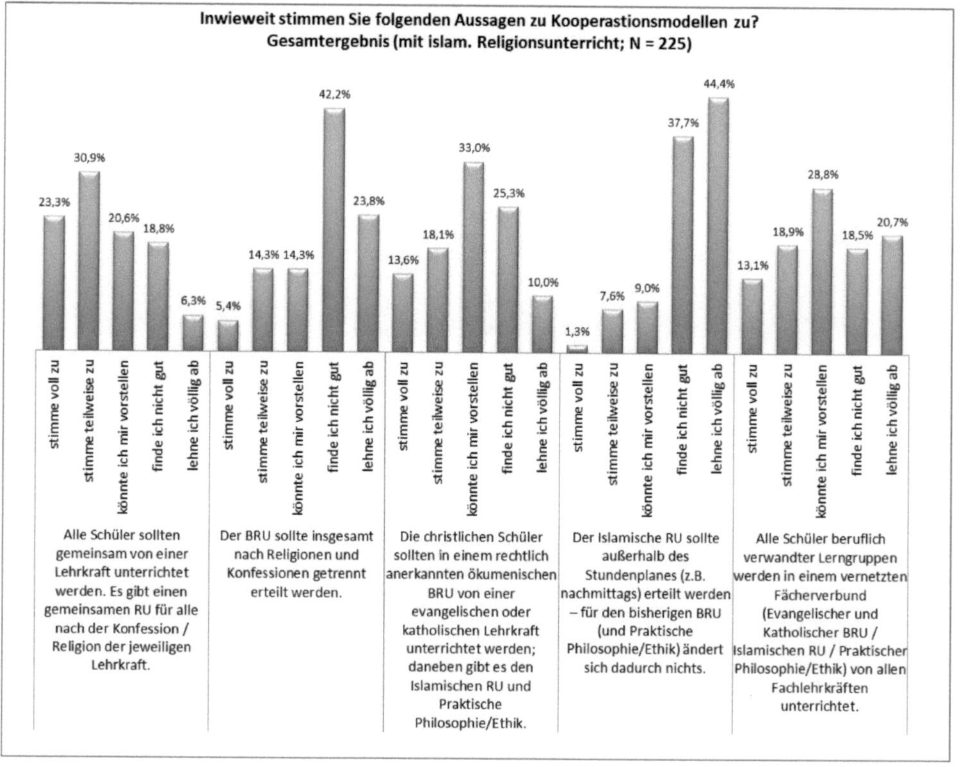

Abb. 33

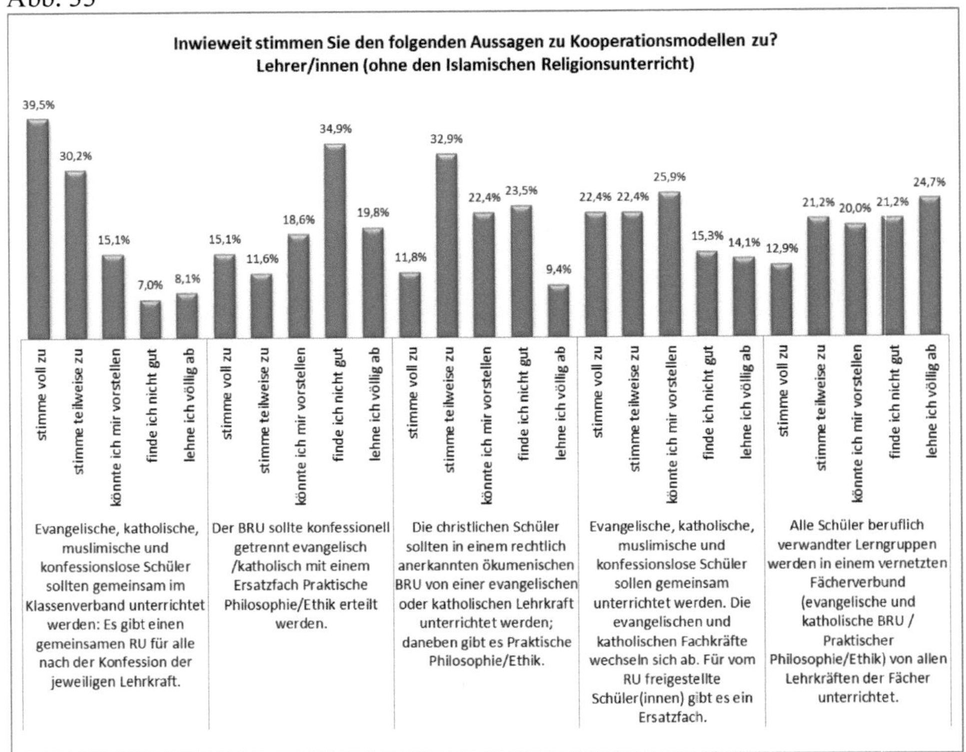

Abb. 34

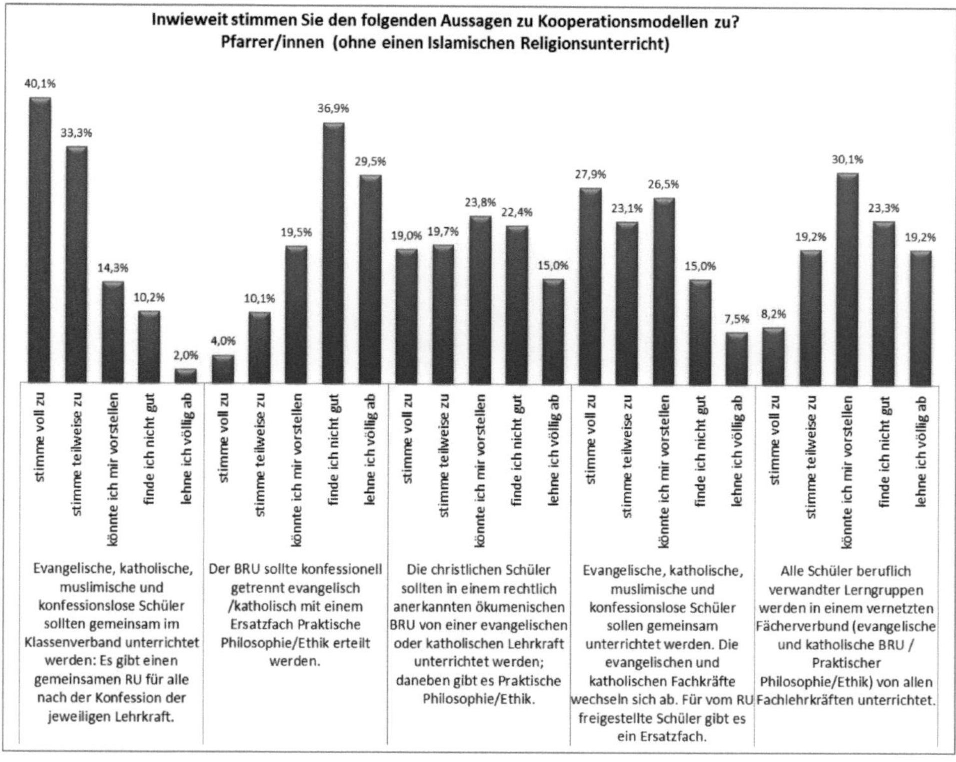

Abb. 35

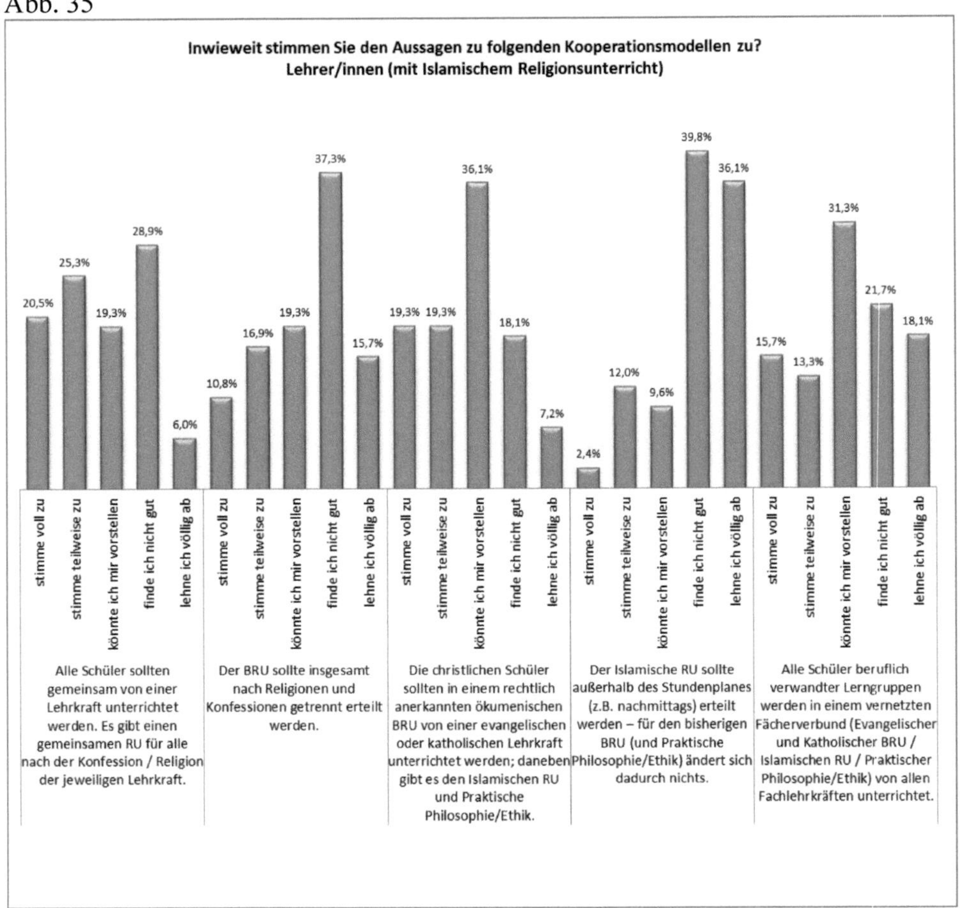

Abb. 36

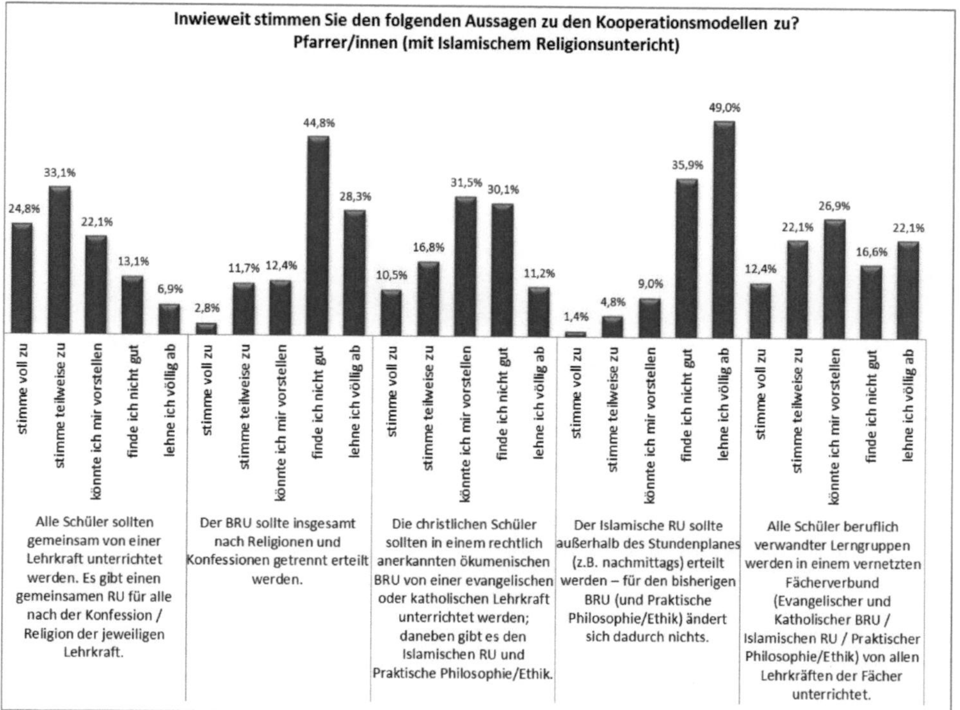

Abb. 37

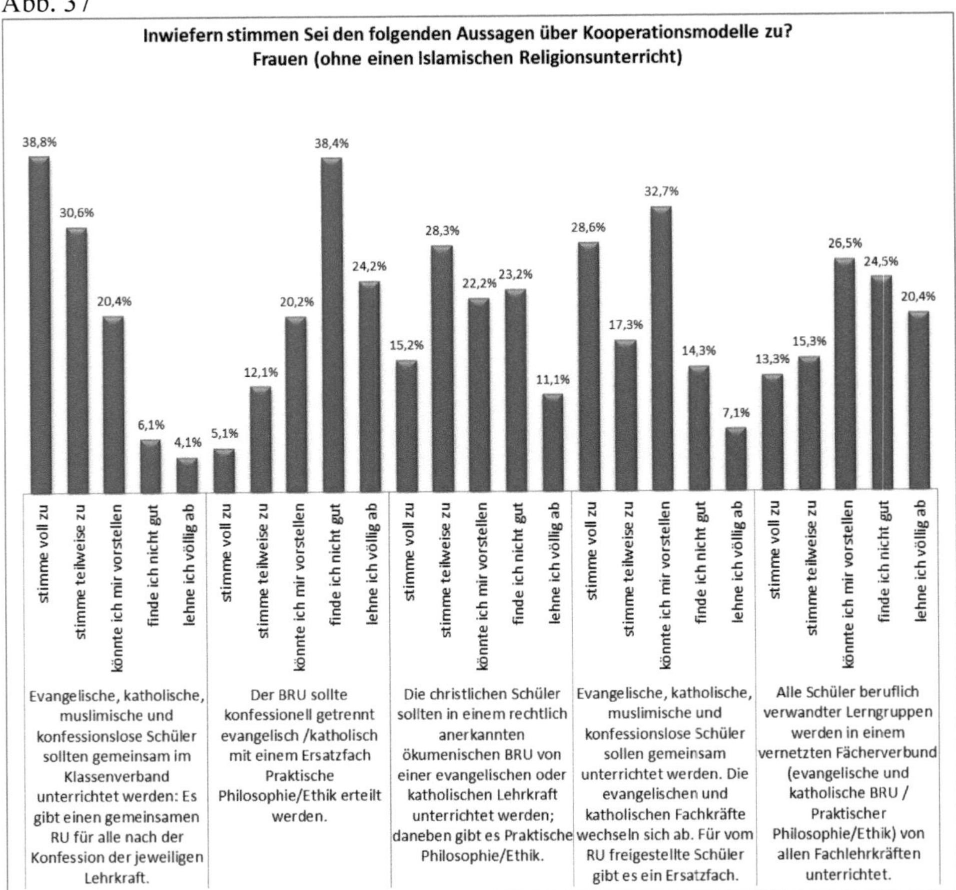

Abb. 38

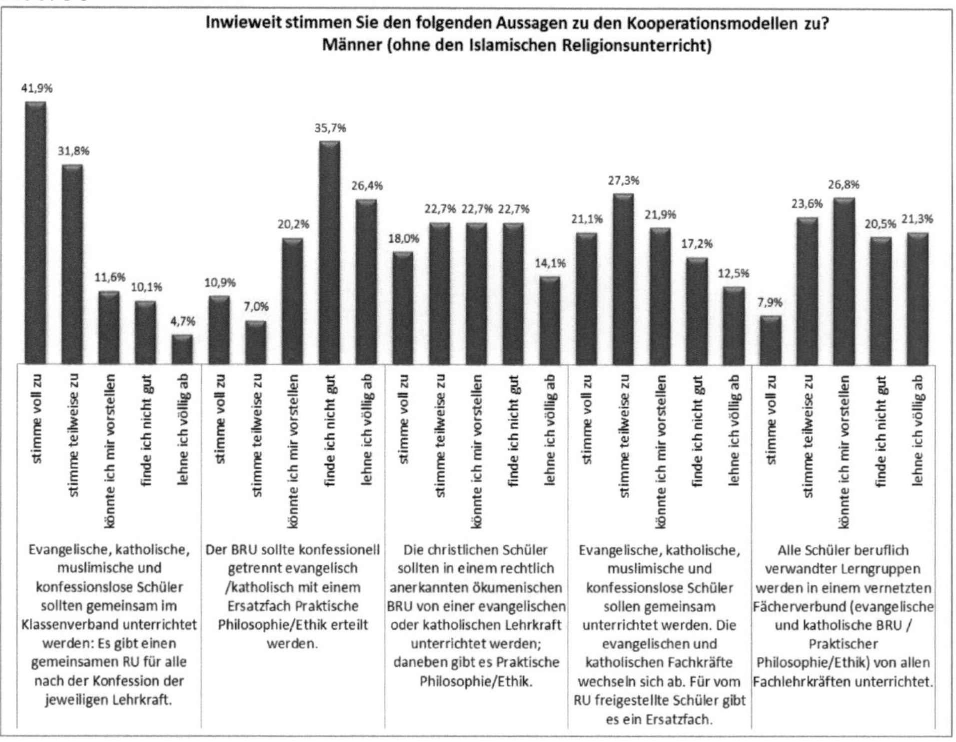

Abb. 39

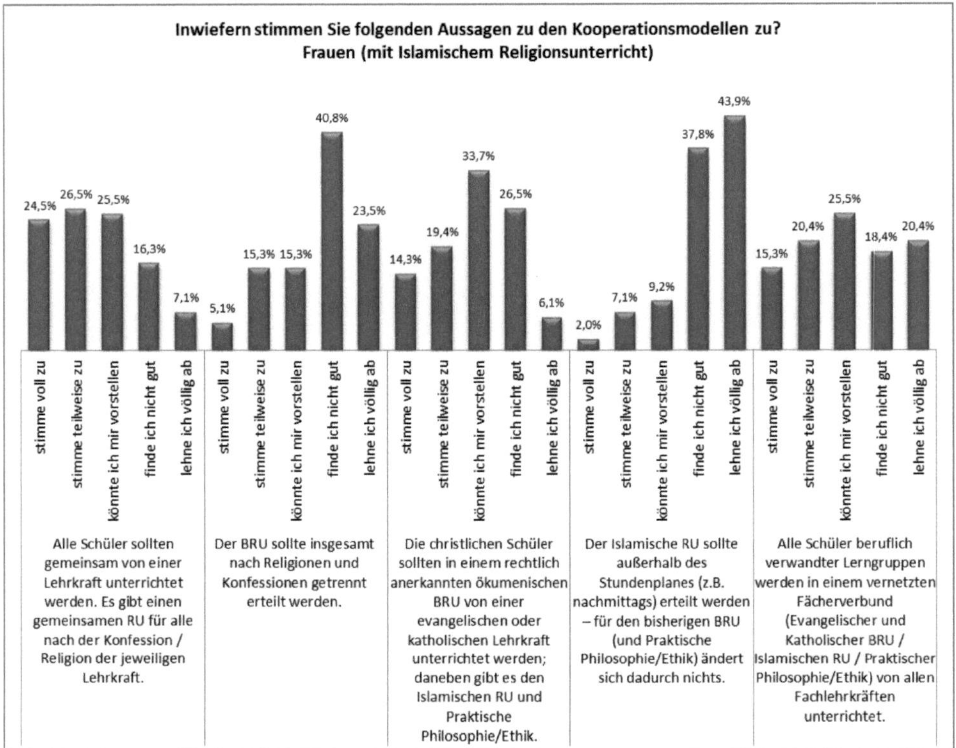

Abb. 40

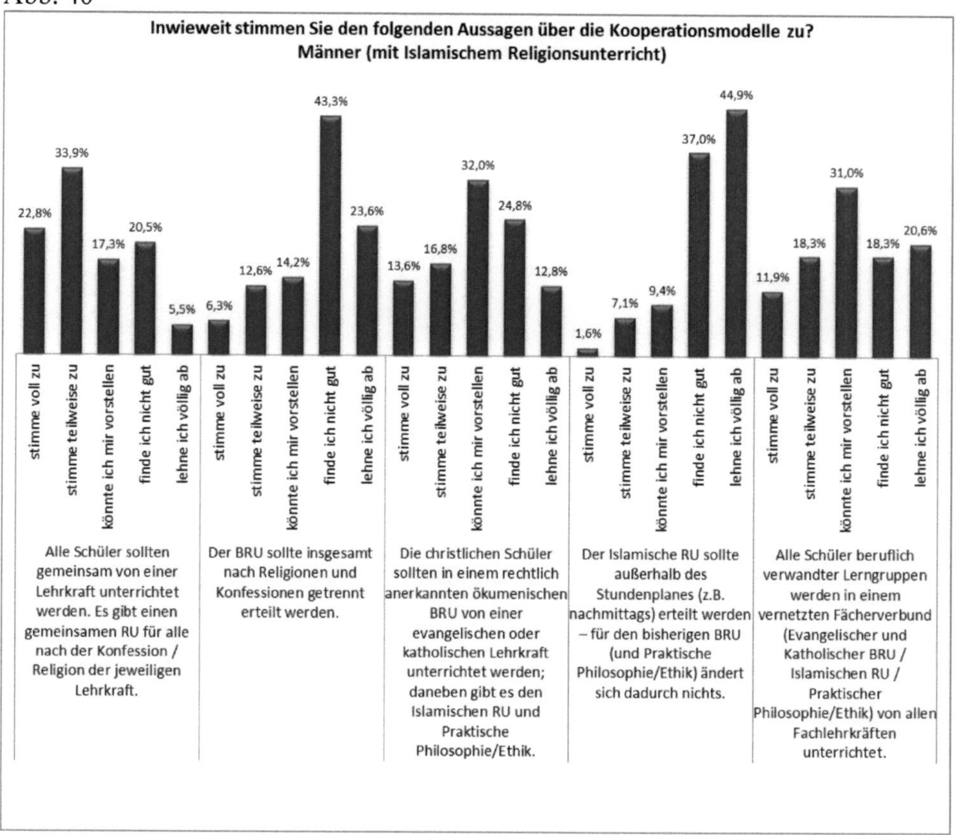

Abb. 41

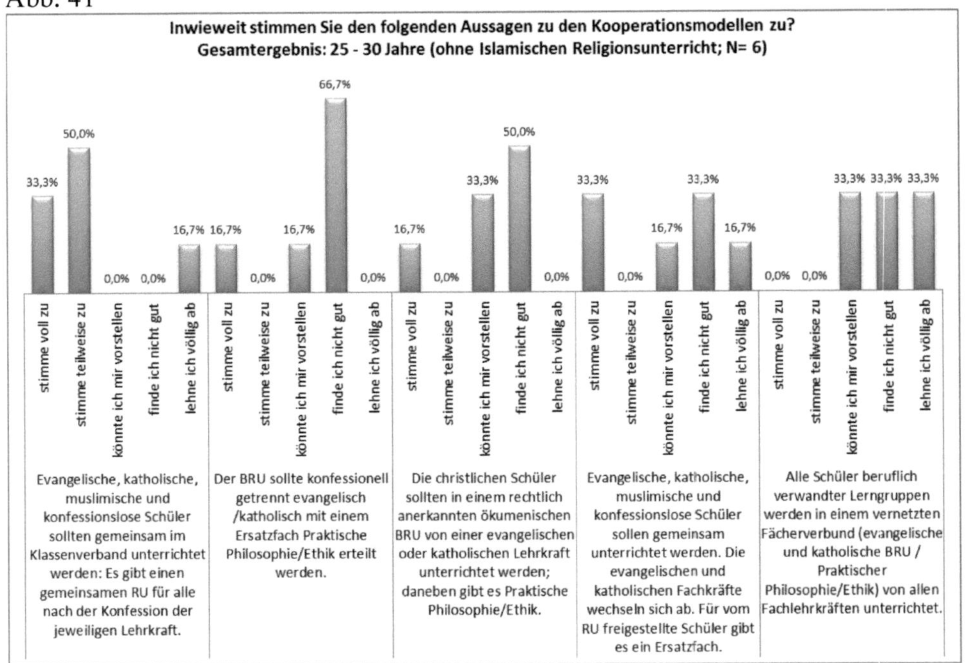

Abb. 42

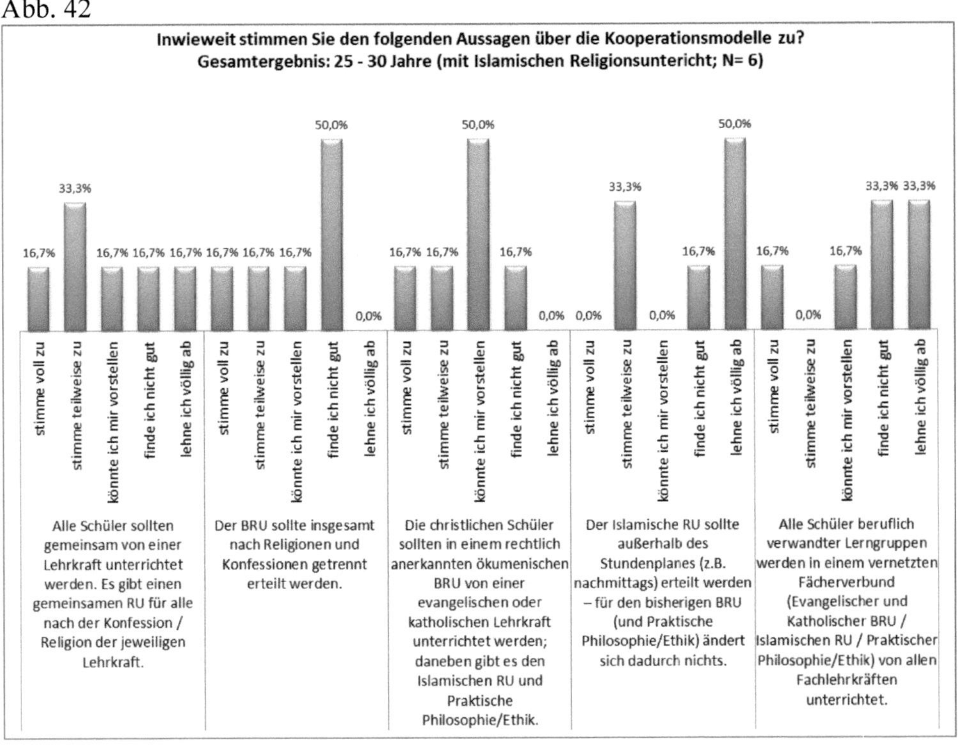

Abb. 43

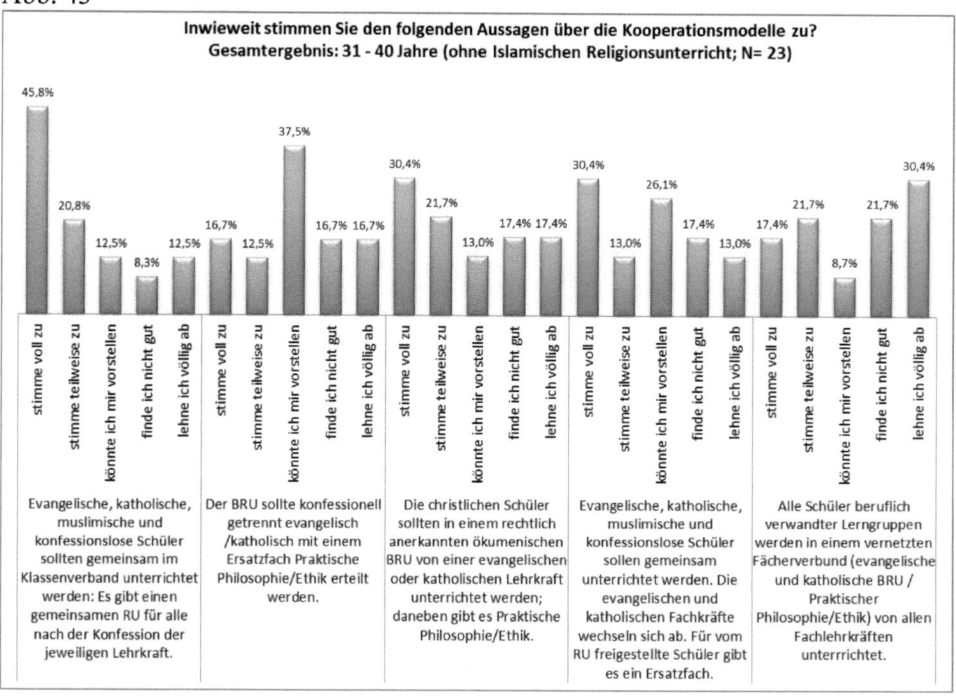

Abb. 44

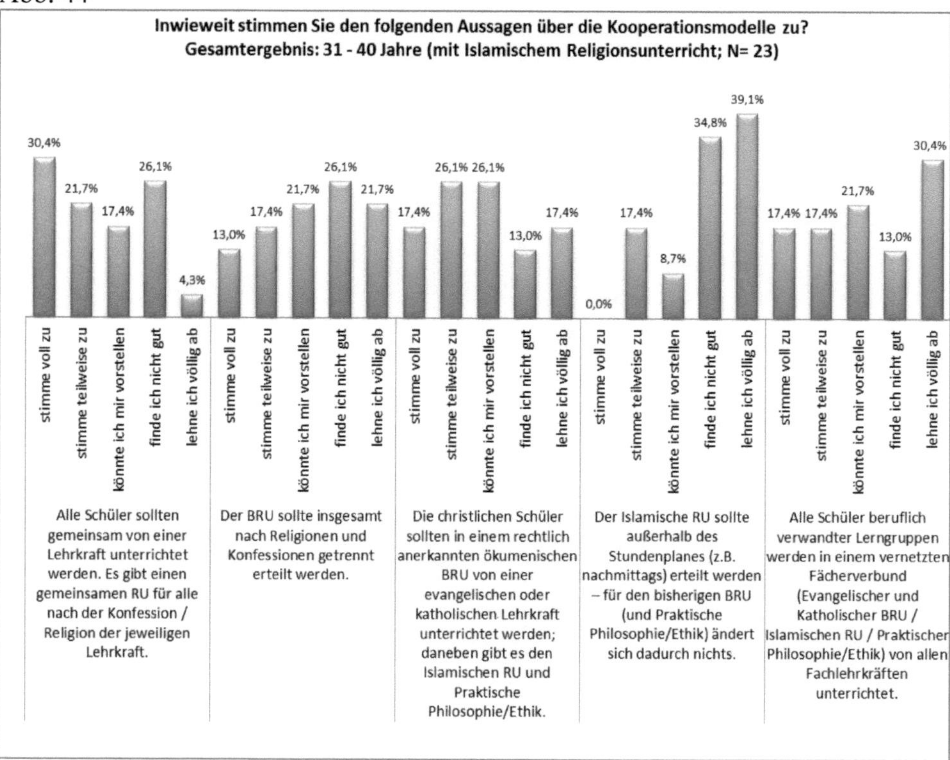

Abb. 45

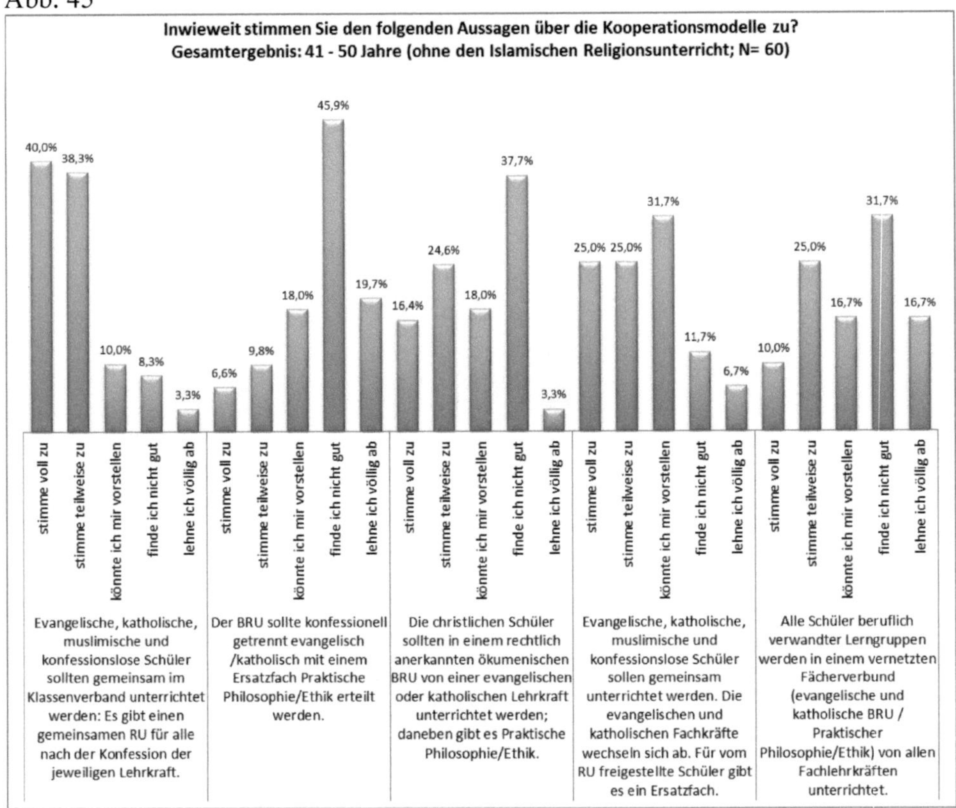

Abb. 46

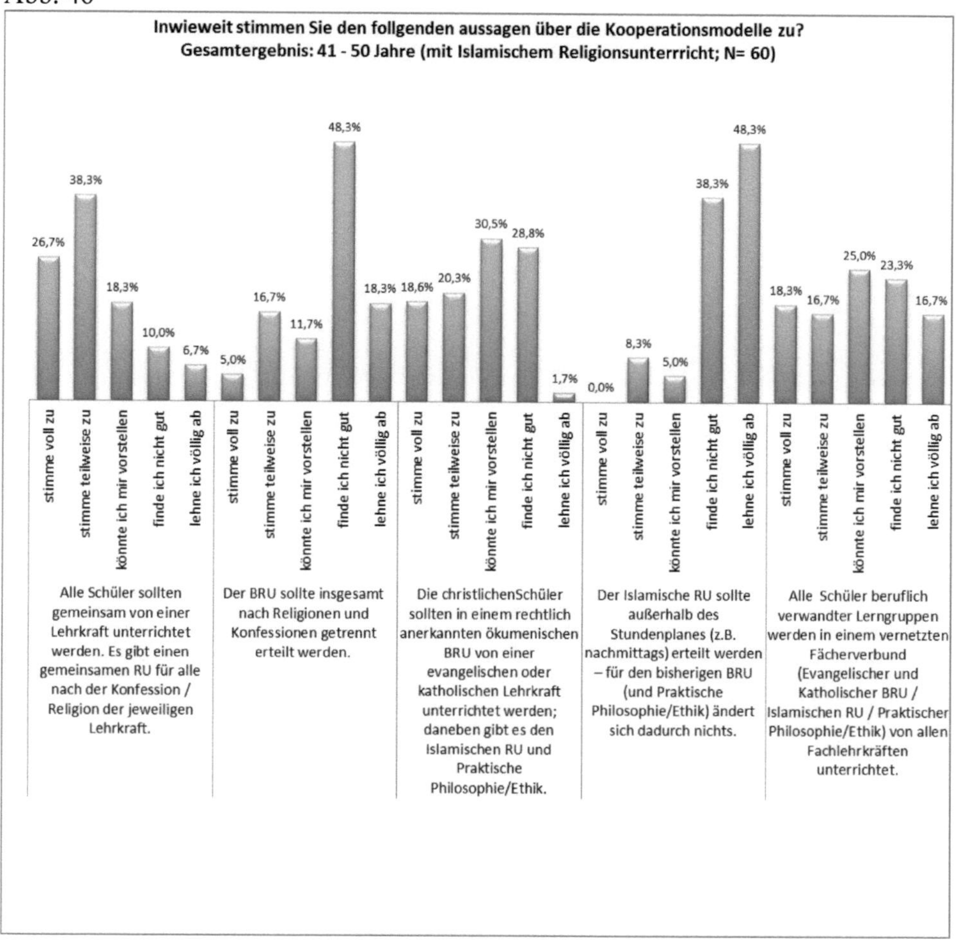

Abb. 47

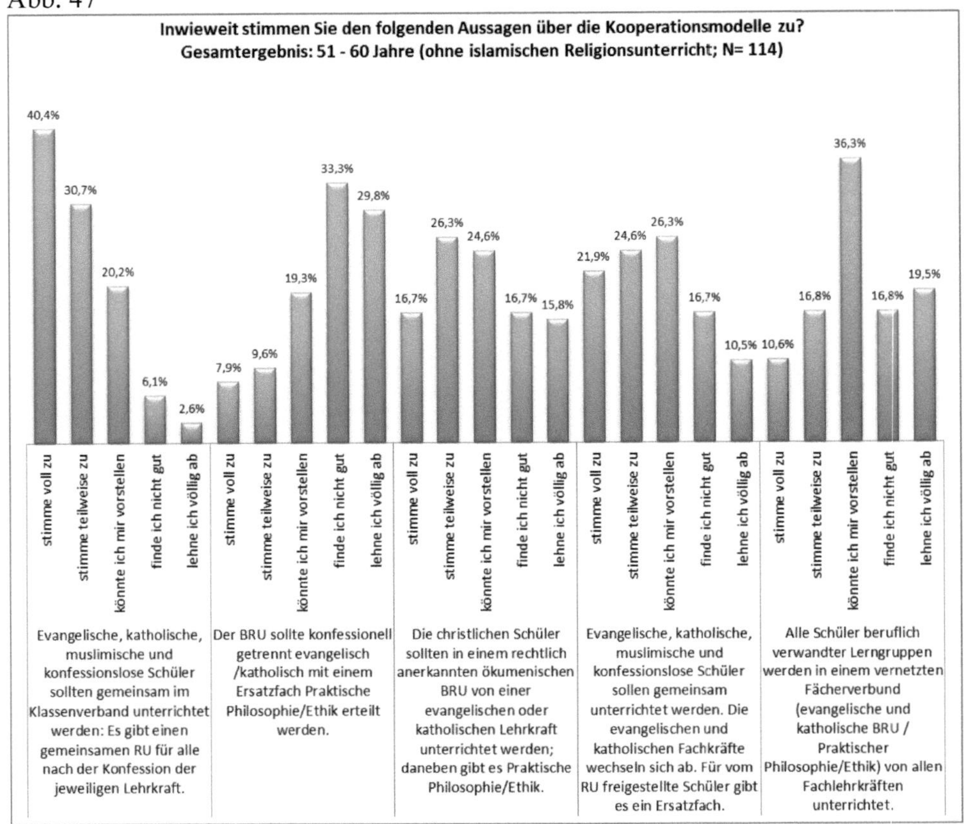

Abb. 48

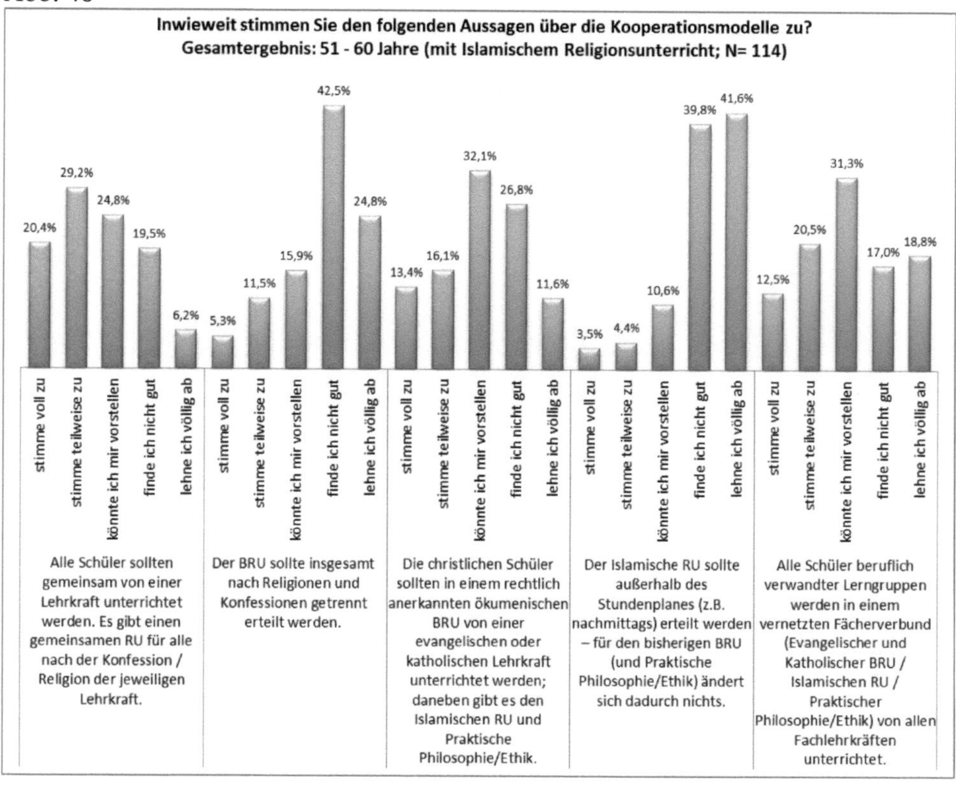

Abb. 49

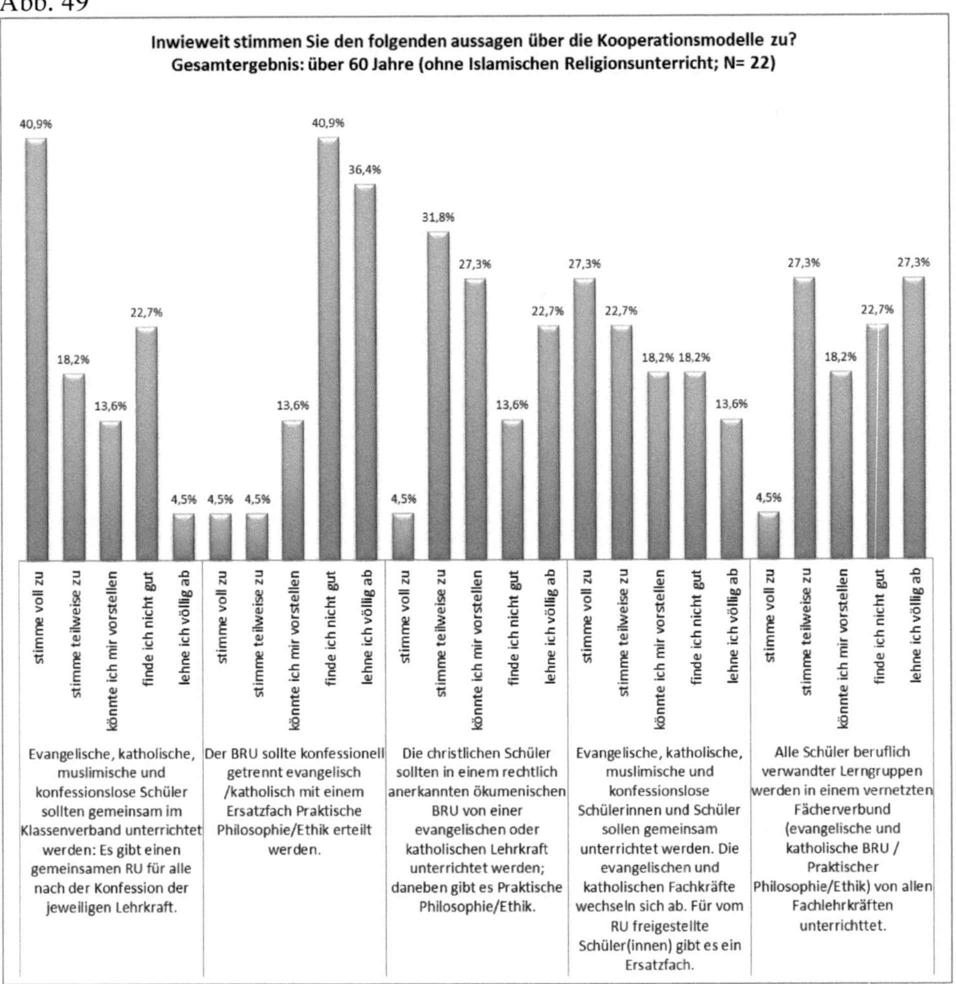

Abb. 50

Inwieweit stimmen Sie den folgenden Aussagen über die Kooperationsmodelle zu?
Gesamtergebnis: über 60 Jahre (mit Islamischem Religionsunterricht; N= 22)

27,3%
22,7%
13,6%
31,8%
4,5%
0,0%
13,6%
9,1%
36,4%
40,9%
0,0%
13,6%
45,5%
22,7%
18,2%
0,0%
0,0%
18,2%
31,8%
50,0%
0,0%
27,3%
31,8%
13,6%
27,3%

stimme voll zu
stimme teilweise zu
könnte ich mir vorstellen
finde ich nicht gut
lehne ich völlig ab

Alle Schüler sollten gemeinsam von einer Lehrkraft unterrichtet werden. Es gibt einen gemeinsamen RU für alle nach der Konfession / Religion der jeweiligen Lehrkraft.

Der BRU sollte insgesamt nach Religionen und Konfessionen getrennt erteilt werden.

Die christlichen Schüler sollten in einem rechtlich anerkannten ökumenischen BRU von einer evangelischen oder katholischen Lehrkraft unterrichtet werden; daneben gibt es den Islamischen RU und Praktische Philosophie/Ethik.

Der Islamische RU sollte außerhalb des Stundenplanes (z.B. nachmittags) erteilt werden – für den bisherigen BRU (und Praktische Philosophie/Ethik) ändert sich dadurch nichts.

Alle Schüler beruflich verwandter Lerngruppen werden in einem vernetzten Fächerverbund (Evangelischer und Katholischer BRU / Islamischen RU / Praktischer Philosophie/Ethik) von allen Fachlehrkräften unterrichtet.

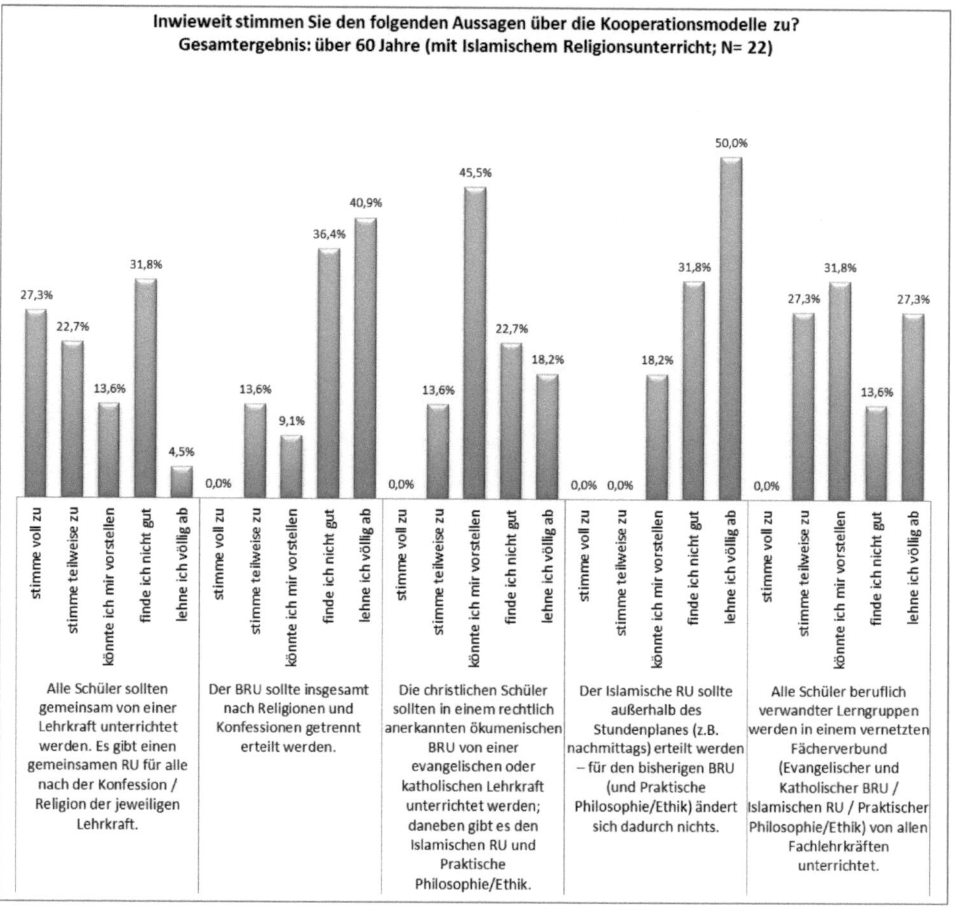

6.   Religiosität am Berufskolleg

Abb. 51

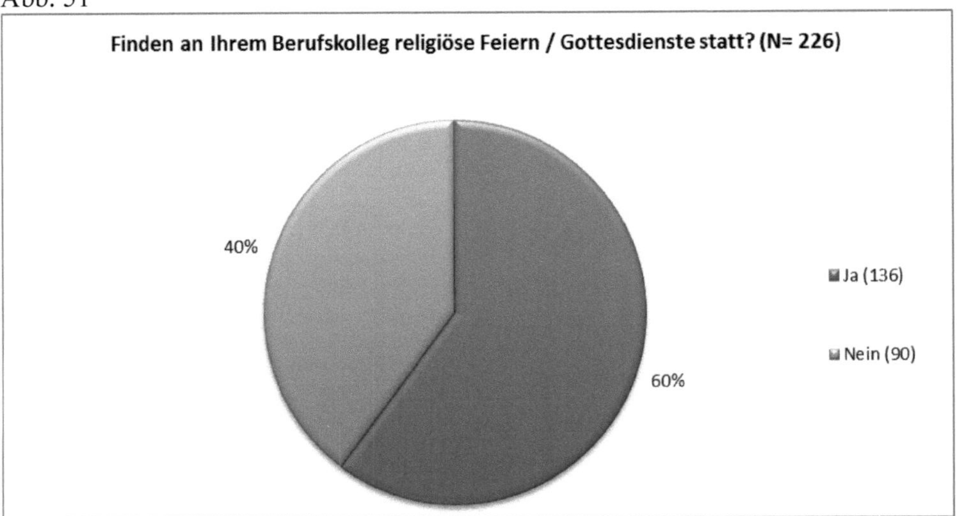

Abb. 52

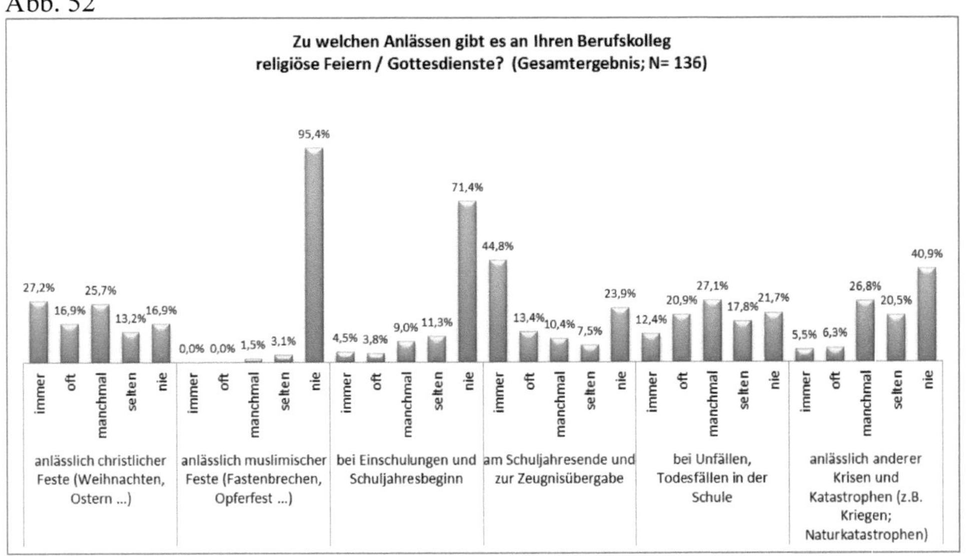

Abb. 53

Die Prägung der religiösen Feiern / Gottesdienste
(Gesamtergebnis; N= 125)
74,6%
56,1% 55,6%
39,7%
35,2%
24,0%
23,3%
21,1%
20,0%
18,3%
14,3% 14,3%
13,5%
12,0% 12,0%
11,5%
9,8%
8,9% 8,8%
7,4%
6,0%
4,9%
4,1%
3,0%
1,6%
immer
oft
manchmal
selten
nie
evangelisch.
katholisch.
ökumenisch.
interreligiös (z.B. Religionsgemeinschaften beten gemeinsam).
multireligiös (z.B. Religionsgemeinschaften beten je ihre Gebete).

Abb. 54

Prägung der religiösen Feiern / Gottesdienste
(Lehrer/innen; N= 47)
79,5%
54,9%
47,8%
41,3%
36,2%
27,5%
21,3%
19,6% 19,6%
17,0%
15,2%
14,9%
13,0% 13,0% 13,0%
11,4%
10,9%
10,6%
7,8%
6,8%
6,5%
5,9%
3,9%
2,3%
0,0%
immer
oft
manchmal
selten
nie
Die Prägung der Gottesdienste/religiösen Feiern ist ... evangelisch.
katholisch.
ökumenisch.
interreligiös (z.B. Religionsgemeinschaften beten gemeinsam).
multireligiös (z.B. Religionsgemeinschaften beten je ihre Gebete).

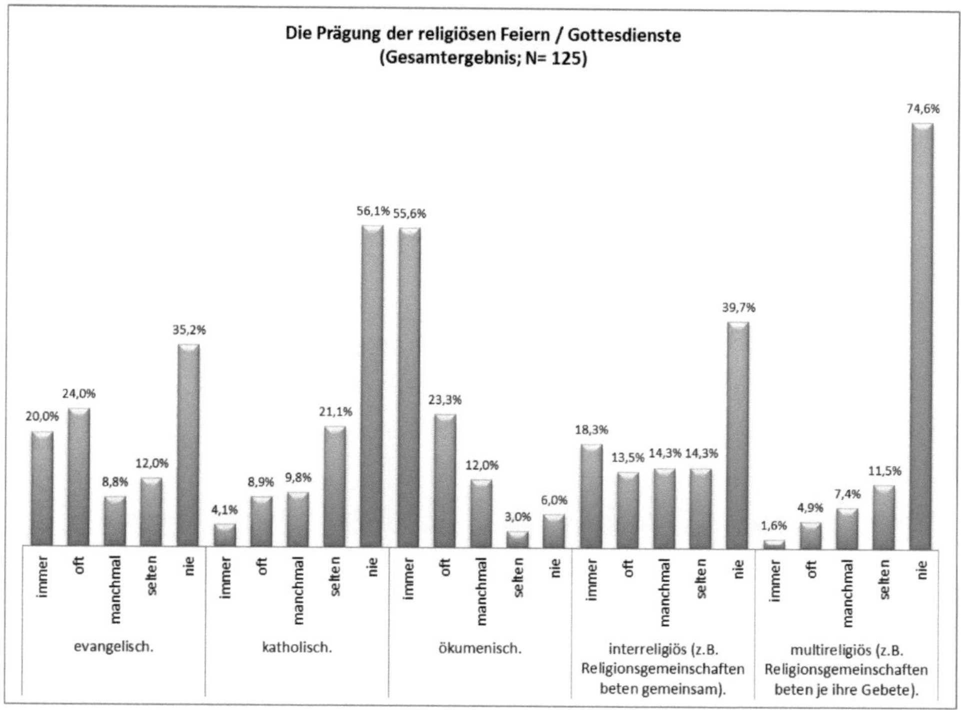

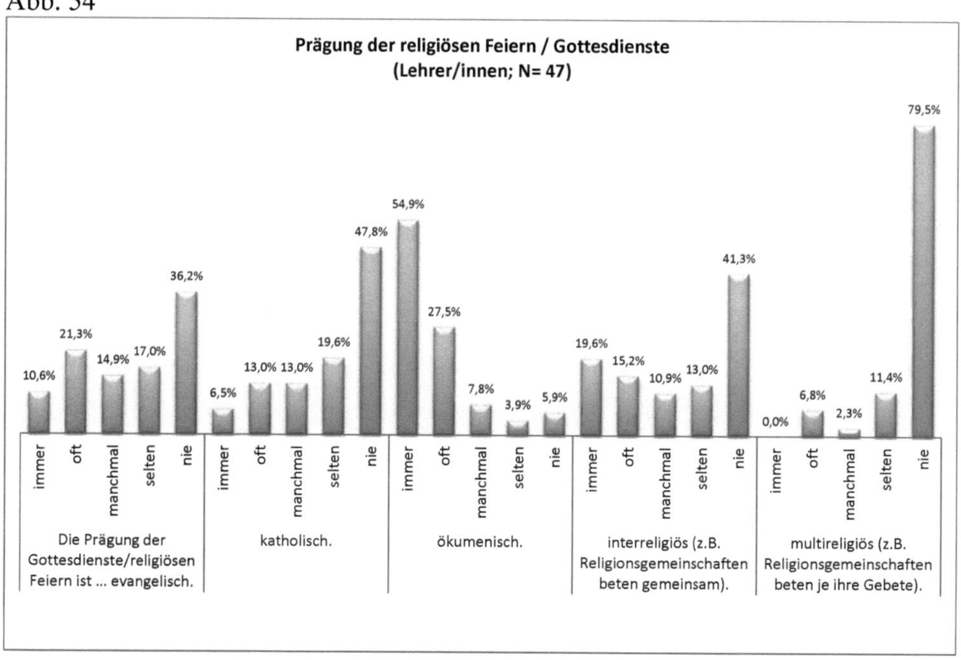

Abb. 55

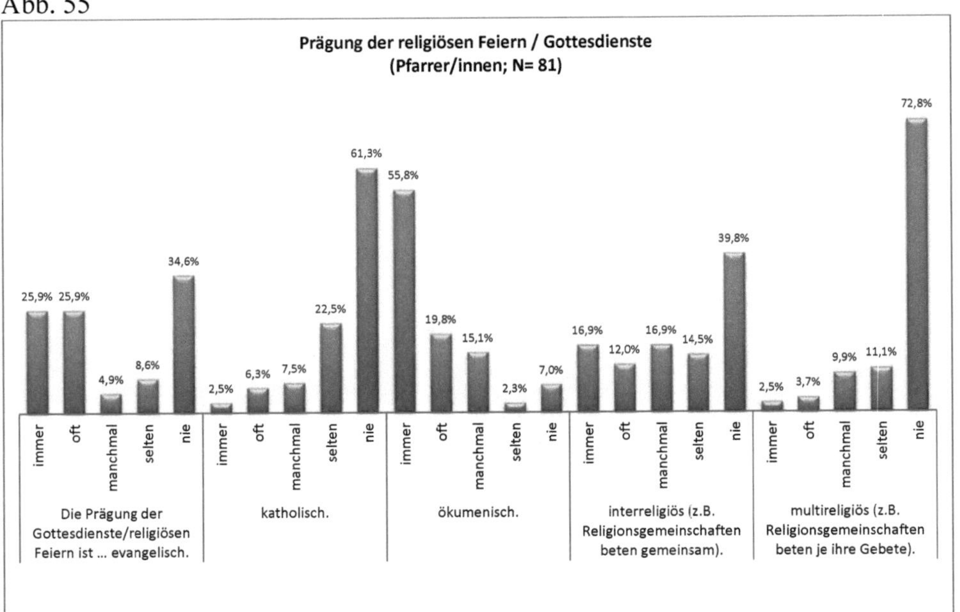

Abb. 56

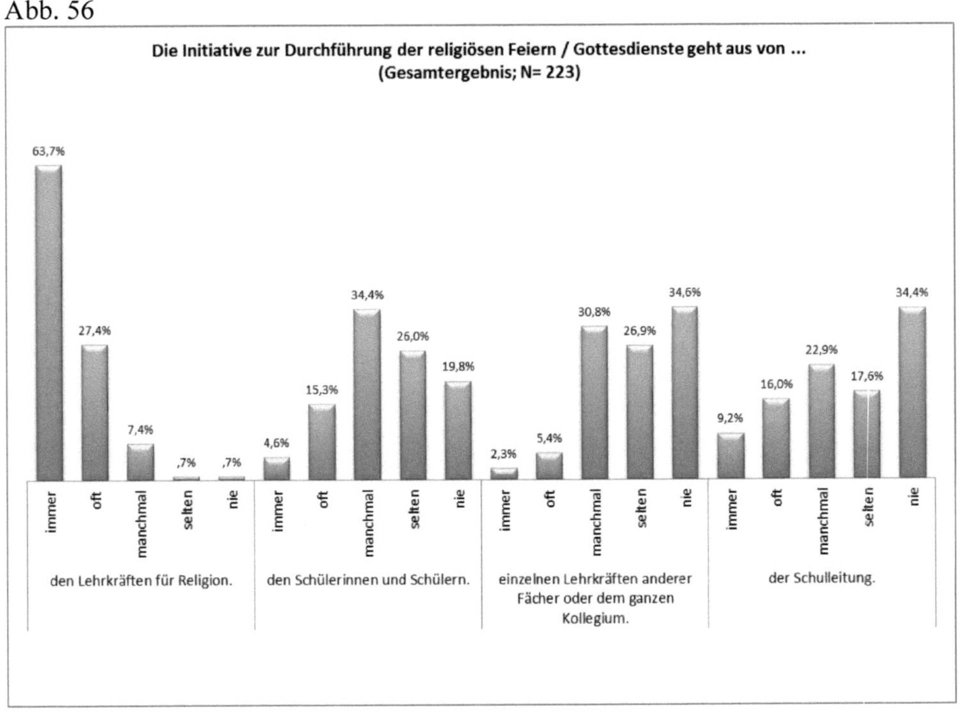

Abb. 57

Die Initiative zur Durchführung der religiösen Feiern / Gottesdienste geht aus von ...
(Lehrer/innen; N= 52)
65,4%
25,0%
7,7%
1,9%
0,0%
2,1%
18,8%
29,2%
20,8%
29,2%
0,0%
4,2%
20,8%
29,2%
45,8%
6,3%
14,6%
20,8%
16,7%
41,7%
immer
oft
manchmal
selten
nie
... den Lehrkräften für Religion.
den Schülerinnen und Schülern.
einzelnen Lehrkräften anderer Fächer oder dem ganzen Kollegium.
der Schulleitung.

Abb. 58

Die Initiative zur Durchführung der religiösen Feiern / Gotttesdienste geht aus von ...
(Pfarrer/innen; N= 87)
63,2%
28,7%
6,9%
0,0%
1,1%
5,7%
12,6%
35,6%
28,7%
17,2%
3,5%
5,8%
34,9%
25,6%
30,2%
10,3%
16,1%
25,3%
17,2%
31,0%
immer
oft
manchmal
selten
nie
den Lehrkräften für Religion.
den Schülerinnen und Schülern.
einzelnen Lehrkräften anderer Fächer oder dem ganzen Kollegium.
der Schulleitung.

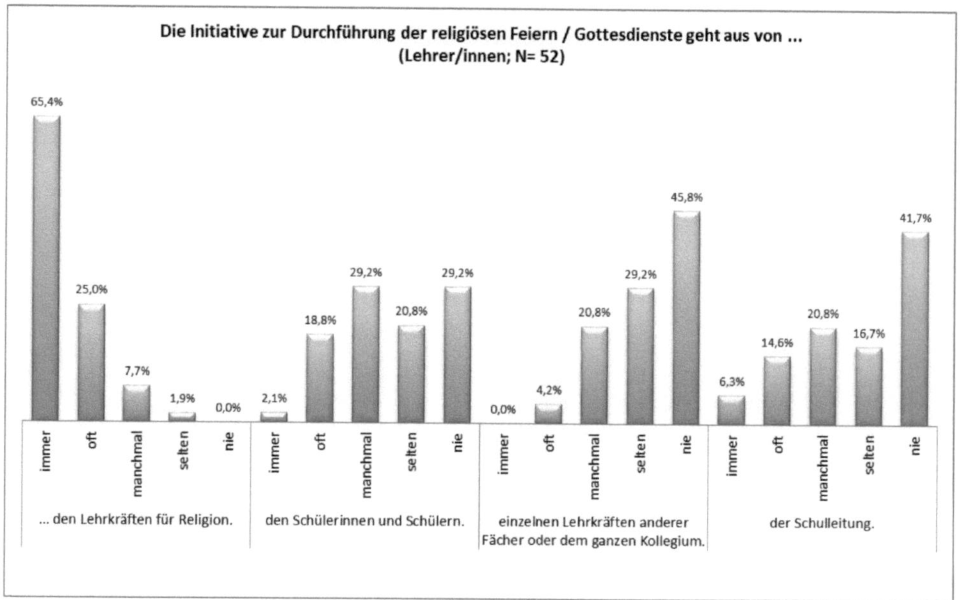

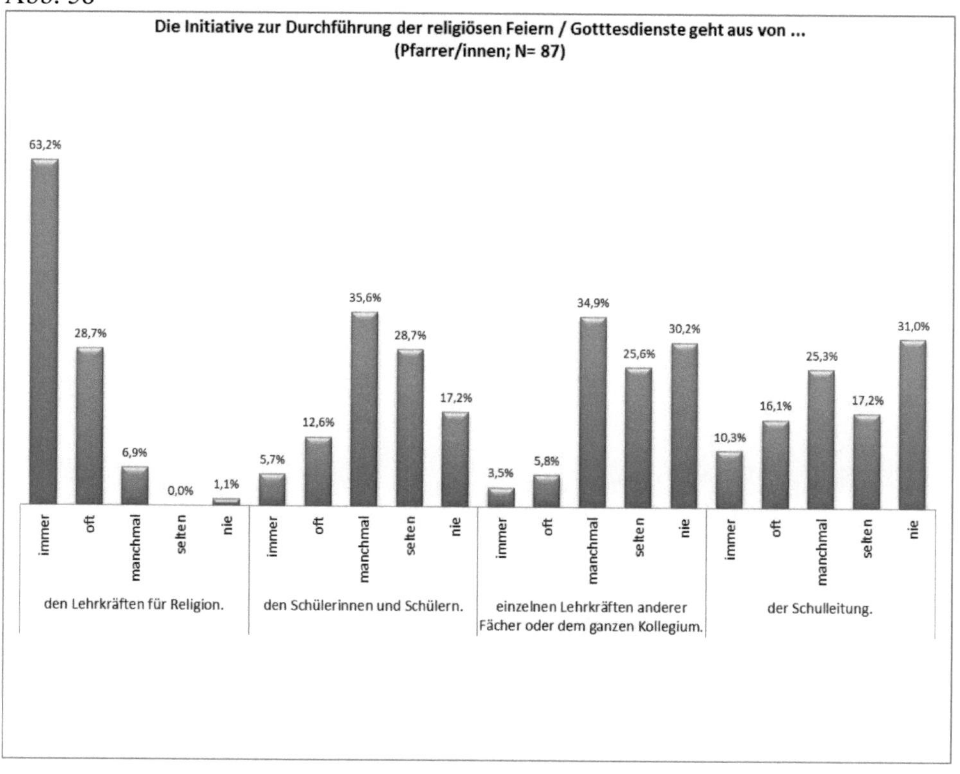

Abb. 59

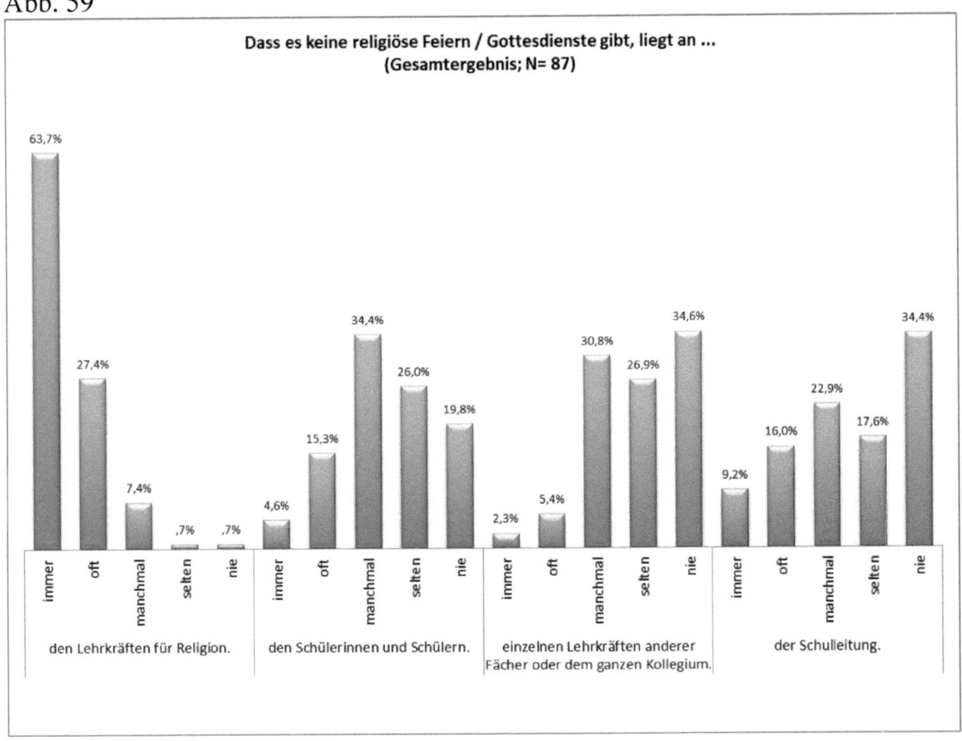

7.   Das Verhältnis von BRU zur Kirche

Abb. 60

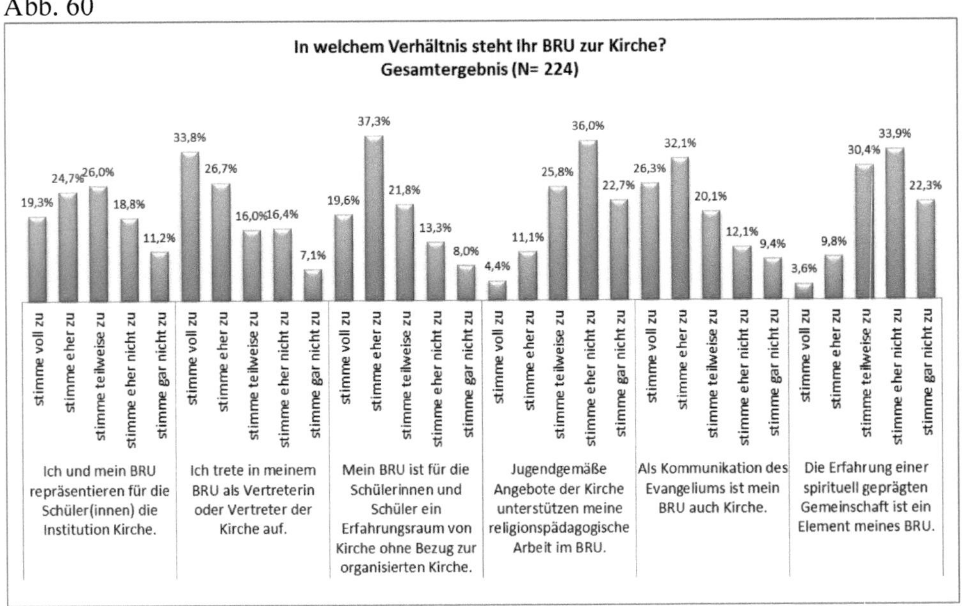

Abb. 61

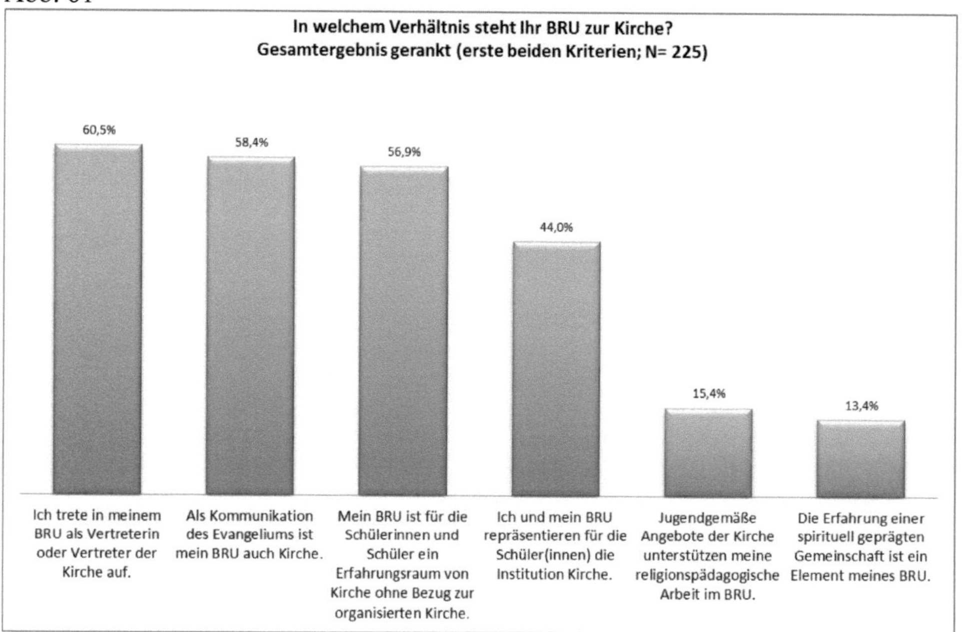

Abb. 62

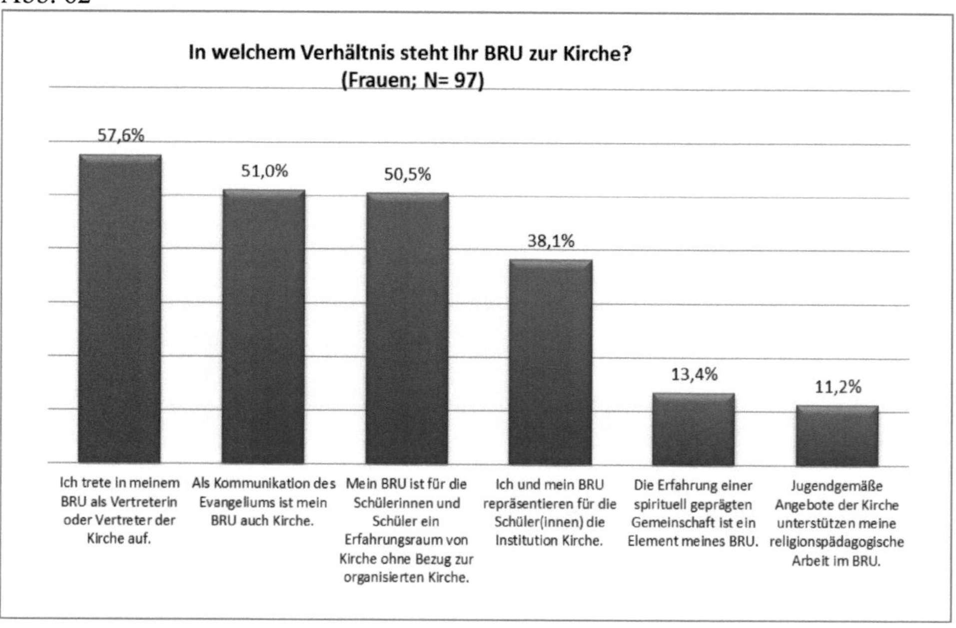

Abb. 63

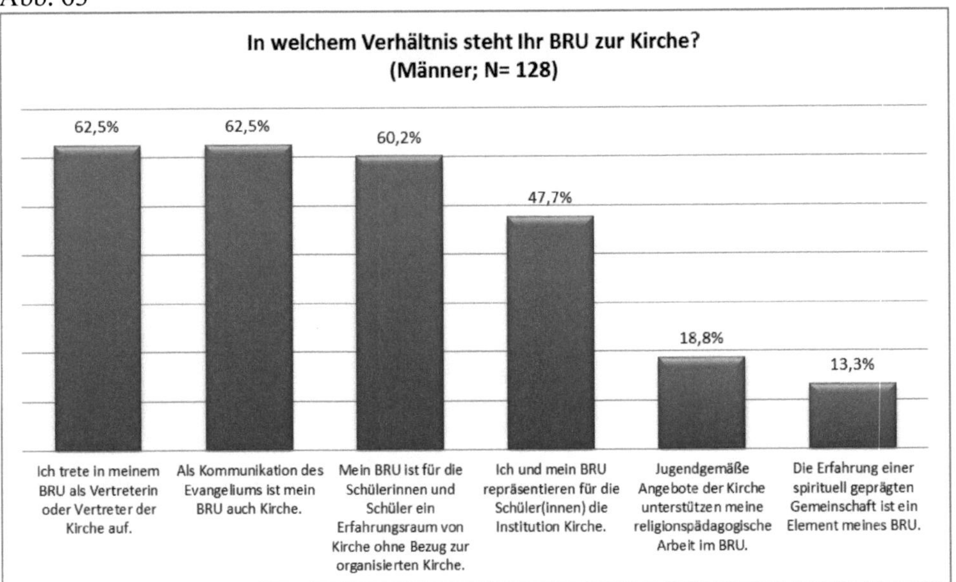

Abb. 64

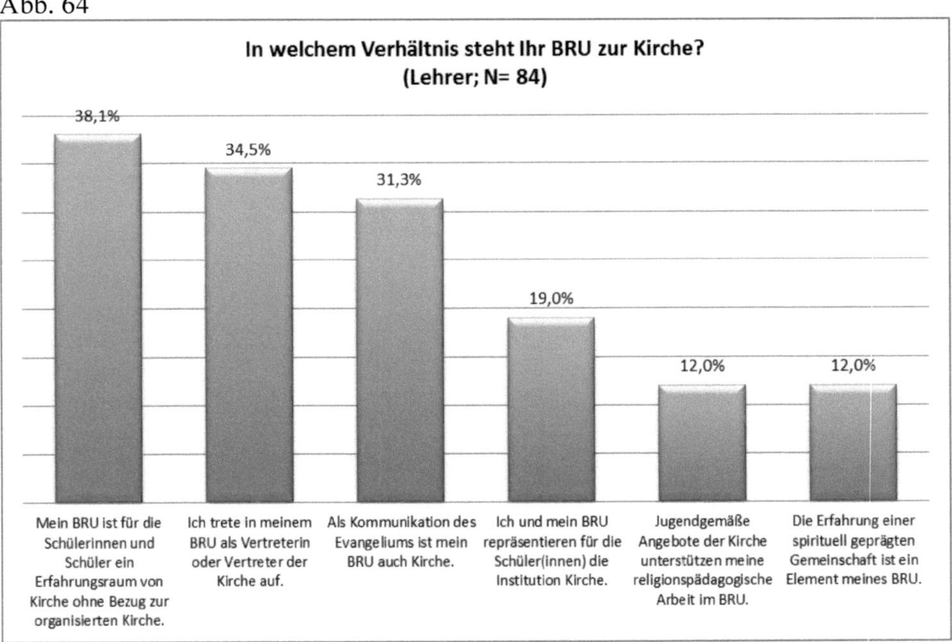

Abb. 65

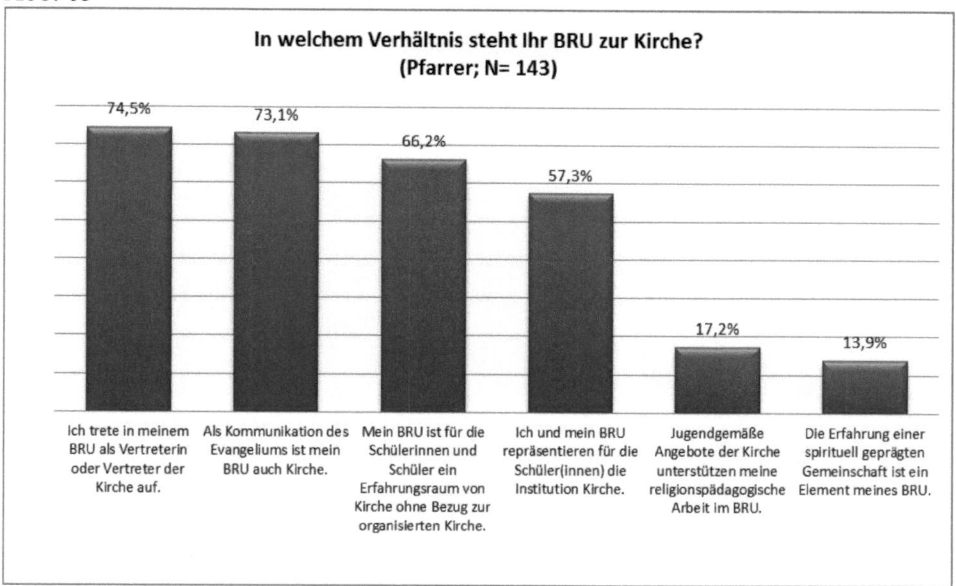

Abb. 66

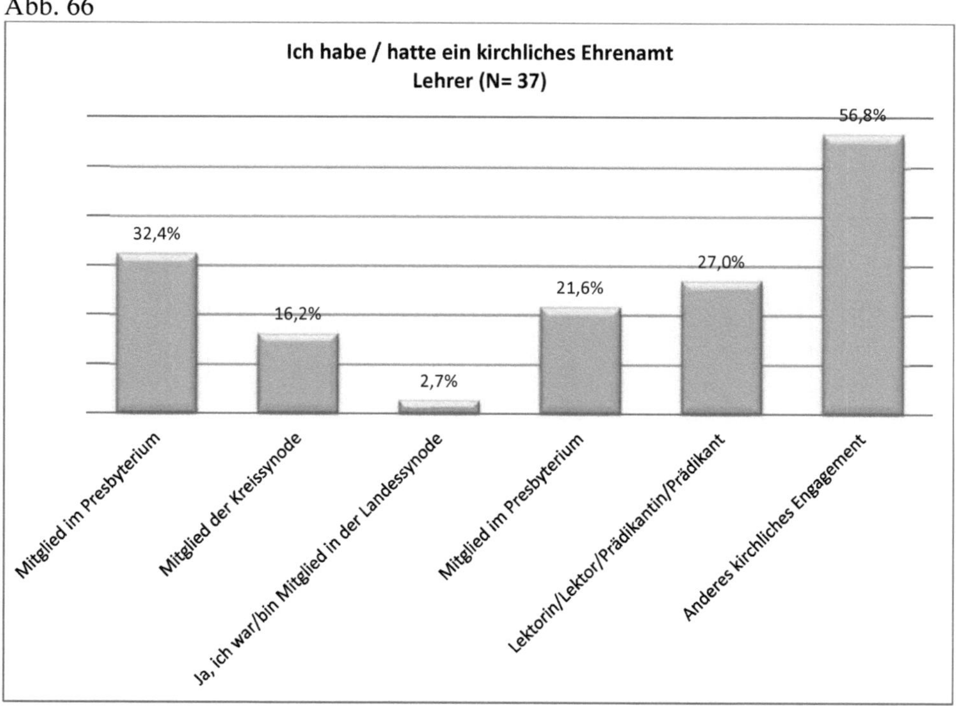

8.   Erfahrungen mit Gemeinde und Kirche

Abb. 67

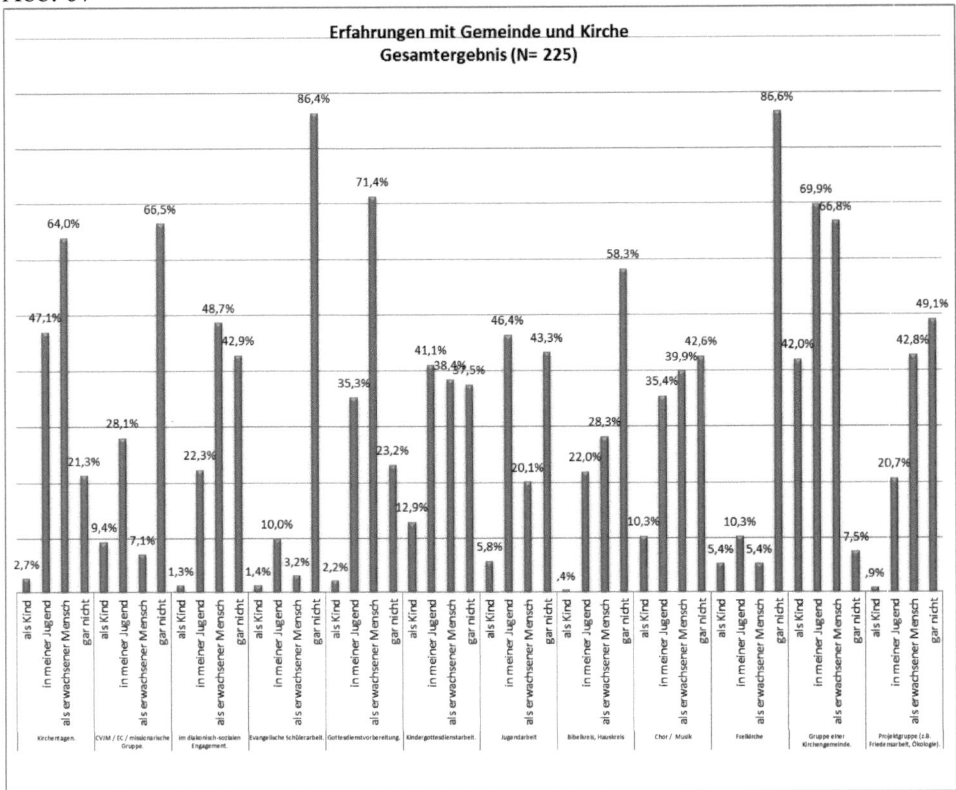

Abb. 68

Erfahrungen mit Gemeinde und Kirche
Lehrer (N= 81)
85,2%
55,6%
52,5%
51,9%
51,3%
45,0%
42,5%
35,8%
33,8%
27,2%
18,5%
7,6%
In einer Gruppe / einem Kreis einer evangelischen...
bei Fahrten zu Kirchentagen.
In der offenen Jugendarbeit (z.B. Jugendzentrum,...
in der Gottesdienstvorbereitung.
in einem Chor / einer Musikgruppe.
in der Kindergottesdienstarbeit.
in einem Bibelkreis, Hauskreis (o.ä.).
im diakonisch-sozialen Engagement.
In Projektgruppen in der Gemeinde (z.B. Eine Welt,...
im CVJM / EC / einer anderen missionarischen Gruppe.
in einer freikirchlichen Gemeinde.
in der Evangelischen Schülerarbeit.

Abb. 69

Erfahrungen mit Gemeinde und Kirche
Pfarrer (N= 144)
96,5%
91,7%
90,9%
72,0%
69,2%
60,8%
60,6%
59,0%
41,3%
36,6%
16,9%
10,5%
Ich war/bin aktiv...in einer Gruppe / einem Kreis...
bei Fahrten zu Kirchentagen.
in der Gottesdienstvorbereitung.
in der Kindergottesdienstarbeit.
im diakonisch-sozialen Engagement.
in einem Chor / einer Musikgruppe.
In Projektgruppen in der Gemeinde (z.B. Eine Welt,...
In der offenen Jugendarbeit (z.B. Jugendzentrum,...
in einem Bibelkreis, Hauskreis (o.ä.).
im CVJM / EC / einer anderen missionarischen...
in der Evangelischen Schülerarbeit.
in einer freikirchlichen Gemeinde.

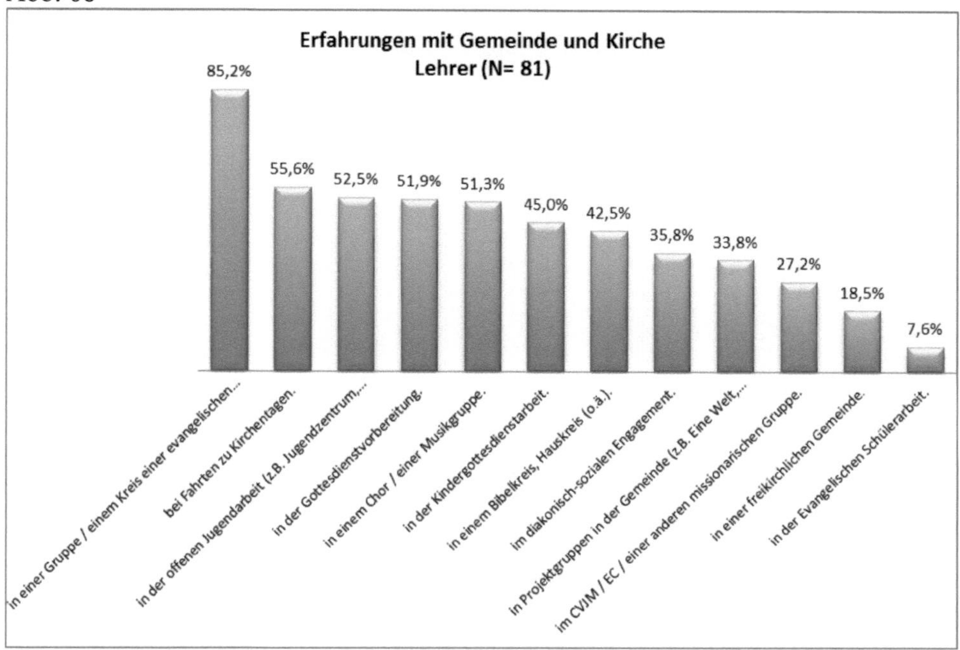

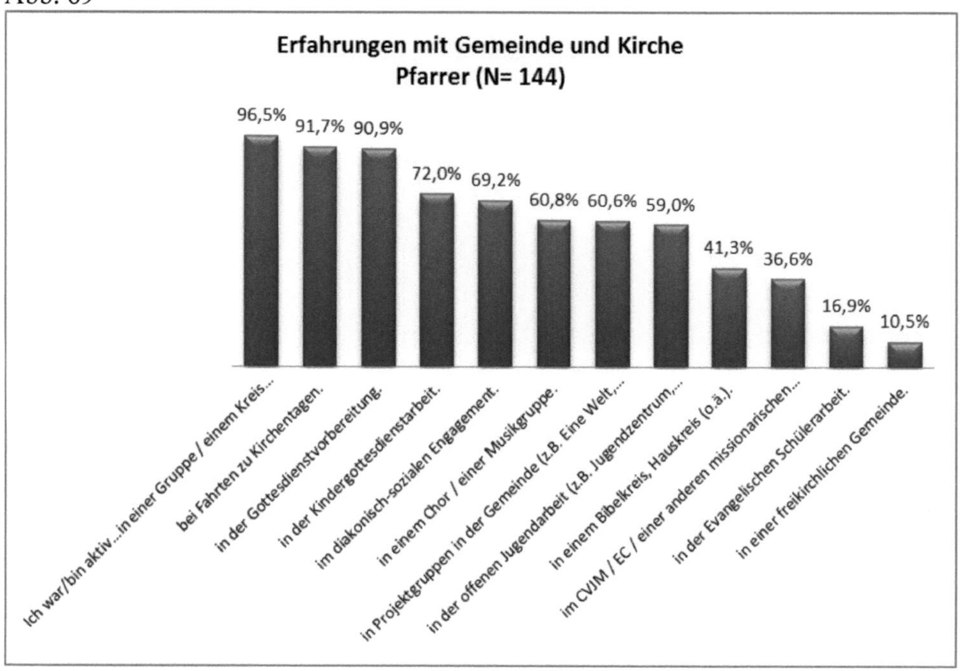

9.   Ergebnisse zum Gedankenexperiment im BRU

Abb. 70

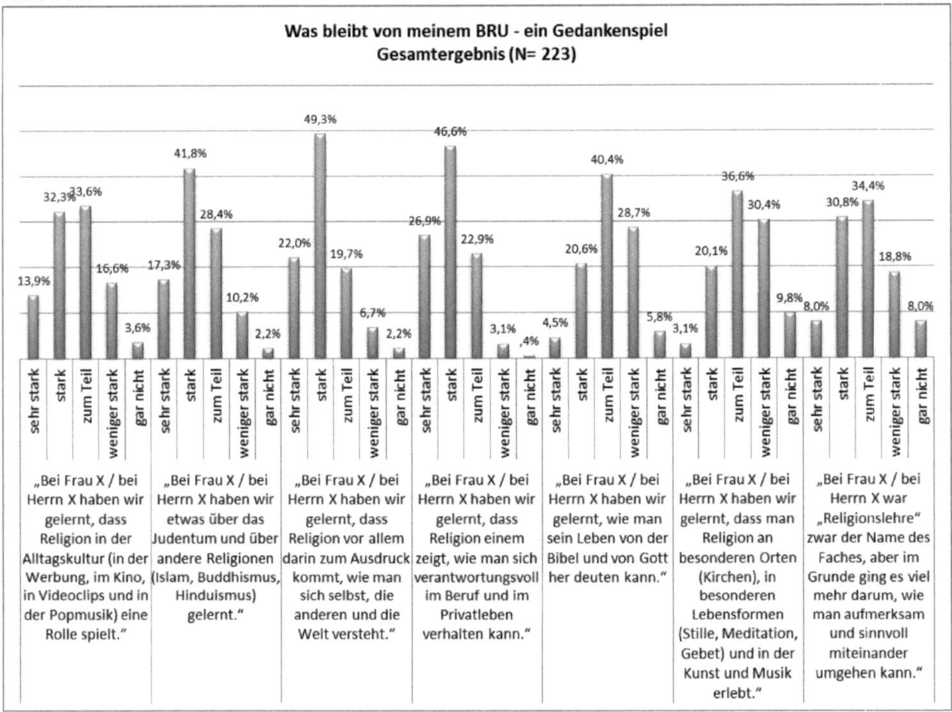

Abb. 71

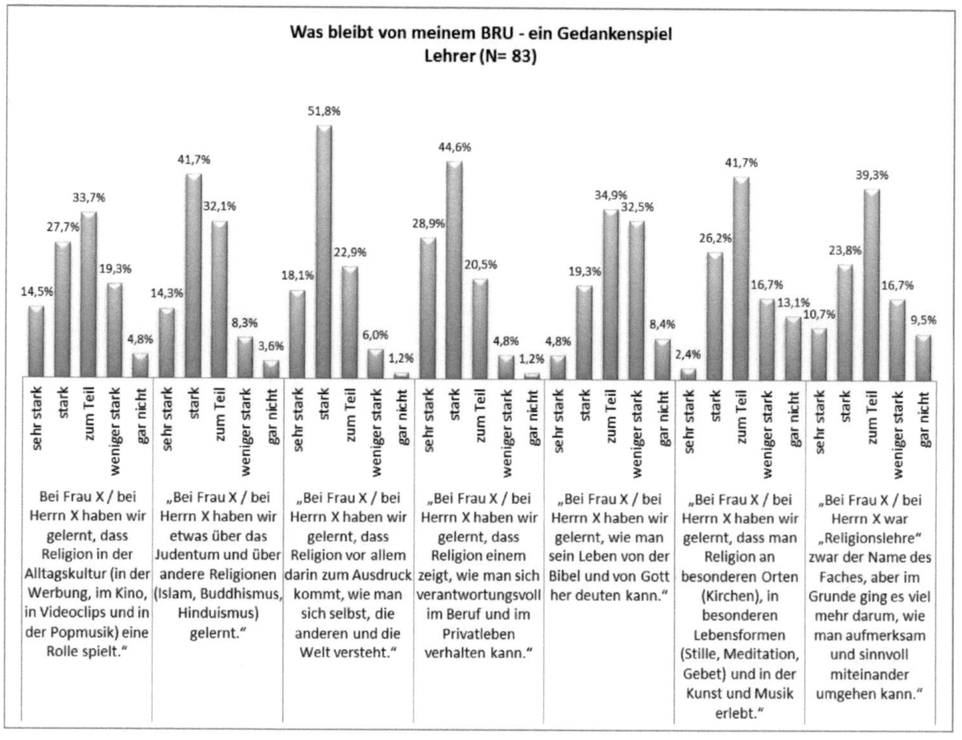

Abb. 72

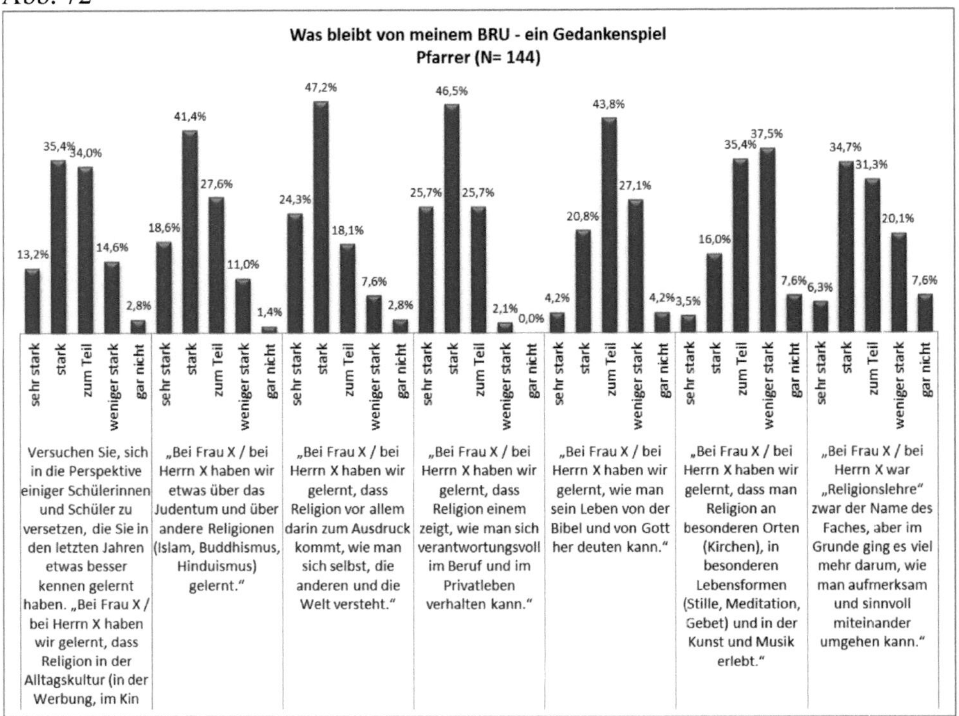

Abb. 73

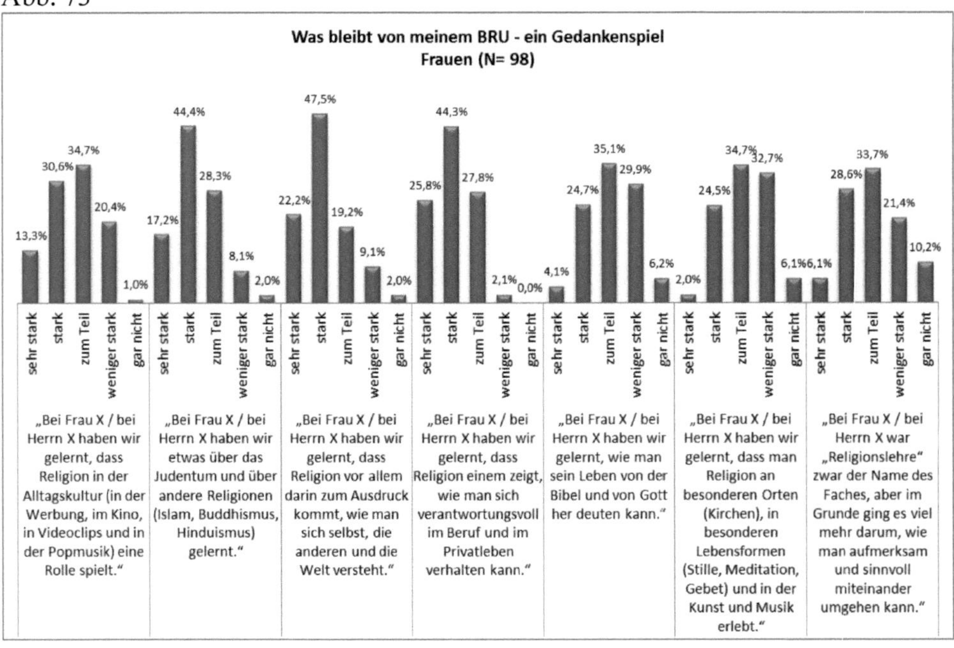

Abb. 74

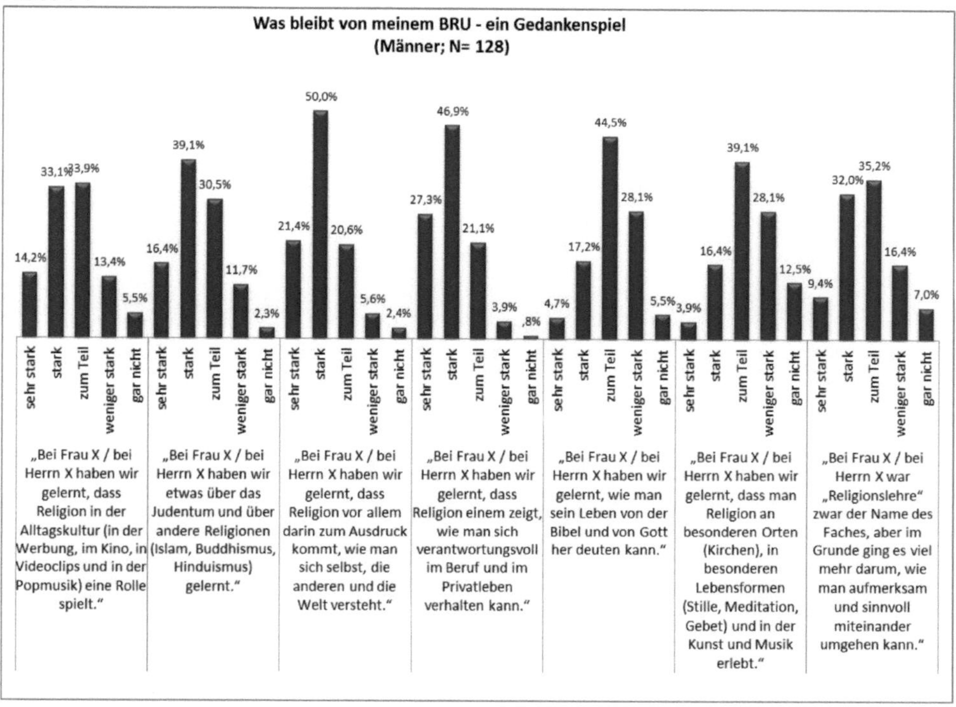

Abb. 75

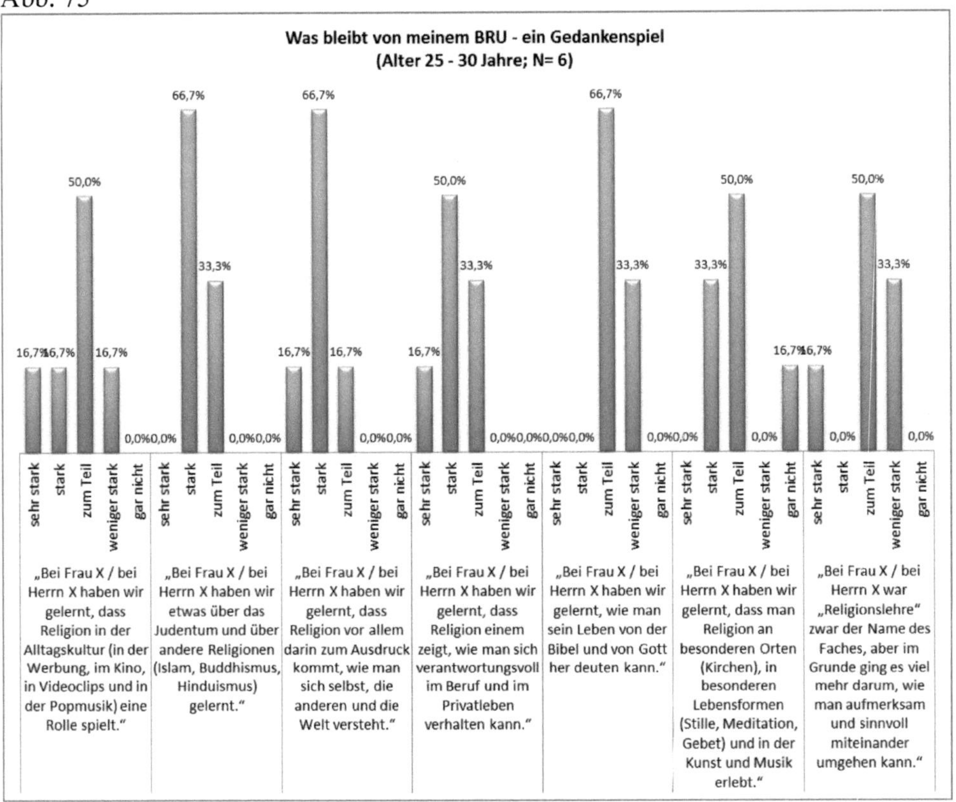

Abb. 76

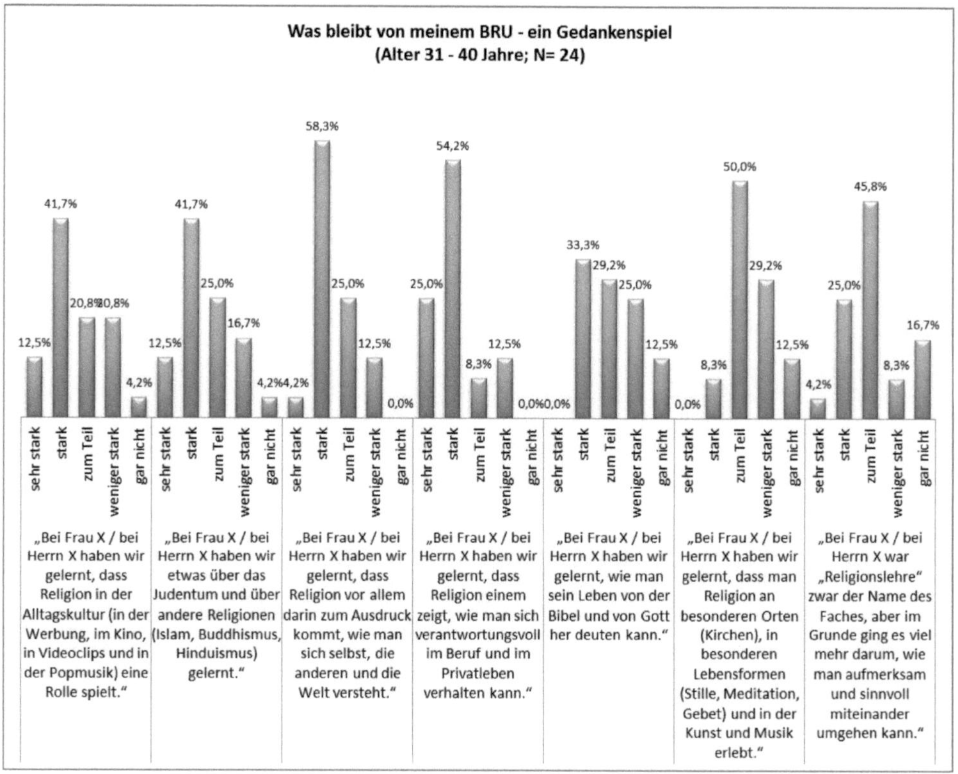

Abb. 77

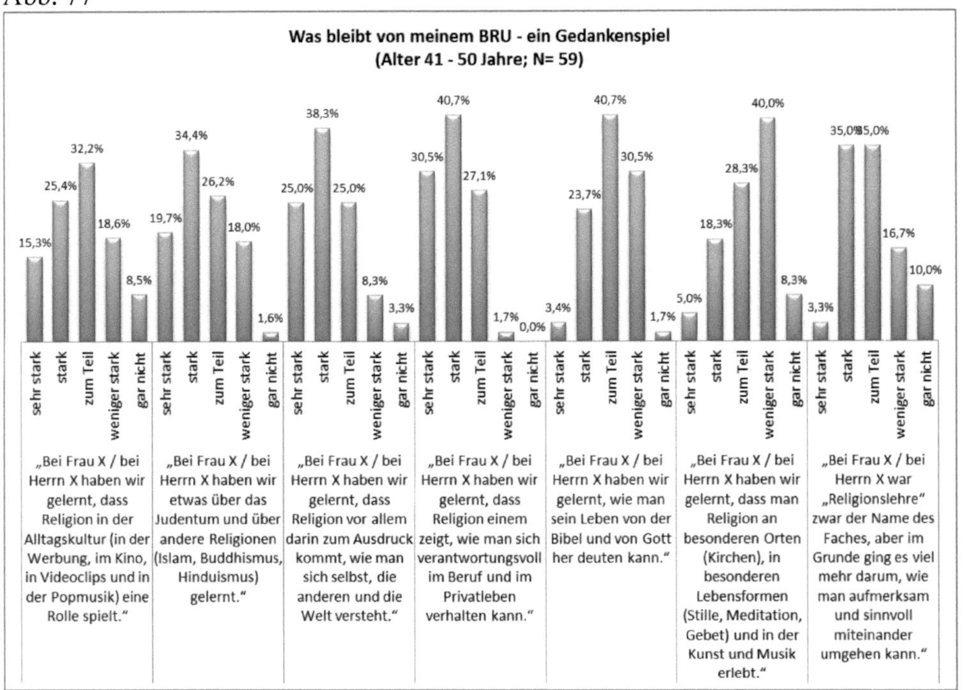

Abb. 78

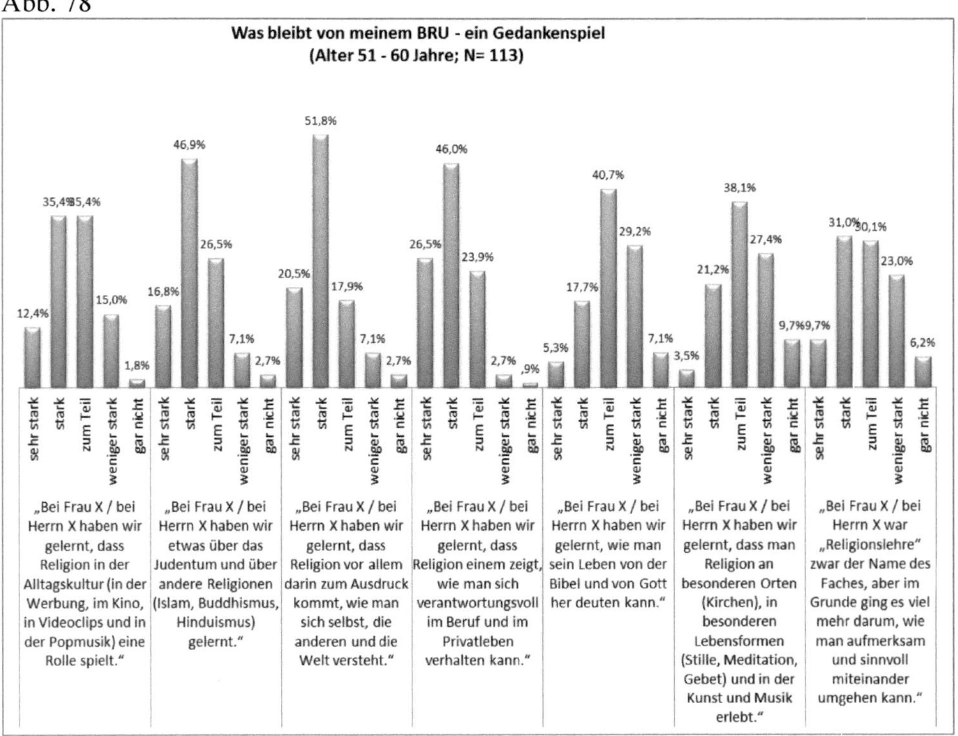

Abb. 79

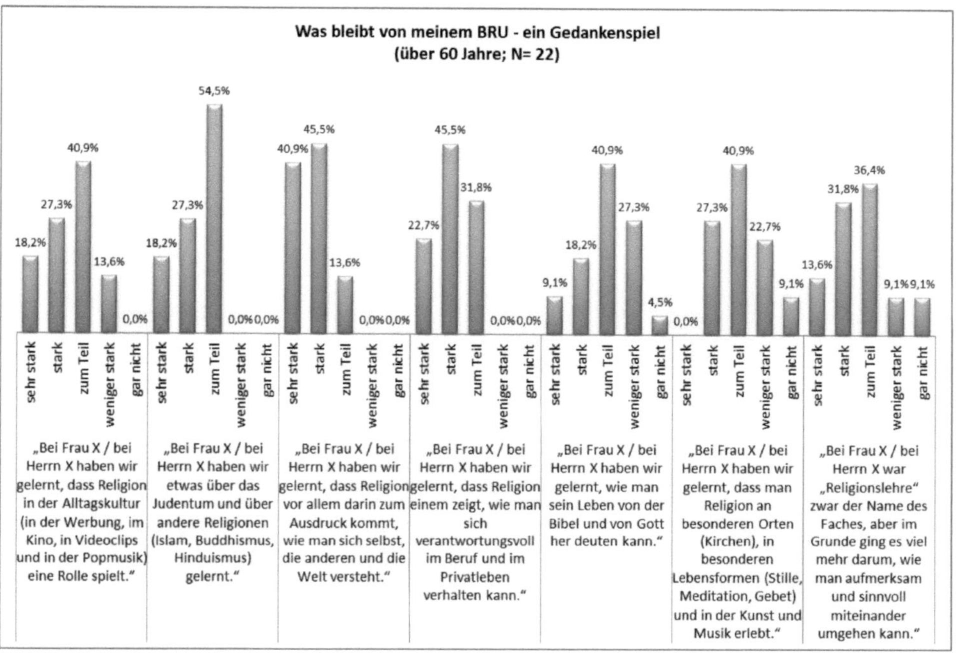

Autorinnen und Autoren

Feige, Andreas, Prof. Dr. disc.pol., Dr. phil. habil., Dr. h.c. theol., geb. 1942, Professor em. für Soziologie am Institut für Sozialwissenschaften der TU Braunschweig

Henn, Klaus Peter, geb. 1953, Dozent am Pädagogisch-Theologischen Institut der Evangelischen Kirche im Rheinland (PTI Bonn)

Jetzschke, Meinfried, Dr., geb. 1954, Dozent und Supervisor am Pädagogischen Institut der Evangelischen Kirche von Westfalen (PI Villigst)

Marose, Monika, Dr., geb. 1962, Studium der Ev. Theologie und Germanistik in Bochum, Mitarbeiterin am Bonner evangelischen Institut für berufsorientierte Religionspädagogik, Oberstudienrätin am Berufskolleg im Bildungspark, Essen

Meyer-Blanck, Michael, Prof. Dr., geb. 1954, Studium der Ev. Theologie in Köln, Mainz, Heidelberg und Göttingen, Direktor des Bonner evangelischen Instituts für berufsorientierte Religionspädagogik

Mörbel, Peter, geb. 1954, Landespfarrer an der Ev. Akademie im Rheinland und Geschäftsführer des Kirchlichen Dienstes in der Arbeitswelt (KDA Rheinland)

Obermann, Andreas, Prof. Dr., geb. 1962, Studium der Ev. Theologie in Bonn, Tübingen und Wuppertal, stellvertretender Direktor des Bonner evangelischen Instituts für berufsorientierte Religionspädagogik

Pauschert, Rainer M.A., geb. 1962, Kirchenrat und Dezernent der Abteilung Bildung der Evangelischen Kirche im Rheinland

Sobiech, Fred, geb. 1955, Landeskirchenrat, Dezernent für Bildung und Erziehung, Evangelischen Kirche von Westfalen

Weiß, Reinhold, Prof. Dr., geb. 1952, ständiger Vertreter des Präsidenten und Forschungsdirektor im Bundesinstitut für Berufsbildung (BIBB) und seit 2004 Honorarprofessor an der Universität Duisburg-Essen